수행편

전산 종법사 정전 해설 2

오래오래 하면 부처 못 될 사람은 없다

월간원광사

목 차

4   머리말
       교리와 삶이 만나다

수행편① 생활

10   수행편
       생활 속 마음공부

15   일상수행의 요법
       어느 곳 어느 때나 마음공부

19   일상수행의 요법 1조
       멈추고 가라앉혀서 맑히라

27   일상수행의 요법 2조
       지혜광명을 밝히자

34   일상수행의 요법 3조
       죄와 복의 갈림길

40   일상수행의 요법 4조
       처음도 오늘도 내일도 일관하자

46   일상수행의 요법 5조
       평화세계를 이루는 비결

51   일상수행의 요법 6조
       부정당한 의뢰생활을 말라

55   일상수행의 요법 7조
       지혜의 결실을 얻는 묘법

59   일상수행의 요법 8조
       후진을 잘 길렀는가

64   일상수행의 요법 9조
       너의 행복 나의 행복

68   정기훈련과 상시훈련
       일분일각도 생활을 떠나지 않는 공부

72   정기훈련법
       실천만 하면 누구나 부처

78   상시훈련법
       일일 시시로 자기를 살핌

79   상시응용 주의사항 1
       마음 써나가는 공식

90   상시응용 주의사항 2
       앎을 실행으로 연결하는 다리

98   교당내왕 시 주의사항
       지도인을 만나는 집

수행편② 수양

108   염불법 1
        내 마음 속 부처님 부르기

114   염불법 2
        백천사마 항복 받기

121   염불법 3
        내 마음에 극락수용

123   좌선법 1
        맑은 마음 드러내기

127   좌선법 2
        적적성성 무기망상

140   좌선법 3
        육근 동작에 순서를 얻다

146   의두요목 1
        깨달음의 열쇠

153   의두요목 2
        이 뭣꼬?

160   일기법
        참빗과 얼레빗

163   상시일기법
        챙기는 마음

171 정기일기법
　　복혜증진의 삶
179 무시선법 1
　　언제나 마음공부 어디나 선방
187 무시선법 2
　　작은 것을 크게 만드는 공부
193 무시선법 3
　　일심양성 정의실행
199 참회문
　　묵은 생활 청산하고 새 생활 개척

수행편③ 실행

208 심고와 기도 1
　　일백골절 일천정성
214 심고와 기도 2
　　하감과 응감을 얻도록 '간절히'
221 불공하는 법
　　세상 모두가 부처님
227 계문
　　죄업을 미리 차단하다
234 솔성요론 1
　　희로애락의 마음을 부리고 살다
237 솔성요론 2
　　작은 욕심이 영생을 빼앗는다
245 최초법어
　　소태산의 경륜을 엿보다
250 수신의 요법
　　어떻게 살아야 하는가
259 제가의 요법
　　가정과 나라가 진급하는 길

264 강자·약자 진화상 요법
　　평등 세상에서 함께 잘 살기
269 지도인으로서 준비할 요법
　　실천하는 종교인이 인류의 길잡이
274 고락에 대한 법문
　　고통의 용광로를 벗어나자
281 병든 사회와 그 치료법
　　사회는 함께 사는 연못
287 영육쌍전법
　　이 몸이 곧 부처님이다
294 법위등급 1
　　3급 3위를 타고 오르는 성불의 사다리
299 법위등급 2
　　참으로 행복하고 다행하다
307 법위등급 3
　　만능을 겸비한 대자대비 부처님

원불교 표어

318 표어 개괄
　　원불교가 나아갈 이정표
320 개교표어
　　물질이 개벽되니 정신을 개벽하자
328 신앙표어
　　처처불상 사사불공
334 수행표어
　　무시선 무처선
340 생활표어
　　동정일여 영육쌍전
348 결론표어
　　불법시생활 생활시불법

머리말

―

교리와 삶이 만나다

산을 오릅니다.

젊은 혈기로, 낯선 오솔길을 택했습니다. 조금 걷다 보니 산길이 희미해집니다. 무작정 높은 곳을 목표지점으로 삼습니다. 그렇게 땀을 뻘뻘 흘리며 오르다 보니 산정상이 보이는 듯합니다. 하지만 올라야 할 산은 저 멀리 우뚝 솟아있습니다.

순간 당황이 됩니다. 이리저리 마른 나뭇잎을 헤치며 길을 헤맵니다. 경사진 면을 잘못 디뎌 몸이 기우뚱거립니다. 얼른 나뭇가지 하나를 잡고 아래를 내려다봅니다. 발 아래로 아찔한 벼랑이 입을 벌리고 있습니다. 겨우겨우 벼랑을 벗어나 잠시 숨을 돌리고 생각에 잠깁니다. 그리고 희미한 옛길을 더듬으며 한 발 한 발 산 아래로 향합니다.

어디선가 사람 발자국 소리가 들립니다. 얼마나 반가운지요. 비로소 안도가 됩니다. 혹, 마을로 내려가는 길이 어딘지를 묻습니다. 길을 잘 아는 사람의 빙긋한 웃음…. "바로 여기 아래가 길이잖소." 길을 모르니 헛수고만 들이고 엉뚱한 길에서 하루를 헤맸습니다. 그런 날들을 무수히 흘려보냈습니다.

원불교가 창립된 지 100여 년. 소태산 대종사가 〈불교정전〉을 편찬해 인생길과 공부길을 알려준 세월이 어느덧 80여 년 지났습니다.
새 시대의 새 성자, 소태산의 길은 개벽의 새 길이었습니다. 애써 어둔 밤을 헤매는 힘난한 고행길이 아니라, 누구라도 마음의 준비가 된 사람이라면 수월하게 걷고 따라갈 수 있는 익숙한 대로(大路)입니다. '대도는 천하 사람이 다 행할 수 있는 것이다.'라는 말에서 답을 알 수 있습니다. 세상을 살아가면서 길을 아는 사람을 만나는 건 얼마나 큰 행운인지요!
하지만, 또 세월이 흘렀습니다. 길을 잘 아는 사람은 하나 둘 떠나가고, 길 위의 이정표는 희미해지기 시작했으며, 사람들은 새로운 기구에 몸을 실어 새 길을 찾기 시작했죠.

시대의 변화에 가장 민감한 것이 언어입니다. 언어는 그 시대의 표상이기 때문입니다.
변화의 시대, '경전 해석 제일'이란 별칭을 가진 전산 김주원 종법사의 정전 해설서를 만난 건 그래서 큰 행운입니다. 소태산 시대의 언어를 지금 사람들이 잘 이해하고 소화할 수 있도록 재단해, 새로운 공부길을 밝혔습니다. 중학생 정도의 언어 실력이라면 누구나 알기 쉽고, 간결하게 교리를 해석해줍니다. 여기에 적절한 비유는 재미와 아울러 그 뜻을 명확하게 하는 역할을 합니다.

그뿐만이 아닙니다. 교리가 교리에만 머물지 않도록 우리의 삶과 연결시켜, 생활 속에서 어떻게 응용해야 할지를 친절하게 알려줍니다. 혹, 살다가 난관에 부딪혔을 때 정전 해설서를 들추어 해답을 얻는 지침서가 되게 했습니다. 그래서 행운입니다.

전산 종법사 정전 해설 1권 〈집집마다 부처가 산다〉는 총서편과 교의편의 교리를 해석한 내용으로, 후천개벽의 새 문명세계를 열어갈 원불교의 사상과 내용을 주로 수록했습니다. 원문과 함께 지금 시대 언어로 교리를 해석해 한층 교리공부가 재미있어질 것입니다.

이어 2권 〈오래오래 하면 부처 못 될 사람은 없다〉는 수행편을 해석한 것으로, 교의편 내용을 다시 생활과 연결하여 실천할 수 있게 했으며, 마무리로 원불교 표어를 정리해 원불교 교리 전반을 훑게 했습니다. 특히 〈오래오래 하면 부처 못 될 사람은 없다〉는 원불교 문외한이 읽어도 충분한 공감과 울림이 있을 것입니다.

이 책은 전산 종법사가 50대 초반, 교정원 교화부원장으로 재직할 당시 원음방송에서 원기 86~88년(2001~2003)에 걸쳐 2여 년 간

강의한 내용을 전산 종법사의 허락과 감수를 받아 정리했습니다. 특히 원문내용을 최대한 살리기 위해 분량 조절을 최소화했으며, 강의를 풀어 정리한 것이기에 문어체와 구어체를 혼용했음을 밝힙니다. 또 표어와 일부 내용은 영산선학대학교 예비교무들을 대상으로 강의한 내용을 정리했습니다.

이 책이 부디 집집마다 부처가 사는 세상의 길잡이가 되고, 마음 밖에서 헛길을 구하지 않도록 마음 세상의 난리를 평정하는 교리해설서가 되길 빕니다.

원기 106년(2021) 3월 어느 날
국제마음훈련원에서 **월간원광사**

수행편(1)
; 생활

특별한 기간을 정하거나 특별한 장소를 찾아가야만
수행이 가능한 것이 아니고, 청소하고 밥 짓고 빨래하며
평범하게 살아가는 우리의 생활이 곧 수행 도량이 되도록 했습니다.

수행편
생활 속 마음공부

개괄

　원불교 수행의 가장 큰 특징은 '출가자와 재가자의 수행법이 다르지 않은 것'입니다. 이 법을 만난 사람이라면 나이의 많고 적음, 지식의 있고 없음, 또는 성별과 관계없이 '누구나' 행(行)할 수 있도록 되어 있습니다. 직업을 가지고 있기 때문에 수행을 못한다거나 출가자라 하여 저절로 수행이 되는 것으로 나뉘지 않고, 어느 처지에 있든지 각자의 자리에서 마음만 챙기면 할 수 있는 공부입니다.

　원불교 수행의 또 하나 특징은 '생활 속에서 하게 되어 있는 것'입니다. 원불교는 출가자들도 각각의 직업을 가지고 있습니다. 병원이나 학교에서 근무하거나, 행정사무를 보기도 하고, 교당에서 교화를 담당하기도 합니다. 누구든지 생활 속에서 일을 합니다. 일을 한다는 건 놀고먹지 않는 것입니다. 이를 과거의 개념에 대입하여 '사판승에 가깝다.'고 한다면 일을 하는 사람은 공부를 못하는 것이라고 하겠지만, 소태산 대종사께서 밝힌 원불교의 수행에는 이판과 사판[1]이 따로 없습니다. 사판이 이판이고, 이판이 사판입니다. 공부와 사업을 병행하면서 생활 속에서 수행을 하게 했습니다. 재가자들은 더 말할 것이 없고, 출가자도 생활 속에서 수행을 합니다.

또, 원불교 수행은 병진하게 되어 있습니다. 기술이나 전문기능과 학문은 한 방면을 집중 연구하고 개발하여 전문성을 가져야 합니다. 하지만 부처의 인격을 갖추기 위해 마음을 닦고자 할 땐 어느 한 가지만 갖추어서는 불가능합니다. 정신수양에만 치중한다든지, 사리연구에만 치중한다든지, 작업취사에만 치중한다든지 또는 정기훈련에만 전념하는 것은 소태산 대종사께서 매우 금기시한 공부법입니다. 과거 수행법에 대해 지적한 것 중 하나가 바로 '어느 것 한 가지만으로 마음을 닦는 일'이었습니다. 사람이 원만한 인격을 갖추기 위해서는 모든 것이 고르게 필요합니다.

〈정전〉 수행편에는 정신수양, 사리연구, 작업취사를 병진하는 공부법이 밝혀져 있습니다. 사회의 여러 분야가 전문화된다고 해서 마음의 힘을 쌓는 일까지 전문성을 들이대는 것은 초점이 맞지 않습니다. 보은하기 위한 일의 영역, 예를 들어 사무를 본다든지 방송을 한다든지 하는 것에서는 모든 일을 한 사람이 할 수 없기 때문에 전공에 따라 전문적인 힘을 쌓는 것이 맞습니다. 그러나 마음은 그렇지 않습니다. 건강한 몸을 유지하려면 영양을 골고루 섭취해야 하는 것처럼, 건강한 마음을 위해서는 삼학을 골고루 단련해야 합니다. 삼학 가운데 어느 한 가지만 편식하여 성불(成佛)을 이루겠다는 것은 절대 맞지 않는 것입니다.

　또 수행편에서는 수행의 방법을 다루고 있지만 그 바탕에는 일원의 진리가 들어있습니다. 이것을 확실히 알아야 합니다. 소태산 대종사께서는 "성리(性理)에 바탕하지 않은 종교는 사도(邪道)"라고 했습니다. 성리를 바꿔 말하면 일원상의 진리, 또는 그 진리에 대한 내용이라고 할 수 있습니다. 원불교의 수행편에 밝혀진 모든 수행 방법의 이면에는 성리가 바탕해 있습니다. 그 정신을 알아야 합니다.

　보통, 수행을 위주로 하는 종교는 자력에 치우치고 신앙을 중심으로 하는 종교는 타력에 치우칩니다. 하지만 원불교의 수행은 신앙과 수행을 병행하게 했습니다. '수행편'이라는 용어 때문에 자력적인 부분에 치우친 수행을 떠올린다면 오산입니다. 물론 '마음을 닦는 방법(수행)'을 이야기하고 있지만, 여기에서의 수행은 소태산 대종사께서 밝힌 원불교 핵심교리 '인생의 요도(사은·사요)와 공부의 요도(삼학·팔조)'를 모두 행하는 것에 그 뜻이 있습니다. 따라서 신앙과 수행이 함께하고, 자력과 타력을 병행하게 했습니다. 신앙과 수행, 또는 자력과 타력이라는 용어는 서로 대치되는 의미이기보다 '닦아서 행한다.'는 훈련의 의미가 더 강하다고 할 수 있습니다. 그래서 원불교의 수행은 나와 더불어 이웃, 세상, 전 인류가 함께 더 나은 삶을 살아가도록 하는 것입니다.

수행편의 모든 내용은 사실적이고 실질적입니다. 허위는 말할 것도 없거니와, 방편조차도 들어있지 않습니다. 사실적이고 실질적이기에 수행편에서 알려주는 대로만 하면 반드시 자기 변화를 가져오고, 그대로 하지 않으면 발전을 이루지 못합니다. 수행편에서 '이렇게 해서 좋다.'고 하면 실제로 그렇게 했을 때 좋아지고, '이렇게 하면 안 좋다.'고 하면 실제로도 안 좋게 됩니다. 게다가 수행편의 내용은 특별한 종교 신자만을 위해 존재하는 것이 아닙니다. 원불교를 전혀 모르는 사람이라도 〈정전〉 수행편에 담긴 내용을 생활 속에서 실천한다면 반드시 본인의 인격뿐만 아니라, 내 가정과 주변 이웃과의 관계 등에서 더 나은 삶의 변화를 가져옵니다.

수행편은 총 17장으로 이루어져 있습니다. 1장은 일상수행의 요법, 2장은 정기훈련과 상시훈련, 3장부터 16장까지는 염불·좌선·의두 등 수행방법의 개별항목에 대한 설명, 그리고 마지막 17장에는 법위등급이 나옵니다. 수행편의 대의(大意)를 생각해보면 우리가 수행을 해나가는 데 있어 1장 일상수행의 요법이 수행편의 핵심입니다. 이는 수행의 대전제라고도 할 수 있습니다. 그리고 그것을 실질적으로 잘하기 위한 방법이 2장 정기훈련과 상시훈련에 정리된 훈련법입니다. 일상수행의 요법만 가지고도 공부할 수 있지만, 훈련법을 가지고 단련하면 공부가 더 잘 될 것입니다.

특히 수행편 17장 법위등급의 의미는 잘 고찰할 필요가 있습니다. 큰 산을 오르는 데에는 여러 가지 길이 있지만 가장 손쉽게 정상에 이르는 길은 따로 있습니다. 수행해나가는 과정도 마찬가지입니다. 수행이 잘 이뤄지고 있는지 공부의 고비마다 확인하고, 나의 인격이 얼마나 향상되었는지를 알게 하는 것이 바로 수행편 17장 법위등급입니다. 법위등급의 각 과정은 수행의 목표가 되기도 하고, 수행의 과정이 되기도 합니다.

수행편에서 1장 일상수행의 요법은 수행의 방향, 2장 훈련법은 수행의 실질적인 방법, 17장 법위등급은 수행의 과정과 척도를 명확히 제시한 것이라고 할 수 있습니다.

---

1) 이판과 사판: 이판(理判)은 고요한 가운데 수행에 매진하고 사판(事判)은 사원의 경영에 주력하는 승려를 말함. 소태산 대종사는 수행자가 공부와 사업을 병행해야 혜복을 겸전할 수 있다고 했다.

일상수행의 요법
어느 곳 어느 때나 마음공부

개괄

    일상수행의 요법은 날 일(日) 자, 항상 상(常) 자, 닦을 수(修) 자, 행할 행(行) 자, 요긴할 요(要) 자, 법 법(法) 자를 써서, '일상의 생활에서 수행하는 데 요긴한 법'을 말합니다.

    일상수행의 요법을 교단 초기에는 '교강 9조'라고 했습니다. 교강이란 원불교 교리의 강령이라는 뜻이고, 강령이란 어떤 일의 가장 기본이자 중요한 줄거리를 말합니다. 즉 교강 9조는 원불교 공부에서 가장 중요하고 가장 기본이 되는 아홉 가지 조목을 말하는 것입니다. 강령이란 '그것만 잡으면 다른 건 다 따라오게 된다.'는 의미가 있으므로, 이 아홉 가지 조목만 실행하면 원불교에서 가르치는 정신을 체득한 것이라 할 수 있습니다. 정산 종사께서는 "일상수행의 요법 9조만 공부해도 성불에 족하다."고 했습니다.

우리는 일과로써 매일 새벽 좌선을 합니다. 이때 가장 먼저 외우는 것이 일상수행의 요법입니다. 이는 소태산 대종사 당대부터 해오던 식순입니다. 하루 생활의 모든 일이 일상수행의 요법을 실현하고 대조하는 생활이 되어야 한다는 의미가 담겨있습니다.

또, 일주일에 한 번 교당에 법회를 보러 가서도 일상수행의 요법을 반드시 대조합니다. 법회는 법의 양식을 얻고, 지난 일주일을 살아오며 겪은 일을 문답하고 감정 받으면서 잘 살았는지 잘못 살았는지를 살피게 합니다. 이때 일상수행의 요법을 대조하는 것은 우리의 교리를 삶속에서 잘 실행하고 살았는지 잊고 살았는지 등을 반조하고 점검하기 위함입니다.

일상수행은 곧 원불교 수행의 기본입니다. 따라서 일상수행의 요법을 수행의 표준으로 삼고 살아가면 내 마음을 내 마음대로 부려 쓸 수 있는 힘을 얻습니다. 마음 쓰는 모습을 하나하나 구체적으로 점검해 나갈 수 있기 때문입니다. 또 일상수행의 요법 아홉 조목에는 소태산 대종사께서 밝힌 교리 정신이 온전히 녹아있습니다. 이 아홉 조목으로 마음을 대조하고 실행해나가면 개인 구원은 물론이고 가정 구원, 사회 구원을 이룰 수 있습니다.

소태산 대종사께서는 〈대종경〉 수행품 1장에서 "일상수행의 요법을 아침저녁으로 외우게 하는 것은 그 글만 외우라는 것이 아니요, 그 뜻을 새겨서 마음에 대조하라는 것이니, 대체로는 날로 한 번씩 대조하고 세밀히는 경계를 대할 때마다 잘 살피라는 것이다."라고 했습니다. 우리의 마음은 챙기면 있어지고 챙기지 않으면 없어집니다. 마음을 늘 챙기고 또 챙기다 보면 공력이 쌓여서 마음의 변화가 일어나고 생활에서 실행이 됩니다. 그렇게 반복하면 챙기지 않아도 저절로 챙겨지는 경지에 이릅니다. 이것이 일상수행의 요법을 외우는 필요성입니다.

소태산 대종사께서는 일상수행의 요법에 우리 교리 전체를 담았습니다. 1조 요란함이 없게 하여 자성의 정(定)을 세우는 것은 정신수양, 2조 어리석음이 없게 하여 자성의 혜(慧)를 세우는 것은 사리연구, 3조 그름이 없게 하여 자성의 계(誡)를 세우는 것은 작업취사와 연계가 됩니다. 이렇게 보면 일상수행의 요법 1조, 2조, 3조는 삼학을 일상생활에서 수행하게 한 조목입니다.

그리고 4조는 교리 중 팔조(진행사조 신·분·의·성, 사연사조 불신·탐욕·나·우)를 실행하게 한 것이며, 5조 원망생활을 감사생활로 돌리자는 교리 중 사은에 해당하는 내용입니다. 소태산 대종사께서는 사은의 내용 전체를 '감사생활'이라는 한 단어에 녹여서 일상생활에서 보다 쉽게 실행할 수 있게 했습니다. 5조는 사은이라는 큰 덩치를 압축한 표현입니다.

6조 자력생활은 자력양성, 7조 잘 배우는 사람은 지자본위, 8조 잘 가르치는 사람은 타자녀교육, 9조 공익심 있는 사람은 공도자숭배입니다. 6~9조에는 우리 교리 사요의 실천 방법이 쉽게 담겼습니다. 이렇듯 일상수행의 요법에는 사은·사요, 삼학·팔조 교리가 모두 담겨있습니다.

　일상수행의 요법이라는 제목 자체도 참 묘미가 있는 표현입니다. 만약 일상이라는 말을 생략한 채 '수행의 요법'이라고 했어도 틀린 말은 아닙니다. 하지만 '일상'이라는 말을 넣음으로써 '항상, 늘, 나날이' 평범한 생활 속에서도 수행을 할 수 있게 했습니다. 특별한 기간을 정하거나 특별한 장소를 찾아가야만 수행이 가능한 것이 아니고, 청소하고 밥 짓고 빨래하며 평범하게 살아가는 우리의 생활이 곧 수행 도량이 되도록 했습니다. 우리 각자가 머무는 가정, 직장, 놀이터 등이 법당이자 마음수련장이 되어야 한다는 것입니다.

　일상수행의 요법 각 조목의 내용도 중요하지만, 일상수행의 요법이라는 그 자체의 뜻을 잘 새겨야 합니다. 일상에서 수행해나가는 정신을 먼저 마음에 확립하고, 그 정신을 아홉 가지 조목으로 대조해나가면 생활 가운데에서도 얼마든지 수행력을 쌓을 수 있습니다.

일상수행의 요법 1조
멈추고 가라앉혀서 맑히라

1. 심지(心地)는 원래 요란함이 없건마는 경계를 따라 있어지나니, 그 요란함을 없게 하는 것으로써 자성(自性)의 정(定)을 세우자.

일상수행의 요법 1조는 먼저 단어별 이해가 필요합니다. 우리가 평소에 잘 들어보지 못한 단어들이 많이 사용되었기 때문입니다. 마음 심(心) 자, 땅 지(地) 자를 쓰는 '심지'도 그렇고, '경계'라는 말도 일상에서 쓰이는 뜻과는 다른 의미를 가집니다. 자성(自性)이라는 말도 평소 듣기 어려운 말입니다. 정할 정(定) 자는 더욱 난해합니다.

심지란 마음 땅이라는 뜻입니다. 소태산 대종사께서는 심지를 '땅에서 풀이 나고 곡식이 자라고 모든 소출이 나오듯 우리의 마음도 나오는 곳이 있다.'고 비유했습니다. 어디선가 좋은 마음도 나오고 나쁜 마음도 나오는 곳이 바로 심지입니다. 마음의 바탕이라는 뜻으로 땅 지(地) 자를 씁니다.

자성(自性)이라고 할 때 성은 성품 성(性) 자를 쓰는데, 성은 마음 심(心) 자에 날 생(生) 자가 합쳐진 모습입니다. 마음이 나오는 곳이 곧 성품(性)이라는 뜻입니다. 그렇게 본다면 자성은 스스로의 성품이므로, 심지와 자성은 같은 뜻입니다. 우리 각자 각자가 가진 성품, 그 본래 성품자리는 모두 같습니다. 앞서 우리가 일원상의 진리를 공부할 때, '일원은 일체 중생의 본성'이라는 구절을 살폈습니다. 생명을 가진 모든 것들의 본래 성품, 즉 성(性)에는 그 자체에 '본래'라는 의미가 있습니다.

부처님이나 일반 중생이나 성품은 똑같습니다. 그래서 불성(佛性)이라고도 합니다. 심지, 성품, 자성, 불성, 본성, 본심은 모두 표현만 다를 뿐 '본래 마음자리'라는 같은 뜻입니다.

겉으로 나타난 마음의 형상은 일그러지기도 하고, 잘못되기도 합니다. 깨진 거울에 비친 내 모습이 온전하지 않은 것과 같습니다. 갈라지고 틀어져 보이지만 우리는 그것이 형상의 본래 모습이 아님을 압니다. 마음도 마찬가지입니다. 일그러지고 바르지 않게 나타났다 할지라도 실제는 그렇지 않습니다.

우리는 살아가면서 여러 가지 마음을 사용합니다. 그러나 그 마음이 나오는 자리인 '심지'에는 원래 요란함이 없습니다. 마음이 나오는 본래 자리는 요란한 것도 요란하지 않은 것도 아닙니다. 일체의 모든 생각과 말이 다 비었으므로 일원상 서원문에서는 '언어도단의 입정처'라고 했습니다. 모든 생각과 말과 글로 표현할 수 없는 자리, 또는 생각이나 말로 들어갈 수 없는 자리이기 때문입니다. 바꿔 말하면 생각과 말이 모두 빈자리, 생각과 말을 다 놓아야만 나타나는 자리라고 할 수 있습니다.

'심지는 원래 요란함이 없다.'는 것은 우리의 본심, 본래 마음의 참 모습, 여러 마음이 나타나는 원래 자리의 모습이 그렇다는 것입니다. 소태산 대종사께서는 정신수양에 대해 아주 쉽게 표현했습니다. '정신이란 마음이 두렷하고 고요하여 분별성과 주착심이 없는 경지'가 그것입니다. '심지는 원래 요란함이 없다.'의 표준을 우리는 '원래 두렷하고 고요하여 분별성과 주착심이 없는 자리'라고 잡으면 됩니다. 물론 그 자리는 알기가 쉽지 않고, 설사 알았다 할지라도 그 자리를 지켜내기가 쉽지 않습니다. 그래서 정신수양이 필요합니다. 정신수양을 한다는 것은 두렷하고 고요하여 분별성과 주착심이 없는 마음의 바탕으로 돌아간다는 것입니다. 본래 고향자리로 되돌아가는 방법입니다.

이처럼 본래는 요란함이 없는 심지이지만, 경계를 따라 요란함이 있어진다고 했습니다. 제가 고등학생일 때 처음 원불교를 알고 일상수행의 요법을 공부하는데 이 부분에서 '논리에 안 맞는 말이다.'라는 의심이 들었습니다. '경계를 따라 있어진 거니까 그 경계를 없애면 자연히 요란함이 없을 텐데, 왜 경계를 없애라고 하지 않고 요란함을 없게 하라고 했을까?'가 의문이었습니다. 말의 논리상 요란함이 생긴 원인은 '경계'에 있으므로 '심지는 원래 요란함이 없건마는 경계를 따라 있어지나니, 그 "경계"를 없게 하는 것으로써 자성의 정을 세우자.'라고 하면 딱 맞을 것 같은데, 경계는 그대로 두고 요란함을 없게 하라는 것이 이상하다고 생각한 것입니다. 지금 생각하면 진리를 모르기에 가졌던 의문입니다.

경계를 없애면 목석과 다름없는 사람이 됩니다. 나무나 돌처럼 움직이지 않은 채 가만히 고정된 상태가 될 테니까요. 경계는 우리가 몸과 마음을 작용함에 따라 마주치는 대상을 총칭합니다. 눈이 보는 모든 것, 귀가 듣는 모든 것, 몸이 닿는 모든 촉감, 마음으로 생각하고 느끼는 것 등 몸과 마음을 작용함에 따라 나타나는 것들이 '경계'입니다. 사실 이 작용들은 우리가 살아있다는 증명이기도 합니다. 산다는 것 자체는 경계를 통해 몸과 마음을 작용하는 것입니다.

그러니까 심지(마음 땅) 그 자체에는 원래 요란함이 없지만, 그렇다고 그것이 그대로 가만히만 있다면 아무 의미가 없게 됩니다. 그 마음 땅에서 좋은 마음, 나쁜 마음 등과 같은 여러 마음이 나오는 작용은 결국 경계를 따라 이뤄집니다. 사실 경계를 따라 요란함만 있어지는 것이 아닙니다. 경계를 따라 고요함이 생길 수도 있고 요란함이 생길 수도 있으므로 '경계'를 모두 없애면 안 됩니다.

소태산 대종사께서는 〈대종경〉 성리품에서 '사람의 성품이 정한즉 선도 없고 악도 없으며, 동한즉 능히 선하고 능히 악하나니라.'라고 했습니다. '정하다.'는 것은 경계를 당해 마음이 나오기 이전이라는 말입니다. 경계를 응하기 이전에는 요란함도 어리석음도 없습니다. 그때는 착한 것과 나쁜 것이 따로 있지 않습니다. 그러나 동하면, 즉 본래 자리가 경계를 당하면 한 마음이 생겨나서 능히 선하게도 되고 악하게도 됩니다. 능선능악(能善能惡)이라는 말은 '능히 선해질 수도 있고, 능히 악해질 수도 있다.'는 가능성이 되고, 성품의 원래 입장에서 생각하면 '능히 선했을 수도 있고, 능히 악했을 수도 있다.'고 이해할 수 있습니다. 선악을 초월하여 쓸 수 있는 능력을 이야기하는 것이기도 하고, 마음이 흘러가는 대로 쓰면 한 마음 쓰는 것에 따라 선한 사람도 악해질 수 있고 악한 사람도 선해질 수 있음을 이야기하는 것이기도 합니다.

거듭 설명하면, '경계를 따라 있어진다.'는 말은 경계를 따라 반드시 요란함만 있어지는 것을 이야기하지 않습니다. 경계를 따라 요란함이 나올 수도, 고요함이 나올 수도 있는 모든 상황을 이야기한 것입니다. 마음을 쓰는 데 내 마음에 좋은 것을 만나면 요란할 일이 하나도 없을 테지만 내 마음에 거슬리는 경계를 당하면 그로 인해 요란함이 생깁니다.

그러니까 '심지는 원래 요란함이 없건마는'이라는 구절은 마음이 나타나기 이전의 상태를 우리에게 일러준 것이고, '경계를 따라 있어지나니'라는 구절은 우리가 살아가는 모습을 말하는 것입니다. 경계를 따라 요란함이 있어질 때 그 요란함을 없게 하면 원래 요란함이 없던 심지 자리로 돌아갈 수 있습니다 그것이 바로 자성이 정

(定)입니다. 한 마음이 정(定)한 그대로 마음을 쓰게 되는 것입니다.

정(定)은 부동(不動: 움직이지 않음)을 이야기합니다. 한번 정해진 그 자리를 옮기지 않습니다. 부동하면 고요하고, 고요하면 전체를 바라보는 안목이 두렷해지고, 그것이 곧 낙 생활이자 극락이 됩니다. 자성의 정(定)은 없던 것을 내가 새롭게 만드는 것이 아니라, 본래 갖추어져 있는 심지 자리가 그대로 다시 드러나는 것입니다. 두렷하고 고요한 정신상태가 잘 유지되는 것입니다. 자성의 정(定)이 세워진 그 자리가 극락자리입니다. 요란함을 없게 하면 자성의 정(定)이 세워집니다.

여기에서 요점은 '요란함을 없게 하는 것'입니다. 우리가 수양을 하는 이유는 요란함을 없애기 위해서입니다. 보통의 우리들은 마음이 요란해졌는지 요란해지지 않았는지에 대한 판단을 어려워합니다. '마음이 무엇인가?'를 생각조차 하지 않고 사는 사람이 더 많습니다. 요란한 그 마음이 원래 내 마음이라고 생각하면서 요란한 대로 사는 경우가 많습니다. 그것 때문에 고통을 받고 있다는 생각은 하지 못하고, 고통의 원인을 상대방에게 돌리기도 합니다.

하지만 공부인은 먼저 '마음이란 무엇인가?'와 '내 마음이 요란해졌다는 건 무엇인가?'를 감지할 수 있어야 합니다. 요란해진 마음을 그 상태로 머물게 하지 않고 변화시키려고 해야 합니다. 소태산 대종사께서는 그 방법으로 '멈추라.'고 했습니다. 마음이 요란한 이유는 마음이 바깥 경계로 끌려가기 때문입니다. 마음을 멈추라는 말은 밖으로 끌려가는 마음을 잡으라는 뜻입니다. 마음이 요란해지면 기분과 감정이 들뜨고 올라옵니다. 그래서 가라앉히라고 합니다. '멈춰라, 잡아라, 가라앉혀라.'라는 말은 모두 같은 의미입니다.

마음을 가라앉히는 연습을 전문적으로 하게 하는 것이 좌선과 염불입니다. 이 연습을 잘 해놓은 사람은 경계를 만났을 때 동하거나 요란해지려는 마음을 잡는 힘이 있어서 금방 고요해집니다. 평소 그 연습이 되어있지 않으면 요란한 마음을 멈추고 싶어도 자꾸 흔들립니다. 또, 맑혀야 합니다. 잘 가라앉은 상태가 오래되면 저절로 맑아집니다. 요란함을 없게 하는 첫 번째 방법은 멈추고 가라앉혀서 맑히는 것입니다.

요란함을 없게 하는 두 번째 방법은, 관조(觀照, 고요한 마음으로 사물이나 현상을 관찰하거나 비추어 봄)입니다. 우리 마음은 미운 사람을 만났을 때도 요란해지고, 사랑하는 사람을 만났을 때도 요란해집니다. 불교에서는 볼 관(觀) 자, 빌 공(空) 자를 써서 관공이라고 합니다. 나를 요란하게 하는 원인은 사실 나에게 없던 것입니다. 그것을 〈금강경〉에서는 '약견제상비상 즉견여래(若見諸相非相 卽見如來)'라고 합니다. 나타나는 모든 모습이 참 실상이 아님을 알면 바로 그게 여래를 보는 것이라는 말입니다. 이게 관조 공부입니다.

수양 공부로 요란한 마음을 가라앉히기도 하지만, 진리를 바라보는 관조 공부를 통하면 마음을 가라앉히기가 훨씬 쉽습니다. 마음을 고요히 가라앉히는 것이 바로 자성의 정(定)을 세우는 것입니다. 일상에서 자성의 정을 잘 세울 수 있는 사람은 모든 일에 해탈할 수 있습니다. 나를 괴롭게 하는 일에서도 여유롭게 벗어날 수 있고, 나를 즐겁게 하는 일에 대해서도 너무 끌려가지 않습니다. 자성의 정이 세워지고 힘이 쌓이면 좋고 싫은 모든 경계에서 벗어나 해탈과 여유를 가질 수 있습니다.

이것이 일상수행의 요법 1조에 담긴 의미입니다. 자성의 정(定)을 세우는 공부를 통하면 대인(大人)의 근성이 길러집니다.

일상수행의 요법 2조
지혜광명을 밝히자

2. 심지는 원래 어리석음이 없건마는 경계를 따라 있어지나니, 그 어리석음을 없게 하는 것으로써 자성의 혜(慧)를 세우자.

일상수행의 요법 2조는 우리 교리로 보면 삼학공부 가운데 사리연구에 해당합니다. 이 조목을 해석하면 '마음의 바탕에는 원래 어리석음이 없다.'입니다.

소태산 대종사께서는 일원상의 진리에서 '공적영지의 광명'이라는 표현을 했습니다. 어떠한 하나의 생각조차 없는 가운데 아주 신령스럽게 밝은 모습을 표현한 것이 바로 '공적영지의 광명'입니다. 일상수행의 요법 2조 '심지는 원래 어리석음이 없건마는'은 그러한 본래의 지혜, 본래의 밝음에 대한 것입니다.

불교에서는 반야지(般若智)라 하여, 우리의 마음에는 태양처럼 밝은 지혜광명이 갚아 있다고 했습니다. 누구에게나 그러한 지혜광명이 있습니다. 자성을 '내 자신의 본래 모습'이라고 생각하면 쉽습니다. 내 자신의 본래 모습[자성]에는 태양의 광명 같은 밝은 지혜가 있습니다.

부처님이나, 우리나, 어리석은 중생이나, 마음의 본래 모습에서는 다름이 없습니다. 그러나 경계를 따라 심지에서 마음이 나타날 때 본래 밝은 마음이 그대로 발현되기도 하고, 밝은 마음이 가려진 채 어리석은 마음으로 나타나기도 합니다. 그것이 '경계를 따라 있어지나니'입니다.

심지에는 원래 어리석음이 없다하더라도 '경계를 만나' 그것이 현실에서 발현될 땐 혹 잘하거나 못하기도 하고, 진급되거나 강급도 되고, 밝거나 어둡기도 하는 등 수만 갈래의 모습으로 나타납니다. 누가 그렇게 만든 것이 아니고 이미 그렇게 되어 있습니다. 비유하여 이야기하면, 구름 한 점 없이 맑은 하늘에 인연을 따라 먹구름이 생기거나 비가 오는 것과 같습니다. 원래 하늘에 비나 구름이 있는 것은 아니지만 어느 순간 구름이 생기면 광명을 가려서 어두워지기도 하고 때론 비가 내리기도 합니다. 경계를 따라 있어지는 마음의 작용도 이와 같습니다. 무위이화(無爲而化)[1]자동적으로 그렇게 됩니다.

일상수행의 요법 1조의 '요란함을 없게 하는 것'보다 2조의 '어리석음을 없게 하는 것'은 조금 더 어렵습니다. 물론 마음에 대한 인식이 아예 없는 사람은 자신의 마음이 요란한지 요란하지 않은지를 알아차리는 것이 쉽지 않습니다. 그러나 마음공부에 뜻을 조금이라도 둔 사람이라면 요란한 마음과 요란하지 않은 마음을 알아차리는 것이 생각보다 쉽습니다. 마음이 일어나는 모습을 지켜보면 되니까요. 그런데 어리석은 사람은 자기가 어리석다는 것을 알아차리기가 어렵습니다. 어두운 곳에서는 사물을 잘 보지 못하듯, 어리석음을 없게 하는 공부를 해야 할 사람일수록 도리어 어리석음이 잘 보이지 않습니다.

원래의 모습을 알아차리는 것을 불교에서는 '견성(見性)'이라고 합니다. 나의 참 모습, 나의 본래의 모습을 발견한다는 뜻입니다. 그것을 아는 것은 쉬운 일이 아닙니다. 하지만 부처님께서 말한 '심지', 즉 나의 참 마음은 원래 부처님과 더불어 같은 모습이라는 것을 믿고, 지금 그 모습을 갖지 못하는 이유가 경계를 따라 요란함·어리석음·그름이 생겼기 때문임을 알면 공부가 수월해집니다.

경계는 바깥에서 오기도 하고 안에서 생기기도 합니다. 그러한 경계로 인해 마음이 발함으로써 요란해지고 어리석어지고 글러지는 것을 알기만 하면 곧 자기의 심지를 다시 드러내는 것이 됩니다. 따라서 일단 '내가 지금 요란하구나, 어리석구나, 그르구나.' 하는 것을 먼저 알아야 공부가 됩니다.

그렇다면 심지는 원래 어리석음이 없는데 현실의 우리는 왜 어리석어지는 것일까요? 소태산 대종사께서는 그 모습을 등잔불에 비유해 설명했습니다. 환한 등잔불은 사방을 밝히지만 정작 자기 모습은 비추지 못합니다. 사람의 마음도 본래는 밝은 지혜를 가지고 있는데 나를 볼 때는 '나'라는 상에 가려져 시비이해(是非利害)를 바르게 분석하지 못합니다. 그럼, 시비이해를 바르게 판단하고 밝은 지혜광명이 나타나게 하려면 어떻게 해야 할까요? 소태산 대종사께서는 "나라는 상을 놓고 원근친소에 끌림이 없이 자타를 바라보면 밝은 지혜가 나온다."고 했습니다. 하지만 이러한 원리를 실제에서 알아가는 것은 결코 쉽지 않습니다.

그래서 어리석음을 없게 하는 공부가 대단히 중요합니다. 어리석은 마음을 가지고는 어떤 일도 할 수 없습니다. 어리석은 마음에는 어떤 노력을 들여도 헛수고가 됩니다. 어리석다는 것은 우리 인생에서 아주 중요한 문제입니다. 이 어리석음을 없게 하는 공부에는 몇 가지 방법이 있습니다.

첫째, 진리에 믿음을 세워야 합니다. 진리는 원천수와 같은 것입니다. 소태산 대종사님, 부처님, 예수님 등 모든 성자들의 지혜는 밝은 진리에서 나왔습니다. 성자들의 가르침은 진리에 바탕합니다. 우리 교리로 말하면, 법신불 일원상의 진리가 마음사용법을 조종합니다. 거기에서 일체 법이 나옵니다.

사실, 진리를 한 번에 깨달아버리면 가장 좋습니다. 하지만 진리를 단번에 깨닫는 것이 쉽지 않기 때문에 성자들이 가르쳐준 진리를 철저히 믿어야 합니다. 영생의 이치와 인과의 이치를 철저히 믿으면 진리적인 바른 생각을 가질 수 있습니다. 영생과 인과가 있음을 알기 때문에 누군가에게 해로움을 끼치려다가도 그 마음을 거둬들이고, 남을 미워하려다가도 그 마음을 돌립니다. 성자들은 해를 당하더라도 영생과 인과의 이치에 비추어 빚을 갚는 기회로 삼습니다. 이것이 성자의 심법입니다. 우리 어리석은 중생도 진리를 철저히 믿으면 성자들과 같은 심법을 쓸 수 있습니다.

지혜를 밝혀나갈 때 가장 뿌리가 되는 것은 진리에 대한 믿음입니다. 진리에 뿌리내리지 않은 지혜를 불가에서는 '건지(乾智)'라고 합니다. 마른 지혜라는 뜻입니다. 건지는 잠깐 모아놓은 물과 같아서 쓰면 쓸수록 사라지고 마릅니다. 하지만 진리에 바탕하여 나오는 지혜는 한량없이 솟아납니다. 그래서 '원천지(源泉智)'라고 합니다. 원천지에는 마름이 없습니다. 그러므로 진리에 대한 확실한 믿음을 세워야 합니다.

둘째, 성자들이 밝혀주신 경전을 연마해야 합니다. 진리에 믿음을 세우고 나아가더라도 국한된 자기 생각에서 벗어나는 것은 쉽지 않습니다. 경전에는 성자들이 깨달은 진리의 내용과 진리대로 살아온 생각과 모습이 담겨있습니다. 즉 지혜의 표준 교과서입니다. 진리에 믿음을 세운 후에는 경전을 공부함으로써 지혜를 기르고 어리석음을 없앨 수 있습니다.

경전에 담긴 성자들의 언행을 표본 삼으면 '그 분들의 생각과 취사하는 모습'을 통해 삶의 지혜와 답을 찾게 됩니다.

셋째, 안으로 스스로 생각하는 습관을 가져야 합니다. '심지는 원래 어리석음이 없다.'는 말은 '내 안에 지혜가 갊아 있다.'는 말입니다. 그 지혜가 완전히 발현되지 않았을 뿐 본래 가지고 있음을 뜻합니다. 그러므로 진리에 대한 믿음과 성자들의 가르침을 표본 삼아 어떤 사물이나 사건을 접할 때마다 내면으로 궁굴려 보기를 게을리하지 말아야 합니다.

지금 내 눈 앞에 비친 면만 생각하지 않고 여러 면을 두루 살피라는 것입니다. 당장 보이는 책상 앞면은 물론이고 보이지 않는 옆면과 뒷면을 두루 살피면 책상 전체의 모습을 아는 데 도움이 되는 것과 같습니다. 사물 하나를 놓고도 현상으로 바로 나타난 면, 현상에는 나타나지 않았지만 관계가 있는 면, 나중에 변화되어서 나타날 면을 골고루 생각해보는 습관을 들이면 지혜 개발에 도움이 됩니다.

넷째, 깊은 선정(禪定)을 통해 지혜를 발현해야 합니다. 마음에 요란함이 적어지고 천지의 깨끗한 마음이 모아지면 거기에서 지혜광명이 발현됩니다.

어리석음을 없게 한다는 것은, 일을 당한 그 순간을 벗어나는 것에만 그치지 않습니다. 진리에 대한 믿음, 경전을 통해 지혜로운 말씀을 배우는 것, 또 스스로 사고하는 습관, 안으로 깊은 선정을 통해 지혜가 발현되는 공부를 오래하면 점점 어리석음이 사라집니다. 자성이 세워지는 결과에 가까워지는 것입니다.

일상수행의 요법 2조 어리석음을 없게 하는 공부는 경계를 당했을 때만 하는 공부가 아닙니다. 일이 있을 때나 없을 때나, 늘 밝은 자성이 발현되게 하는 공부입니다.

---

1) 무위이화: 힘들이지 않아도 저절로 변하여 잘 이루어진다는 뜻

일상수행의 요법 3조
죄와 복의 갈림길

3. 심지는 원래 그름이 없건마는 경계를 따라 있어지나니, 그 그름을 없게 하는 것으로써 자성의 계(戒)를 세우자.

일상수행의 요법 3조는 마음공부를 하는 세 가지 방법인 삼학 중 작업취사에 대한 조목입니다. 3조는 '심지는 원래 그름이 없건마는'으로 시작합니다. 여기에서 그르다는 말은 '그르지 않음'과 대립되는 의미의 그름이 아닙니다. 물론 표현상 '그름이 없다.'고 했지만, 그르다(불의)/그르지 않다(정의)를 떠난 자리를 의미합니다.

우리가 일상적으로 생각하는 서로 대립되는 뜻으로 정의와 불의가 아닌, 지극히 선(善)한 자리, 즉 대립의 자리를 넘어선 정의를 말합니다. 전체를 총괄하고 포섭하는 의미로서의 정의인 것입니다. 모든 것을 품어 안아 살려내는 부처님의 대자대비, 예수님의 사랑, 공자님의 인과 같은 정의가 바로 '심지는 원래 그름이 없는 자리'에 있는 정의입니다. 따라서 우리는 여기에서 말하는 '정의(그르지 않음)'를 일상에서 사용하는 정의보다 더 상위 개념으로 받아들여야 합니다.

심지는 원래 그름이 없는 자리인데, 경계를 따라 그름이 있어진다고 했습니다. 그 그름이 있어지는 원인을 소태산 대종사께서는 세 가지로 말했습니다. 첫째, 모르기 때문입니다. 해야 할 일인지 하지 않아야 할 일인지 모르기 때문에, 안 해야 할 일을 해야 할 일로 알고 저지르는 경우가 있다는 것입니다. 둘째, 알지만 불같이 일어나는 욕심 때문에 참지 못하고 아닌 일을 하기 때문입니다. 셋째, 철석같이 굳은 습관에 끌리기 때문입니다. 우리가 그름을 없애는 공부를 하면 자성의 계(戒)가 세워져 부처님과 같은 인격을 이룰 수 있습니다.

일상수행의 요법 1·2조와 마찬가지로 3조에서는 '그름을 없게 하는 것'이 대단히 중요합니다. 앞에서 말한 그름이 있어지는 원인 세 가지 중 첫 번째, 몰라서 그러는 것은 사리연구에 해당합니다. 사리연구를 통해 차츰 옳고 그른 것을 알게 되면 정의와 불의를 판단할 수 있습니다. 그런데 사리연구를 통해 분명히 알았음에도 실행이 제대로 되지 않는 경우가 있습니다. 이는 오랫 동안 굳어진 '욕심과 습관' 때문입니다.

이처럼 그름을 없게 하는 공부는 실천 조목이라 더 어렵습니다. 가령, 아주 사소한 말버릇 하나만 고치려 해도 몇 달을 씨름해야 할 만큼 쉽지 않습니다. 소태산 대종사께서는 "마음자리를 아는 것[견성]에 백의 힘을 들인다면, 안 그대로 내 마음을 잘 지켜서 보존하는 것

[양성]에는 천의 힘을 들여야 하고, 일을 당해서 현실에 마음을 잘 쓰이게[솔성] 하려면 만의 힘을 들여야 한다."고 했습니다.

원불교에는 30계문이 있습니다. 그 중에 '두 사람이 아울러 말하지 말라. 진심(화)을 내지 말라.'는 조목이 있습니다. 어찌 보면 사소하게 생각되는 조목이지만 이것을 지키는 데에도 굉장한 노력이 필요합니다. 나를 화나게 하는 경계를 만나 화를 내지 않기는 매우 어렵기 때문입니다. 그러므로 작업취사 공부에는 굉장한 공력(功力)이 필요합니다.

소태산 대종사께서는 삼학 중 작업취사를 설명하면서 "죽기로써 하라."고 했습니다. 정신수양이나 사리연구는 죽기로써 하라고 하지 않았는데 작업취사 공부는 왜 죽기로써 하라고 했을까요? 그건 내가 지금 어떤 행동을 하느냐에 따라 죄와 복이 결판나기 때문입니다. 죄를 짓지 않으려 해도 이미 지어 놓은 죗값은 필히 받아야 하고, 잘 지은 복을 받지 못하는 일도 또한 없습니다. 지금 이 순간의 모든 행위가 뒷날 죄/복을 가르는 장부가 됩니다. 그래서 '죽기로써' 죄의 문은 막고 복의 문은 여는 취사를 해나가게 했습니다.

대산 종사께서는 작업취사 공부 방법을 세 가지로 말했습니다. 먼저, 아닌 것을 참아야 합니다. 밥이 아무리 좋은 것이라 해도 적정량을 넘겨서 과식하면 몸에 해롭기 마련입니다. 내가 가져올 것이 아닌 것을 가져오거나, 내가 넘볼 자리가 아닌 자리를 욕심내서는 안 됩니다.

두 번째로 계문을 잘 지켜야 합니다. 소태산 대종사께서 우리에게 30계문을 준 뜻이 있습니다. 나쁜 습관은 죄의 씨앗이 되기 쉽습니다. 최소 30가지의 버릇은 반드시 고쳐서 나의 앞길에 죄가 쌓이는 일을 제거해야 합니다. 사실 30계문 중 원불교에 들어와 처음 받게 되는 보통급 10계문이 가장 중요합니다. 보통급 계문이라고 하여 결코 가볍지 않습니다. 가장 중요한 것이므로 가장 처음에 주는 것입니다. 그 후에, 우리가 꼭 지키고 실행해야 할 것들이 단계적으로 주어집니다.

우리는 30계문을 통해 죄의 씨앗이 될 수 있는 것들을 과감히 끊어가야 합니다. '금강이도(金剛利刀)'라는 말이 있습니다. 단단하고 날카로운 칼이라는 뜻입니다. 날카로운 칼에는 종이가 살짝만 닿아도 잘려나갑니다. 작업취사를 해나갈 때, 우리는 계문을 금강이도로 삼고 아닌 마음이 나오면 탁 베어버려야 합니다.

세 번째는 옳은 일은 죽기로써 실행하는 것입니다. 아무리 사소한 것이라도 해야 될 일이라면 마음먹고 실천해야 합니다. 공들임이 하나 쌓이고 둘이 쌓이면 만행만덕(萬行萬德), 즉 일만 번의 실천으로 일만 덕을 얻을 수 있는 큰 인격을 이룹니다. 따라서 우리가 작업취사 공부를 해나갈 때 기본으로 삼아야 할 것은 '인과'입니다. 예를 들어, 평소 술을 마시고 담배를 피우며 마음대로 살다가 계문을 받아서 조절하려면 생활에 제약이 생기는 것 같아 괴롭고 힘듭니다. 법을 모를 때는 화가 나면 화를 내는 것이 당연했고 그렇게 하면 속이 시원해졌는데, 계문을 받고 나서는 화가 나도 화를 내지 않아야 하니 얼마나 괴롭겠습니까.

그래서 진리에 대한 자각과 믿음이 중요합니다. 인과에 대한 확실하고 철저한 믿음과 자각이 있으면 공부에도 힘을 얻습니다. 전날까지 백번 잘못했어도 오늘부터 잘하면 새로워질 수 있고 오늘까지 잘못했더라도 내일부터 다시 잘하면 새롭게 된다는 생각으로 노력하면 반드시 변화가 따라옵니다. 내가 한 만큼 반드시 변화되는 그것이 확실한 진리입니다. 이 이치를 알면 욕심이나 습관에 끌려 나도 모르게 잘못을 저질렀더라도 바로 참회하고 마음을 챙겨서 나아갈 수 있습니다.

이럴 때는 또, 일기를 쓰면 도움이 됩니다. 공부 초반에는 일기를 쓰면 오늘 범한 것을 내일도 범하고 올해 범한 것을 내년에도 범하는 모습을 알게 되므로 일기에 재미를 붙이기가 어렵습니다. 그러나 작년에 지키지 못한 것을 점검하면서 '올해는 안 해야지.' 또는 어제 지키지 못한 것을 점검하면서 '오늘은 안 해야지.' 하고 다짐하다 보면 점점 마음이 달라집니다. '안 해야지.' 하는 그 마음이 한 번 두 번 뭉쳐서 어느 땐가 반드시 그것을 범하지 않게 됩니다.

일기로 마음을 반성하고 점검하는 것은, 한 번의 망치질로는 깨지지 않는 바위가 두 번 세 번 반복되는 망치질을 견디지 못해 결국 '탁' 하고 깨지는 원리와 같습니다. 우리 공부에 안 되는 것이란 없습니다. 한 번 하고 두 번 하다 보면 반드시 되는 날이 있습니다.

또 이 공부는 어려워도 해야 하고 쉬워도 해야 하고, 오늘도 해야 하고 내일도 해야 합니다. 그렇게 꾸준히 해나가면 반드시 내 마음을 마음대로 쓸 수 있는 힘이 생깁니다. 그것을 '여의보주(如意寶珠)[1]'라고 합니다. 모든 것에 자유자재할 수 있는 힘을 얻으면 극락을 수용할 수 있고 천하·만국·만민에게 도움주는 인격을 갖추게 됩니다.

---

1) 여의보주: 보물을 가져다주는 구슬. 불교에서는 여의보주를 가진 자의 모든 소원과 희망이 성취된다고 한다. 여의주, 마니보주라고도 한다.

일상수행의 요법 4조
처음도 오늘도 내일도 일관하자

4. 신과 분과 의와 성으로써 불신과 탐욕과 나와 우를 제거하자.

　일상수행의 요법 4조는 계·정·혜(戒定慧) 삼학을 실행하기 위한 정진법입니다.

　4조에 담긴 신·분·의·성을 가지고 마음공부를 해나가면 빠른 시간안에 쉽게 삼학을 이룰 수 있습니다. 가령 길을 가다 쉬고 가다 쉬고 하는 것과, 초반에 무조건 빠르게 뛰어 가는 것과, 거리에 맞는 계획을 세워 적정한 보폭과 적당한 속도로 가는 것은 목적지에 도달하는 데 있어 효율의 차이가 있습니다. 우리가 요란함도 어리석음도 그름도 없는 공부를 꾸준히 함으로써 자성의 정·혜·계를 세워나가는 공부도 마찬가지입니다. '이렇게 하면 반드시 목적을 이룰 수 있다.'는 방법이 바로 신·분·의·성(믿고, 분발하고, 의문을 갖고, 정성을 들이는 것)입니다.

신·분·의·성, 이 네 가지 마음을 가지면 반드시 소기의 목적을 달성할 수 있습니다. 그런데 신·분·의·성을 가지고 공부를 해보려 할 때 나를 방해하는 것이 바로 불신·탐욕·나·우(믿지 않는 것, 욕심, 나태, 어리석음)입니다.

사실 신·분·의·성이 지극하면 불신·탐욕·나·우는 있을 수 없습니다. 하지만 우리의 현실은 그 지극함이 마음대로 잘 되지 않습니다. 아무리 지극해도 어느 때는 신이 끊어지고, 어느 때는 성이 끊어집니다. 그때 불신·탐욕·나·우가 독버섯처럼 불쑥 올라옵니다. 불신·탐욕·나·우가 올라올 때 깜짝 놀라서 그 마음을 제거하고 다시 신·분·의·성으로 마음을 돌릴 수 있어야 합니다. 소태산 대종사께서 굳이 불신·탐욕·나·우를 진행사조에 덧붙여 언급한 이유는, 이 네 가지 중 하나만 마음에 남아 있어도 도(道)를 이루고자 하는 목적을 달성할 수 없기 때문입니다.

먼저 우리가 마음에서 제거해야 할 조목 네 가지(사연사조)를 살펴보겠습니다.

첫째, 불신(不信)을 버려야 합니다. 믿지 않고는 원하는 목적을 달성하기 어렵습니다. 진리를 깨닫겠다는 사람이 진리를 믿지 않으면 맞지 않는 일입니다. 불신의 마음이 있어서는 마음공부를 이룰 수 없습니다. 일상에서도 마찬가지입니다. 내가 어떤 사람과 손을 잡고 일을 하려면 상대방에 대한 신뢰와 믿음이 있어야 합니다.

일상의 작은 일에도 믿음이 중요한데, 하물며 거룩한 부처님의 법을 받들어 나아가는 일은 어떻겠습니까. 믿지 않는 마음에 의지하여 이룰 수 있는 일은 세상에 없습니다. 그래서 마음 가운데 불신의 싹이 조금이라도 보이면 바로 제거해야 합니다.

다음으로, 탐욕(貪慾)을 버려야 합니다. 탐욕은 먼 거리를 가려는 사람이 100미터 달리기를 하듯 처음부터 급하게 달려가는 것과 같습니다. 빨리 가려는 욕속심으로 무조건 달리면 몇 걸음 가지 못해 지치고 맙니다. 마찬가지로 공부에도 순서가 있습니다. 공력을 들여서 하면 진리는 반드시 내가 한 만큼의 공부실력을 얻게 해줍니다. 공은 들이지 않으면서 성과만 보려한다면 안 될 것이 뻔합니다.

대산 종사께서는 "대각을 이루려고 하면서 공을 조금만 들이는 것은 도가의 모리배[1]"라고 했습니다. 사기꾼이라는 말입니다. 정성과 공을 들여야 그에 따른 결실이 옵니다. 결코 욕심만으로 되지 않습니다. '내가 공부를 했는데 왜 이 정도 밖에 안 될까.'라는 마음도 욕심입니다. 그만큼만 공들였기 때문에 그만큼밖에 이루지 못하는 것입니다.

세 번째, 나태(懶)를 버려야 합니다. 나태는 아무것도 하지 않으려는 마음입니다. 세상에 노력 없이 결과를 얻는 일은 없습니다. 노력 없는 결과는 진리에도 이치에도 맞지 않습니다.

네 번째로 우(愚), 어리석음을 버려야 합니다. 어리석음은 대소유무와 시비이해의 참된 이치를 모르고 자기 마음대로 살게 합니다. 어리석음은 서울로 가야 할 사람이 부산으로 가는 길로 잘 못 걷고 있는 것과 같습니다. 그러니 결코 목적한 바를 이룰 수 없습니다.

다음으로 우리가 성불제중이라는 목적을 이루기 위해 꼭 가져야 할 마음인 진행사조를 살펴보겠습니다. 신·분·의·성 네 가지가 바로 그것입니다.

먼저, 믿음(信)을 가져야 합니다. 진리에 대한 확고한 믿음이 있어야 합니다. 내가 부처라는 것을 분명히 믿어야 합니다. 소태산 대종사께서는 우리 각자의 마음이 곧 부처라는 것을 일원상(○)이라는 형상으로 보여주었습니다. 그건 마당에 묻힌 보물의 위치를 지도에 표시해 준 것과 같습니다. 당장 눈에 보이지 않는다고 없는 것이 아니라는 가르침이기도 합니다.

'만유가 부처다.', '모든 사물이 다 나에게 죄복을 주는 권능이 있다.'라는 것을 확실하게 믿으면 사물을 대하는 태도가 완전히 달라집니다. 믿음이 진실하고 간절하고 굳게 세워지면 그 사람의 인생관·우주관·생활관이 모두 달라질 수밖에 없습니다. 그래서 '믿음은 깨달음과 거의 같다.'고도 말합니다. 지극한 신(信)을 갖는 것은 깨달음을 얻은 것과 비슷한 위력이 있습니다. 진리에 대한 믿음이 마음 가운데 철저하게 세워지면 살아갈 길이 나옵니다.

두 번째로, 분심(忿)을 내야 합니다. 믿음에 바탕해 방향을 잡았다면 용감하게 나아가야 합니다. 살다보면 게으르고 나태한 습관들이 수시로 나를 유혹합니다. 가끔 경계를 만나 뛰어넘지 못하면 '나는 안 되나 보다.'라는 퇴굴심을 내게도 됩니다. 그럴 때 '아니다. 나는 할 수 있다.'는 마음을 내는 것이 분심입니다. 분심은 앞으로 용감하게 나아가게 하는 전진심이기도 합니다. 어떤 일을 이루려면 위기의 순간마다 박차고 나가는 분심을 가져야 합니다.

 세 번째로 의문(의심,疑)을 가져야 합니다. 믿음이 타력에 의지하는 것이라면, 의는 그 믿음을 자기화하는 과정입니다. 여기서 말하는 의심은 '이쪽으로 가면 서울이라고 했는데, 정말 서울일까?'와 같은 의심이 아니라, '이쪽으로 가면 서울이라고 했는데, 현재 잘 가고 있는 걸까?' 하는 의심을 말합니다. 마음에 비춰보면 '내 마음이 부처라고 했는데 정말 부처일까?'라는 의심이 아니라 '내 마음이 부처라고 했는데 내가 지금 부처의 마음에 가까워져 가고 있는 걸까?' 하는 의심이 바로 그것입니다. 진리를 깊이 파고 들어가서 '이것이 부처로구나!'를 깨닫게 하는 원동력이 의입니다.

 네 번째로 정성(誠)을 들여야 합니다. 공부를 해나갈 때 어려움과 고난이 있어도 꾸준히 그 마음을 이어가게 하는 것이 바로 성(정성)입니다. 성은 처음부터 끝까지, 목적을 이룰 때까지 일관되게 나아가는 원동력입니다.

 신·분·의·성은 성불제중이라는 목적을 달성하기 위한 우리 마음의 작용입니다. 소태산 대종사께서는 이것을 뭉쳐 '신성(信誠)'이라고 강조했습니다. 분과 의는 '신성'이라는 말에 함축되어 있습니다. '믿음'을 세워서 '정성'스럽게 노력하는 그 속에 '분심'과 '의심'이 들어 있습니다.

'신성'으로 일관해나가는 것이 종교가(家) 공부의 시작이자 끝입니다. 깨달음을 얻기 전의 우리는 모두 어리석은 중생입니다. 하지만 대도정법의 이 회상을 만난 우리가 나와 세상을 구원하기 위해 신성을 다하면 그 속에서 깨달음이 생겨나고, 혹 깨달음에 이르지 못했더라도 깨달은 것과 같은 생활을 할 수 있습니다.

일상수행의 요법 4조에서 밝힌 신·분·의·성을 가지고 불신·탐욕·나·우를 제거하면 생활에서 대정진이 이루어집니다. 이러한 대정진력이 있어야 일상수행의 요법 1~3조를 통한 삼대력을 제대로 얻을 수 있습니다.

---

1) 모리배(謀利輩): 온갖 수단과 방법으로 자신의 이익만을 꾀하는 사람. 또는 그런 무리.

일상수행의 요법 5조
평화세계를 이루는 비결

5. 원망생활을 감사생활로 돌리자.

　천지·부모·동포·법률이라는 네 가지 존재는 세상을 살아가는 데 있어 없어서는 살 수 없는 큰 은혜입니다.

　네 가지 은혜 가운데 하나만 없어도 '나'라는 존재는 살아가기 어렵습니다. 없어서는 살 수 없다면 그것은 얼마나 큰 은혜이겠습니까. 하지만 우리는 눈에 보이는 작은 은혜나 작은 해독은 쉽게 알아차리면서도, 오히려 사은 전체가 주는 큰 은혜는 알지 못하고 살아갑니다.

　사은의 은혜는 부처님이나 성자들만 받는 것이 아닙니다. 사은의 절대적인 은혜는 성자나, 악한 사람이나, 선한 사람이나, 누구에게나 평등하게 열려있습니다. 사람이 살아가는 모습을 보면 어떤 사람은 잘 살고 어떤 사람은 잘 못 사는데, 그 원인은 사은의 은혜를 아는 것과 알지 못하는 것에 있습니다. 그러한 은혜를 잘 알아서 얼마나 잘 가져다 쓰는지에 따라 잘 살고 못 사는 모습이 나뉩니다. 이것을 교리화한 것이 '인생의 요도(사은·사요)'입니다.

'원망생활을 감사생활로 돌리자.'는 네 가지 은혜의 바탕 아래 우리가 일상생활에서 어떻게 살아야 할 것인가에 대한 해답입니다. 누구든지 쉽게 그 은혜를 입을 수 있는 길을 밝힌 것이 바로 일상수행의 요법 5조입니다.

원망생활이란, 어떤 일이 생겼을 때 다른 사람을 탓하거나 다른 사람에게 잘못을 돌리는 것입니다. 원망생활을 하는 원인에는 두 가지가 있습니다. 하나는 내가 잘못을 함으로써 상대방이 나에게 해를 끼쳤을 때 나의 잘못은 생각하지 못하고 상대방을 탓하는 경우입니다. 또 하나는 현실로 나타난 나의 잘못이 없는데도 불구하고 상대방의 잘못으로 인해 해를 입는 경우입니다. 이 중 두 번째 경우, 많은 사람들은 원망하는 것을 당연하게 생각합니다. 현실적으로 보이는 나의 잘못이 없기 때문입니다. 하지만 일상수행의 요법 5조는 현실에서 나의 잘못이 없을지라도 원망을 감사로 돌려야 한다는 뜻을 담고 있습니다.

원망심을 내면 상대도 불편하지만 내 마음도 편하지 않습니다. 내 마음이 편안하지 않으므로 자연히 주변 사람들에게 불평하게 되고, 그로 인해 많은 사람들이 연달아 불편함을 겪게 됩니다. 원망심은 전염성을 가집니다. '그 사람은 아무리 잘해줘도 안 좋은 소리만 하더라.'와 같은 말이 나온다면, 어느 누가 내 옆에 다가올 것이며 어려운 일을 당했을 때 도와주려고 하겠습니까. 원망은 사람을 외롭고 고독하게 만듭니다.

하지만 감사생활을 하는 사람은 다릅니다. 설사 내 잘못이 없는데도 불구하고 상대방으로부터 해를 입은 경우, 마음을 잘 돌려서 감사하면 공부 기회가 됩니다. 좋은 일이 닥치면 좋은 일이라서 감사하고, 나쁜 일이 닥쳤을 땐 좋은 일을 만들 공부의 기회로 삼으면 마음이 편안한 낙원생활이 됩니다. 내 마음이 편안하면 주위 사람들에게도 편안한 기운을 전해줍니다. 그러면 자연스럽게 여러 인연들이 모일 것이고, 어떤 일을 하려할 때 도움을 받을 수 있습니다. 원망생활을 하면 그 화가 상대방에게만 미칠 것 같지만, 사실은 내가 먼저 화를 입습니다. 하지만 감사생활을 하면 그 순간은 내가 손해를 보고 어리석은 것 같아도 결국 낙원을 얻고 복록을 가져옵니다.

대산 종사께서는 "사은의 은혜를 알아서 보은을 하면 자타간에 천생만생(千生萬生)의 복문이 열리게 될 것이요, 반대로 사은의 지중한 은혜를 알지 못하거나 설사 안다 해도 실행을 아니하여 배은망덕을 하면 천사만사(千死萬死)의 화문(禍門)이 열릴 것."이라고 했습니다. 천사만사는 모든 일과 사람을 죽이게 된다는 뜻입니다. 죽인다는 것은 고통의 세계로 몰아가는 것을 말합니다. 부모가 원망생활을 하면 자녀들이 괴로운 생활을 하고, 사장이 원망생활을 하면 함께 근무하는 직원들이 괴롭습니다. 나와 더불어 남까지도 괴로움의 세계로 몰고 들어가는 것이 원망생활입니다.

　소태산 대종사께서는 원망생활을 감사생활로 돌리는 두 가지 길을 밝혔습니다.

　하나는, 우리가 천지와 부모와 동포와 법률에게 입은 근본적인 은혜를 깊이 느끼고 아는 것입니다. 내가 괴로움과 즐거움을 모두 느끼는 것은 이 몸이 있기 때문입니다. 이 몸은 부모님이 주셨습니다. 이 몸이 없다면 세상의 어떤 일도 할 수가 없습니다. 천만·억만금과도 바꿀 수 없는 만사만리의 근본입니다. 형편이 어려운 관계로 내가 원하는 만큼 부모님이 뒷바라지를 못해주거나 생활상 불편한 점이 있더라도 근원적으로 이 몸을 세상에 태어나게 해주신 은혜를 생각하면 원망을 감사로 돌릴 수 있습니다.

　하지만 그러한 은혜를 깨닫고 살더라도 어느 순간 경계를 당하면 모든 것이 꽉 막힙니다. 일에만 몰입되어 바른 생각을 할 겨를이 없어지면, 잘 알고 있던 천지·부모·동포·법률의 은혜가 모두 원망심으로 바뀝니다. 이럴 때, 내가 당장 입은 해로움보다 그동안 받은 은혜가 더 큰 것을 생각하고 마음을 돌리면 원망이 올라오다가도 감사한 마음을 내게 됩니다.

　두 번째는, 나에게 주어지는 은혜와 해독의 원인이 나에게 있다는 것을 아는 것입니다. 사은은 근본적으로 큰 은혜만 준다고 했습니다. 하지만 천지가 가끔 해일이나 홍수라는 큰 어려움을 주기도 하고, 부모가 자식을 버리는 일이 발생하고, 동포나 법률도 나를 속이

거나 해하는 경우가 있습니다. 우주의 원리를 깨치고 보면 해독과 은혜의 소종래(所從來)[1]가 모두 내가 지은 인연을 따라 오는 것임을 알게 됩니다. 천지와 부모와 동포와 법률이 마음대로 주는 것이 아니라 결국 내가 지은 바에 따라 받는 것임을 알면 누구를 원망할 수 없습니다. 과거에 지은 결과가 지금 나오는 것이기에, 기꺼이 감수하고 그 순간을 지혜롭게 넘기며 과보를 청산하는 것이 중요합니다.

원망생활을 감사생활로 돌리는 두 가지 방법을 늘 생각하면서 살아야 합니다. 죄와 복은 우리가 마음 하나를 어떻게 쓰느냐에 따라 결정됩니다. 막연히 마음을 잘 쓰자는 것이 아니라, 죄도 복도 내가 심신(마음과 몸)을 사용한 바에 따라 오는 것임을 철저히 알고 나아가는 것이 원망생활을 감사생활로 돌리는 핵심입니다.

그러한 원리에 비춰 모든 일과 생활을 원망에서 감사로 돌려나가면 그 사람의 앞길에는 한량없는 평화와 복록의 문이 열립니다. 또 복록은 주위의 가족과 우리 사회 전체에 퍼져나갑니다. 평화세계를 이루는 간단한 방법이 '원망생활을 감사생활로 돌리자.'라는 한 줄에 뭉쳐있습니다. 우리는 이것을 실행으로 옮기는 데 정성을 쏟아야 합니다.

---

1) 소종래: 지내온 내력. 또는 나오게 된 내력. 어떤 일이 있게 된 과정.

일상수행의 요법 6조
부정당한 의뢰생활을 말라

6. 타력생활을 자력생활로 돌리자.

　일상수행의 요법 6조 '타력생활을 자력생활로 돌리자.'는 사요 가운데 첫 조목인 자력양성을 실천할 수 있도록 밝힌 내용입니다. 타력과 자력은 서로 떠나서 살 수 없습니다. 특히 사회적 동물인 사람은 자력만 가지고 살 수 없습니다. 자력을 바탕삼아 타력을 잘 받아들이고, 또 타력에 바탕해 자력을 잘 기르는 것이 바람직합니다.

　세상에는 자력에 바탕한 정당한 타력이 있습니다. 가령 학생 신분으로 공부를 하는 시기에는 부모가 보살피고 키워주는 타력이 필요합니다. 타력의 힘을 받는 것이지만 자력을 양성하기 위한 과정이기 때문에 정당합니다. 일상수행의 요법 6조에서 말하는 '타력생활'은 내 힘으로 할 수 있거나 또는 내 힘으로 해야 하는 데도 무조건 의지하는 생활을 말합니다.

가령 내 방 청소를 직접 할 수 있는 데도 불구하고 다른 사람에게 미루거나, 또는 경제적인 활동에서도 스스로 앞길을 개척해 갈 수 있는데 무조건 다른 사람에게 의지하여 살려고 하는 것은 부정당한 타력생활입니다. 그렇게 타력생활을 하면 일시적으로는 편하고 좋습니다. 하지만 그것은 결국 자신을 망가트립니다. 또 진리적으로도 내가 지어 놓은 복을 모두 소진하면 타력생활에 더 이상 의지할 수 없습니다.

타력생활의 원리를 알고 보면, 그것이 결국 자신을 망치는 길이고 내가 가진 자력을 위축시키는 일임을 압니다. 스스로의 힘으로는 아무것도 할 수 없다면 이 세상 어디에 쓸모가 있을 것이며, 누가 그 사람을 환영하겠습니까.

진리를 안다면 자녀나 가까운 사람이 나에게 의지하여 살려고 할 때 단호히 끊을 수 있어야 합니다. 그 사람이 정당한 자력을 길러서 살도록 도와주어야 합니다. 그러지 못하고 타력생활을 마냥 받아주면 결국 그 사람의 인생을 망가트리는 것이 됩니다.

앞서 공부한 〈정전〉 자력양성의 조목에서도 '공부 삼아 양성하라.'고 했습니다. 자력이 양성되어야 인권 평등이 이뤄집니다. 내가 힘이 있어야 누구도 나를 무시하지 못합니다. 실력은 없으면서 윗자리에만 앉아있으면 남에게 손가락질을 당합니다. 그러나 조그마한 자력이라도 있으면 비록 현재의 처지는 초라할지라도 그 힘이 바탕 되어 자신의 위치를 향상해나가게 합니다. 자력이 없으면 아무리 좋은 자리와 위치에 있어도 결국 그 자리를 보전할 수 없고, 반드시 주위에도 해를 끼칩니다.

소태산 대종사께서는 "쓸모 많은 사람이 되라."는 말을 자주 했습니다. 종교인이라고 하여 높은 도덕이나 마음의 원리를 말로만 전할 것이 아니라 영육쌍전(靈肉雙全), 즉 안으로 마음의 실력을 갖추면서 동시에 밖으로는 일상생활에 필요한 기술이나 능력을 갖추는 일에 함께 힘쓰라고 했습니다. 쓸모의 범위는 끝이 없습니다. 기계를 만지는 사람에게는 늘 익혀야 할 새로운 상식과 기술이 있고, 농사를 짓는 사람에게는 늘 새롭게 배워야 할 농법이 있습니다. 각자의 처지에서 필요하고 축적될 수 있는 자력을 쌓는 것이 세상에 쓸모있는 사람이 되는 방법입니다. '공부 삼아' 다방면의 지식을 갖추고 힘을 길러간다면 생활에서도 차츰 진급을 이룰 것이고, 그 힘으로 주변에도 도움과 유익을 주게 됩니다.

대산 종사께서는 자력을 세 가지 방면으로 말했습니다.

첫째, 정신의 자주력을 갖추어야 합니다. 내 정신을 책임질 힘을 스스로 갖춰야 합니다. 내 마음에 힘이 없으면 다른 사람과 바깥 사물의 힘에 쉽게 휘둘립니다.

둘째, 육신의 자활력을 갖도록 노력해야 합니다. 육신, 즉 우리 몸도 쓰지 않고 가만히 놓아두면 쇠퇴합니다. 적당한 운동과 적당한 영양을 통해 건강한 힘을 길러야 합니다.

셋째, 경제의 자립력을 가져야 합니다. 소태산 대종사께서는 앞으로는 부부간에도 서로 의지하지 말고 경제의 독립성을 갖추라고 했습니다. 남자든 여자든, 이 세상에 와서 뭔가 배운 것이 있다면 교육 받은 결과를 다시 사회에 환원해 인류에 도움 되는 활동을 해야 합니다.

    정신의 자주력, 육신의 자활력, 경제의 자립력, 이 세 가지 힘을 길러서 사회에 유익주는 생활을 해야 합니다. 내가 진짜 잘 사는 것은 자력을 길러서 정당한 노력의 결실을 거두며 사는 것입니다. 그 결실을 나에게 전부 쓰지 않고 3~4% 정도는 보은하는 곳에 사용하면 더욱 좋습니다. 이러한 생활이 되어야 본인의 생활은 물론이고 모두가 함께 진급할 수 있습니다. 국가나 사회의 복지제도도 구성원들의 자력을 기르는 일에 힘을 쏟아야 하고, 우리 교단도 각자 각자가 자력을 길러 보은하는 삶을 살게 해야 합니다.

    자력 생활을 다르게 표현하면 '부정당한 의뢰 생활을 하지 말라.'입니다. 내 힘으로 사는 것이 참으로 건강한 삶이고, 더욱 발전하는 생활이 된다는 것을 마음에 깊이 새겨야 합니다.

일상수행의 요법 7조
지혜의 결실을 얻는 묘법

7. 배울 줄 모르는 사람을 잘 배우는 사람으로 돌리자.

　일상수행의 요법 7조는 원불교 교리인 사요 가운데 지자본위에 해당합니다. 지자본위란, 상황 따라 지식 있는 사람을 본위로 하자는 말입니다. 과거 사회에서는 지도자와 피지도자의 관계가 실력으로 구분되지 않고 나이나 지위에 따라 나뉘었습니다. 그러나 이는 사회를 정당하게 발전시켜갈 수 있는 제도가 아니었습니다.

　우리 사회가 다 함께 잘 살기 위해서는 나이, 학벌, 지위 등 외형적 조건으로 지도자와 피지도자를 나누면 안 됩니다. 무엇이든 그 일에 실력 있는 사람이 지도자가 되고, 실력이 부족한 사람은 지도받는 사람이 되는 구조가 되어야 합니다.

　배움은 우리 사회를 향상시키는 원동력입니다. 우리 각자 각자가 배울 줄 모르는 것을 잘 배우는 마음으로 돌릴 때 조직과 사회가 발전합니다. 이것은 나로부터 시작해 다른 사람에게까지 확장되어야 합니다. 먼저 나에게 배울 줄 모르는 성질이 있다면 잘 배우는 성질로 돌려나가고, 내 주변에 잘 배울 줄 모르는 사람이 있다면 잘 배우는 사람이 되도록 권면해야 합니다.

그렇다면 배울 줄 모른다는 것은 무엇일까요?

사회에는 배워야 한다는 것을 아예 모르는 사람이 있을 수 있습니다. 그걸 무지(無知)라고 합니다. 또 '내가 이 정도 알고 배웠으면 됐지, 더 이상 배울 게 뭐가 있어.'라며 자만이나 자기도취에 빠지는 경우도 있습니다. '이 정도 지식과 기능만 가지면 충분하지.'라고 생각한다면, 배움을 통해 나아갈 수 있는 자기발전의 기회를 스스로 막는 것이 됩니다. 혹은 '내가 더 배워야 할 텐데.'라는 생각이 있더라도, 배움에 대한 욕구만 있지 실제 배우려는 적극성이 부족한 사람도 많습니다. '이 나이 먹어서 뭘 배우냐.'며 체면 때문에 배울 줄 모르는 사람도 있습니다. 대체로 배움으로 나가지 못하는 원인은 이런 여러 가지입니다.

따라서 스스로 '배워야 한다.'는 사실을 인식하고 사는 것이 중요합니다. 또 배움의 기회가 생겼을 때 체면에 끌리지 않고 배우려는 열의를 갖는 것이 중요합니다.

지식 있는 사람을 스승 삼아 잘 배우는 생활을 하는 것은, 나를 한량없이 진급시켜서 강자의 세계로 끌고 가는 핵심입니다. 소태산 대종사께서는 '나보다 나은 이를 스승 삼을 줄 알아야 한다.'고 했습니다.

배움에 있어 '나'와 '남'은 늘 같은 모습으로 고정되지 않습니다. 내가 다른 사람보다 잘 하는 부분이 있는가 하면, 다른 사람이 나보다 잘 하는 부분이 있습니다. 지자(智者)와 우자(愚者)는 상황에 따라 바뀌어야 합니다. 내가 구하고자 하는 것이 저 사람에게 있다면 그를 스승으로 삼아서 '무엇을 배워가야 할 것인가.'를 생각하는 것이 지자본위의 자세입니다. 이런 마음을 가지고 살아간다면 영원한 지자의 길을 걷지만, 배움이 끊어지고 지체되면 어느 순간 뒤떨어진 사람이 되기 쉽습니다. 요즘 시대에는 한 사람이 모든 것을 다 잘 할 수 없습니다. 생활 속에서 뭔가 배우고자 하는 마음과 성의를 가지고 살펴보면 배울 수 있는 분야와 내용이 무궁무진한 시대입니다.

저는 꽃 이름이나 나무 이름을 잘 모릅니다. 총부에 오랜 기간 살면서도 꽃이나 나무 이름을 배우려고 해본 적이 없습니다. 모르는 것을 배우는 데 성의를 갖지 않았던 것입니다. 꽃과 나무 이름을 잘 아는 사람에게 배워뒀다면 총부에 손님이 왔을 때 친절하게 설명해 줄 수 있을 텐데 말입니다. 우리가 시시때때로 겪게 되는 삶의 모든 일에는 배움이 따라다닙니다.

예전에 박정훈 종사께서 '정산 종사님의 배우는 생활'에 대한 이야기를 전해주었습니다. 정산 종사께서는 어디를 지나가다가 처음 보는 나무가 보이면 그 나무 이름을 묻고 배우고, 새로운 곳을 방문하면 그곳의 지명을 묻고 배우고, 무엇이든 새로운 것이 눈에 띄면 '저

건 무엇이냐?'고 묻고, 변화가 생기면 '왜 저렇게 되었느냐?'며 꼭 묻고 배웠다고 합니다.

　하루를 보낼 때 '오늘도 모르는 것을 배우면서 살자.'라는 다짐을 하며, 배움의 생활로 나아가야 합니다. 배움의 자세가 우리를 진급의 길로 인도하고, 지혜 있는 사람으로 변화하게 합니다. 그 묘법이 일상수행의 요법 7조 '배울 줄 모르는 사람을 잘 배우는 사람으로 돌리자.'에 들어있습니다.

일상수행의 요법 8조
후진을 잘 길렀는가

8. 가르칠 줄 모르는 사람을 잘 가르치는 사람으로 돌리자.

일상수행의 요법 8조 '가르칠 줄 모르는 사람을 잘 가르치는 사람으로 돌리자.'는 사요 가운데 타자녀교육, 즉 다른 사람의 자녀라도 내 자녀와 같이 가르쳐서 세상 문명을 촉진시켜가자는 뜻이 담겨있습니다. 8조와 다음에 나올 9조(공익심 없는 사람을 공익심 있는 사람으로 돌리자)는 강자가 약자를 도와서 강자로 변화시켜 가는 법입니다. 앞서 살펴본 일상수행의 요법 6조와 7조는 약자가 강자되는 법이었다면, 8조와 9조는 강자가 약자를 돕는 법입니다.

강자는 가진 '강'을 어떻게 사용해야 바람직할까요? 내가 배움을 통해 조금이라도 얻은 것이 있다면 나만을 위해 쓰지 말고 더 많은 사람과 나눠야 합니다. 그것이 보은 사상입니다. 그 긍정적 힘이 돌고 돌면서 나는 물론이고 상대도 좋아지게 합니다. 밭이 좋으면 같은 노력을 들여도 작물 소출이 많아지는 것과 같습니다. 너와 내가 함께 좋아지면 같은 노력에도 서로에게 돌아오는 이익이 훨씬 많아집니다.

잘 가르치고 공도자로서 타인을 돕는 것은 사실 나를 위한 일은 아닙니다. 그러나 결과적으로는 나를 돕는 길이 됩니다. 잘 가르치는 사람으로 돌리는 것을 나의 입장에서 보면 사회에 대한 보은이 되고, 진리적 입장에서 보면 결국 나를 돕는 길이 됩니다.

그런데 세상을 살다 보면 성격상 가르치기를 싫어하는 사람이 있고, 내가 배운 것을 다른 사람에게 전해주는 것을 아깝게 여기는 사람도 있습니다. 또 교만한 가르침도 가르칠 줄 모르는 병에 속합니다. '너는 나보다 못해.', '너는 이것도 못하냐.'는 식으로 가르치면 배우려는 사람의 자세도 나빠집니다. 대산 종사께서는 "내가 아는 것을 남에게 잘 가르쳐야 보은이 된다."고 했습니다.

사람에게는 누구나 잘 가르쳐야 할 의무가 있습니다. 잘 가르치려면 먼저 성의가 있어야 하고, 상대방을 진정으로 위하는 마음이 있어야 하며, 자비심이 있어야 합니다. 소태산 대종사께서는 가르치는 법을 심교, 언교, 행교, 엄교 네 가지로 말했습니다. 마음으로 가르치는 방법, 말로 가르치는 방법, 행동으로 가르치는 방법, 엄한 훈계로 가르치는 방법입니다.

먼저, 심교(心敎)는 마음이 늘 진리에 합일되어 신앙과 수행을 철저히 하는 마음을 가지고 있어서 따로 특별히 가르치려고 하지 않아도 배우는 사람이 마음으로 느끼게 하는 방법입니다. 소태산 대종사님을 생각하면 정산 종사님 생각이 나고, 직접 배우지는 않았지만 그 분들의 마음이 늘 우리를 가르쳐주고 있음을 느낍니다. 세상을 좋게 만드는 가장 중요한 가르침이 심교입니다.

다음으로, 언교(言敎)는 마음을 말이나 글로 설명해서 가르치는 방법입니다. 행교(行敎)는 평소 생활 그대로가 가르침이 되는 방법입니다. 평소 생활이 모범되고 법 있게 행동하면 그 사람의 생활하는 모습을 보고 자연스럽게 배움을 얻기도 합니다. 마지막으로 엄교(嚴敎)는 상대방이 철이 없어서 심교, 언교, 행교를 잘 받지 못하고 잘못을 저지를 때 그 마음을 경책하기 위해 엄하게 혼을 내거나 벌을 주는 것으로 가르침을 전하는 방법입니다. 그러나 소태산 대종사께서는 엄교는 자주 쓸 법은 아니라고 했습니다. 더군다나 앞으로 올 밝은 세상은 어려서부터 자기 주견이 생겨나고 아는 것도 많아집니다. 그런 아이들에게 엄교보다는 잘 타일러 스스로 가르침을 받아들여 따라올 수 있도록 해야 합니다.

많은 사람들이 누군가를 '가르친다.'고 할 때, 자칫 자기감정에 끌려 가르치는 일을 그르칩니다. 처음에는 좋은 마음으로 시작했지만 상대방이 가르침을 잘 알아듣지 못하면 화를 내거나 다그칩니다. 이는 잘 가르치는 것이 아닙니다.

소태산 대종사께서 행한 가르침의 예가 〈대종경〉에 나와 있습니다. 어떤 사람이 잘하는 것은 아홉 가지이고 잘못하는 것이 한 가지면, 잘하는 것에 대한 칭찬을 하지 않습니다. 그 하나를 고치게 하여 정금미옥을 만들기 위함입니다. 그 하나를 고치기 위해 절치부심(切齒腐心, 이를 갈고 마음을 썩임)하는 사람 역시 혼나도 원망하지 않습니다. 오히려 '나를 위해서 이렇게 꾸짖는구나.'라고 생각합니다. 근기에 맞는 강한 매질, 그것이 쉬운 것 같지만 사실은 쉽지 않습니다. 보통 열에 아홉을 잘 하는 사람은 뭘 해도 예쁘게 보이므로 조금 잘못하는 것은 봐주기가 쉽습니다. 그 하나를 호되게 나무라는 것은 대자비가 아니면 어려운 일입니다.

반대로, 잘못이 많고 잘한 것이 적을 때는 보통 잘 칭찬하지 않습니다. 그런데 소태산 대종사께서는 잘못하는 것이 많은 사람에게 오히려 칭찬을 아끼지 않았습니다. 제자가 이유를 물어보았더니 "작은 것이라도 잘한 것을 살려줌으로써 더 잘하도록 인도하기 위해서 그런다."고 했습니다.

이런 자비의 마음을 가져야 잘하지 못한 사람도 잘한 사람도, 그 안에서 모두 제도 받을 수 있습니다. '잘 가르치는 사람으로 돌리자.'고 할 때 이 법문을 많이 참고하면 좋겠습니다.

잘 가르치는 사람으로 돌리는 방법에는 두 가지가 있습니다. 하나는 자신이 가지고 있는 실력으로 직접 가르쳐나가는 생활이고, 또 다른 하나는 가르침을 담당하는 학교와 기관의 장학회 등에 참여하여 힘 미치는 대로 도움을 주는 것입니다.

'오늘, 하나라도 무엇이든 잘 가르쳐주고 살았는가?'를 살펴보기 바랍니다. 후진을 기르고 세상의 문명을 촉진해나가는데 내가 어떤 도움을 주고 살았는가를 자주 반조해야 합니다. 사실 잘 배우는 것보다 잘 가르치는 것이 더 어렵습니다. 배우는 것은 나에게 이득이 되기 때문에 마음 내기가 좋지만, 가르치는 것은 남에게 무엇을 주는 것이기에 그냥 흘려버리기 쉽습니다. 마음이 크게 열려서 '나'와 '남'이라는 막힘이 없어야 일상수행의 요법 8조와 9조의 실행이 더욱 쉬워집니다.

일상수행의 요법 9조
너의 행복 나의 행복

9. 공익심 없는 사람을 공익심 있는 사람으로 돌리자.

　공익심이란 공중에 유익을 주는 마음을 말합니다. 나보다 남을 먼저 배려하고, 작은 이익보다 더 큰 이익을 생각하는 마음입니다. 가정보다는 친족, 친족보다는 사회, 사회보다는 국가, 국가보다는 세계, 세계보다는 우주로 확대되는 마음, 즉 더 큰 쪽을 위해 노력하는 마음이 바로 공익심입니다. 세상에 공도자가 많이 나오면 사회, 국가, 세계가 좋아지기 마련입니다.

　남을 위해 일하는 사람 중에는 천성적으로 자비심이 많은 사람이 있습니다. 불쌍한 사람을 보면 어떻게든 돕고 싶은 마음을 내고, 세상의 모든 사람들을 위해 헌신 봉사하겠다는 큰 뜻을 세우고 삽니다. 하지만 이 마음이 자칫 자비나 인정에 끌리거나 묶이면 집착의 원인이 됩니다.

소태산 대종사께서는 공익심에 대해 "사람이 철이 들면 자연히 세상을 위해 일을 하지 않을 수 없다."고 했습니다. 우리는 보통 공익심을 '남'을 위해 무엇을 하는 것이라고 생각합니다. 남을 위해 일한 것이니 나를 위한 일은 아니라고 여깁니다. 이것이 보통의 우리가 갖는 생각입니다.

그러나 공익심은 남을 위한 것이 아닙니다. '더 큰 나'를 위한 마음입니다. 교화사업을 하거나 봉공·봉사활동을 '남을 위한 일이다.', '세상을 위한 일이다.'라고 표현하지만 사실 나를 위한 일입니다. 교화사업을 잘하여 세상에 부처님들이 가득 차면 그 부처님들과 함께 살아가는 나와 우리가 얼마나 더 행복하겠습니까. '철이 난 사람으로서 대중을 위해 일하지 않을 수 없다.'는 말에서 철이 났다는 것은 타력과 자력의 관계, 우주만유와 나와의 관계를 제대로 알고 있는 것입니다. 나와 남은 결코 둘이 아닌 하나입니다. 그것을 알면 남을 위해 일하지 않을 수 없습니다.

공익심에도 실현의 단계가 있습니다. 첫째, 선사후공(先私後公)입니다. 공을 위해 일을 하지만 나의 일을 먼저 앞세운 후에 공을 위해 일하는 것입니다. 철이 덜 든 사람은 그렇습니다. 물론 내 일만 성실히 해도 공에 도움이 됩니다. 하지만, 그렇게 하면 더 크고 넓은 공익을 이룰 수 없습니다.

둘째, 반공반사(半公半私)입니다. 선사후공보다는 조금 더 철이 든 상태입니다. 반은 공을 위해 노력하고 반은 나를 위해 노력하는 상태입니다.

셋째, 선공후사(先公後私)입니다. 공을 위해 먼저 노력한 후에 내 일을 하는 상태입니다. 선공후사의 단계만 되어도 그 사람은 어딜 가든지 환영을 받습니다. 그런 공익심을 가진 사람이 많을수록 우리 사회는 발전하고 좋아집니다.

천당과 지옥의 식사 시간을 표현한 이야기입니다. 천당에 사는 사람들은 살이 찌고 윤기가 흐르는데, 지옥에 사는 사람들은 식사를 못해 배고파서 울고 있었습니다. 밥의 양이나 수저는 똑같은데 지옥에 사는 사람들만 유독 빼빼 말랐습니다. 그 이유는 다른 것이 아닙니다. 천당에 사는 사람들은 긴 수저로 밥을 떠서 서로 먹여주기에 배불리 먹었고, 지옥에 사는 사람들은 긴 수저로 내 입에만 밥을 넣으려고 해서 굶주리게 되었다는 것입니다. 이 짧은 이야기 속에 공익심이 가득 담겨있습니다.

우리 자신을 점검해보겠습니다. '나는 일을 어떻게 하고 있을까?' 공익심을 표준삼아 일을 진행하면 지공무사(至公無私, 지극히 공정하고 사사로움이 없음)가 됩니다. 지공무사의 단계는 성현의 심법이자 부처님의 심법입니다. 나와 남이 둘 아닌 경지에서 큰 나를 자기 삼아 살아가는 사람들이 갖는 심법입니다. 소태산 대종사를 모신 구인 선진 중 한 분도 '일생동안 배우려고 했지만 다 닮아가지 못한 소태산 대종사님의 심법' 가운데 하나로 지공무사를 말했습니다. 회상을 막 열 때의 마음이나, 영산에서 방언공사를 할 때의 마음이나,

또 아침 기상부터 저녁 취침에 들기까지의 생활 속에서 '사(私)'라는 것을 한 번도 찾아볼 수 없었다고 했습니다.

정산 종사께서는 "불보살들은 평생 남을 위해 사는 것 같지만, 결국은 내 일을 한 것이므로 대중이 한없이 받든다."고 했습니다. 반대로 일반 중생들은 평생 나를 위해 살지만 결국 남의 일을 해준 것에 불과한 삶을 삽니다.

또 소태산 대종사께서는 "앞으로는 인과의 진리가 밝아지고 세상의 인지가 열리기 때문에, 이러한 이치를 알면 전부 남을 위해서 일하려고 할 것이다. '내 돈 가져다가 써 달라.'고 하는 때가 온다."고 했습니다. 나를 위해 살고 나를 위해 쓰는 것의 결과와, 공을 위해 일하고 공을 위해 쓴 결과의 차이는 클 수밖에 없습니다. 벽장 속에 돈을 꽁꽁 묶어둔 것과, 번창하는 사업에 돈을 투자해 큰 돈을 벌고 그것으로 큰 사업을 일으키는 원리와 같습니다.

공익심 없는 삶이 당장은 나에게 덕이 되는 것 같지만, 사실은 나도 잘 살지 못하고 다른 사람도 잘 살지 못하게 합니다. 공익심 없는 사람을 공익심 있는 사람으로 돌리면 나도 좋아지고 세상도 함께 행복해집니다.

정기훈련과 상시훈련
일분일각도 생활을 떠나지 않는 공부

개괄

　일상수행의 요법 아홉 조목을 가지고 수행을 해나갈 때, 어떻게 하면 더욱 잘 실천해나갈 수 있을지에 대한 내용이 수행편 2장 정기훈련과 상시훈련 장에 담겨있습니다. 정기훈련과 상시훈련은 일상수행의 요법 아홉 가지를 훨씬 더 효율적이고 효과적으로 실천하는 방법입니다.

　일반적으로 종교가에서는 훈련이라는 말을 쓰지 않습니다. 그런데, 소태산 대종사께서는 특이하게 기본 경전인 〈정전〉에서 훈련이라는 용어를 사용했습니다. 훈련과 수행, 이 두 단어는 같은 면도 있고 다른 면도 있습니다. 수행이 하나하나 닦아서 알아가고 실천하며 쌓아가는 것이라면, 훈련은 하나하나 알고 닦아가는 면에서는 수행과 비슷하지만 어떤 원칙을 가지고 몸과 마음을 꾸준히 단련시키는 것을 말합니다. 처음에는 잘 되지 않더라도 그것이 되기까지 단련하고 또 하다 보면 나중에는 잘 되기 마련입니다. 훈련은 어떤 하나를 알아가는 '교육'과 그 뜻이 조금 다릅니다.

소태산 대종사께서 수행편에 훈련이라는 단어를 쓴 것은 상당히 깊은 의미가 있습니다. 앞으로의 시대는 인지가 밝아지고 지혜가 많이 열리는 시대입니다. 그러므로 뭔가를 배워서 아는 것은 쉽게 이뤄집니다. 하지만 쉽게 알았다고 하여 그것을 다 실행하지는 못합니다. 과거에는 인지가 어두운 시대였으므로 남보다 한문 몇 글자만 더 알면 선생 노릇을 할 수 있었습니다. 그러나 지금은 조금 더 아는 것만 가지고는 선생 노릇을 할 수 없습니다. 마음공부도 마찬가지입니다. 과거에는 진리세계에 대해 어느 정도 짐작하는 것만으로 충분히 대중을 가르칠 수 있었지만, 앞으로는 아는 것만 가지고 스승 노릇을 할 수 없습니다. 아는 것은 누구나 할 수 있기 때문입니다.

그러므로 오는 시대에는 '아는 것'이 중요하지 않습니다. '아는 것을 어떻게 실천하느냐'가 관건입니다. 여기에서의 '훈련'에는 진리에 대한 앎에만 그치지 않고 생활 속에서 체질화하고 실행해나가야 한다는 뜻이 담겨 있습니다.

과거 불교에서는 초심자에게 이런 저런 단계를 밟게 하여 상당한 수련이 쌓이게 한 후 마지막 단계에서야 진리를 맛보게 했습니다. 하지만 소태산 대종사께서는 당신이 깨달은 진리의 길에 누구나 쉽고 간이한 방법으로 들어올 수 있게 했습니다. 훈련법을 밝힌 이유도 진리를 알아가는 것에 많은 노력을 들이지 말고, 그 공력을 진리대로 사는 데에 쓰도록 한 것입니다. 이것이 우리 훈련법이 갖는 의미입니다.

우리 훈련법에는 정기훈련과 상시훈련이 있습니다. 정기는 일정한 시간과 장소를 정해놓고 '어떻게 사는 것이 진리에 맞는 것인가.'에 대한 원칙을 익히는 기간입니다. 상시는 정기 때 익힌 원리를 일상생활에서 활용하며 살아가는 기간입니다.

정기훈련은 삼학을 공부하되, 수양과 연구를 주체로 하여 실제의 생활에 활용할 수 있도록 했습니다. 정산 종사께서는 정기훈련을 '저축 삼대력'이라고 표현했습니다. 상시훈련은 실제 생활에서 몸과 마음을 사용할 때 활용하는 것이므로, 작업취사를 주체로 합니다. 정기훈련에서 준비한 수양과 연구를 생활에 적용하여 원만한 취사가 이루어지게 합니다. 그래서 상시훈련은 '활용 삼대력'이라고 합니다. 같은 삼대력이지만 경계에 활용하면서 익힌다는 뜻입니다.

정기훈련은 상시훈련을 돕는 길이 되고, 상시훈련은 정기훈련의 자료가 됩니다. 모든 사람들이 이 훈련법으로 공부하면 일분일각도 생활을 떠나지 않고 공부를 진행할 수 있습니다. 그것을 소태산 대종사께서는 '사반공배(事半功倍)'라고 했습니다. 절반만 노력을 들여도 효과가 배로 나타난다는 뜻입니다.

우리의 훈련법은 공부의 요도인 삼학을 분해하여 제정되었습니다. 그래서 특정 시간이나 장소에 고착되지 않고 어느 때 어느 곳에서나 이 공부를 할 수 있습니다. 또, 훈련법대로만 하면 지식의 유무나 남녀노소를 불구하고, 누구든지 과거에는 백 년 걸릴 공부를 3년이면 할 수 있습니다. 아주 간명하면서도 효과가 큰 공부법입니다.

누군가 "원불교에서는 어떻게 수행하나요?"라고 물으면 "우리의 수행법은 삼학입니다."라고 대답하면 됩니다. 삼학 수행을 원불교에서는 구체적으로 어떻게 하는지, 모든 경계를 떠나 어디에서 전문적으로 수행하는지를 물으면 "원불교의 수련과 수행은 정기훈련과 상시훈련으로 합니다."라고 답하면 됩니다.

출가하여 전문적으로 공부하는 사람도 정기훈련과 상시훈련으로 수행해야 하고, 재가로서 가정에서 생활하며 공부하는 사람도 정기훈련과 상시훈련을 통해 수행합니다. 재가든 출가든, 전문인이든 비전문인이든, 직장이 있든 없든, 누구나 언제 어디서라도 할 수 있도록 한 것이 훈련법입니다.

소태산 대종사께서는 정기훈련과 상시훈련을 제정하고 "이 훈련법대로 심신을 단련해나가면, 이와 같이 빠르고 바르게 진리의 세계로 들어갈 수 있는 길이 따로 없다."고 했습니다. 이것이 곧 무시선 무처선과 처처불상 사사불공을 이루는 방법입니다.

정기훈련법
실천만 하면 누구나 부처

정기훈련법은 일정한 기간에 일정한 장소에서 여러 사람이 모여 법의 훈련을 받는 것을 말합니다. 훈련은 우리의 마음을 단련해나가는 것입니다. 마음을 단련하기 위해서는 세 가지 힘을 얻어야 합니다. 일심의 힘, 지혜의 힘, 실행의 힘, 즉 삼대력이 그것입니다.

여기서 '법'은 일심과 알음알이와 실행, 즉 교리로 말하면 정신수양·사리연구·작업취사라는 세 가지 마음공부법입니다. 그러한 훈련을 받는 것이 바로 법의 훈련, 즉 정기훈련법입니다.

소태산 대종사께서는 정기훈련법으로 열한 가지 과목을 밝혔습니다. 11과목은 정신수양 과목 두 가지, 사리연구 과목 여섯 가지, 작업취사 과목 세 가지로 이루어져 있습니다. 정기훈련은 11과목을 가지고 하는 스스로 훈련임과 동시에 함께 모여서 서로 도움을 주고받는 서로서로 훈련이기도 합니다. 또 사제의 훈증, 즉 지도받는 사람이 지도하는 사람의 훈증을 통해 자기 수행을 점검하는 기회로 삼습니다.

정기훈련법으로 11과목이 있는 것은 삼학공부를 해나가는 가운데 한 쪽에 치우치지 않고 단련하기 위함입니다. 생활 속에서 공부하다 보면 한쪽으로 치우칠 수 있고, 다른 부분의 발달을 더디게도 합니다. 소태산 대종사께서는 삼학 중 어느 한쪽만 능하거나 어느 한쪽이 부족해서는 원만한 인격을 이룰 수 없다고 했습니다. 삼학의 세 가지 능력이 고르게 함양되어야 원만한 공부입니다.

하지만 공부를 혼자서 하다 보면 으레 내가 능한 쪽으로 치우치기 쉽습니다. 그럴 때 정기훈련 11과목을 통해 점검해보면 '아, 이 분야는 공부가 잘 되지만 다른 부분은 조금 부족했구나.' 하는 것을 알게 됩니다. 그렇게 스스로 점검하고, 지도인을 통해 점검받고, 동지 상호간 점검할 수 있는 정기훈련은 '전문공부'라는 점에서 중요한 의미를 갖습니다.

소태산 대종사께서는 정기훈련법으로 생활 속에서도 참다운 수행을 할 수 있게 원리원칙을 다듬었고 반드시 대조·반성을 하게 했습니다.

정기훈련법 11과목 중 수양과목으로는 염불과 좌선 두 가지가 있습니다. 염불은 '나무아미타불'을 주문으로 외우는 것입니다. 수시로 일어나는 온갖 생각들을 염불 한 구절에 집중하여 일념을 모으는 공부법입니다. 좌선은 단전에 마음과 기운을 오롯이 머무르게 하여 산란했던 마음을 안정시키고 지혜의 토굴을 파는 작업입니다. 이는 기운을 바르게 하고 마음을 안정시키는 공부법이기도 합니다. 원불교에서는 단전주 선법으로 좌선을 합니다.

염불과 좌선은 일심을 모으는 공부법입니다. 일심이란, 산란하지 않고 고요한 마음을 말합니다. 일을 하다 보면 마음이 이쪽으로 나가기도 하고 저쪽으로 흐르기도 합니다. 어떤 일을 당하면 요란한 마음이 일어나기도 합니다. 그럴 때, 항상 안정된 마음으로 산란하지 않은 오롯한 마음을 내게 하는 힘이 바로 일심입니다.

사람들은 대체로 어떤 일이 끝나면 그 일의 성과와 결과에 따라 자만심을 내거나 자책감에 빠져 많은 시간을 소모합니다. 하지만 일심공부를 잘 챙기는 사람은 지나간 일을 반성하되 그 일에 집착하지는 않습니다. 즉 일을 당하기 전에는 안정된 마음으로 임하고, 일을 할 때에는 오롯한 마음으로 처리하고, 일이 끝난 뒤에는 분별심 놓는 공부를 합니다. 염불과 좌선은 이러한 일심을 모으는 데 큰 도움이 됩니다. 염불과 좌선으로 수양 과목을 정한 것은 과거로부터 많은 수행자들이 일심을 얻는 가장 빠르고 바른 길이 염불과 좌선이었기 때문입니다.

정기훈련법 11과목 중 연구 과목은 경전, 강연, 회화, 의두, 성리, 정기일기 등 여섯 가지입니다. 먼저, 경전은 아직 진리를 알지 못하는 이들에게 길을 알려주기 위해 성자들이 설한 말씀과 가르침을 정리한 것입니다. 우리는 경전을 통해 스승을 모시고, 진리로 향하는 구도의 길을 배웁니다. 소태산 대종사께서는 이를 '공부의 방향로를 알게 하는 것'이라고 표현했습니다. 과거 성자들이 말씀한 내용이 담긴 경전을 통해 우리는 진리로 향하는 길을 터득하고, 진리적 삶을 살아갑니다. 경전은 우리 삶의 지표이자 마음공부의 방향로입니다.

강연과 회화는 지혜를 개발하는 공부법입니다. 강연은 어떤 제목을 정해놓고 뜻을 연구해 발표하는 것이고, 회화는 각자가 느낀 점이나 깨달은 것을 서로 이야기하며 공유하는 것입니다. 강연과 회화는 말로 푼다는 공통점이 있습니다. 앞서 경전이 '성자의 말씀을 배우는 것'이라면, 강연과 회화는 '연마하는 것'입니다. 또 경전 공부는 혼자서 할 수 있지만 강연과 회화는 주로 여러 명이 모인 자리에서 합니다. 그렇게 모여서 의견교환을 하면 혼자 지혜를 밝혀 깨닫는 것보다 열 배 또는 백배의 효과를 얻을 수 있습니다. 강연과 회화는 나의 지혜를 단련하는 공부임과 동시에 법을 효율적으로 전달하는 방법을 연마하는 공부입니다.

의두와 성리는 경전·강연·회화로는 알 수 없는 것을 연마하는 것입니다. 세상에는 생각으로도 알 수 없고 배워서도 알 수 없는 이치가 있습니다. 이는 연구의 깊은 경지를 밟는 사람이라면 반드시 해야 하는 공부입니다. 불가에서 말하는 빌 공(空) 자를 예로 들어보겠습니다. '진리는 텅 빈 것이다.'라고 한다면 텅 빈 것에 대한 설명을 들을 수 있고, 텅 빈 것에 대한 이해도 어느 정도는 할 수 있습니다. 하지만 그 빈 자리에 대한 실제 경험과 체험은 누구에게 배우거나 듣는 것만으로 알 수 없습니다. 밥맛을 설명으로 들어서는 알 수 없는 것과 마찬가지입니다. 밥맛은 내가 먹어봐야 알 수 있습니다.

이처럼 의두와 성리는 체험을 통해 진리에 대한 깊은 자각이 생기게 하는 공부입니다. 의두는 의심 건을 가지고 진리의 깊은 경지에 들어가는 것이고, 성리는 우리 마음의 본래 자리 또는 우주의 가장 근본 자리를 연마하고 해결해내는 공부입니다. 정기일기는 내가 깨닫거나 생각한 내용들을 기록함으로써 지혜를 개발하는 공부이고, 상시일기는 여러 가지 조목들을 점검함으로써 오늘보단 내일이 조금 더 나은 생활이 되도록 하는 공부입니다.

11과목 중 취사과목은 상시일기와 주의, 조행 세 가지입니다. 주의는 안으로 챙겨서 실행하는 마음입니다. 조행은 사람다운 행실 가짐을 말합니다. 안으로 주의심을 챙기더라도 사람으로서 해야 할 행실에 어긋나면 안 됩니다. "저 사람이 사는 모습 대로 살면 세계가 참 평화로워지겠구나."와 같은 사람다운 행실 가짐을 단련하는 것이 주의와 조행입니다. 안으로 챙기는 마음과 밖으로 바른 행동, 양면을 함께 단련해야 합니다.

정기훈련 11과목은 누구나 할 수 있는 공부법입니다. 소태산 대종사께서는 "이 과목을 가지고 그대로 실천만 하면 부처 안될 사람이 없다."고 했습니다. 얼마나 자신 있으면 "막대기에도 마음만 있으면 부처로 만들 자신이 있다."고 표현했겠습니까. 정기훈련 11과목은 일심·알음알이·실행이라는 세 가지 힘을 기르는 요긴한 길을 알려줍니다.

상시훈련법
일일 시시로 자기를 살핌

공부인은 마음공부하는 사람을 일컫는 말입니다. 마음공부는 수양·연구·취사 세 가지 과목으로 합니다. 일상생활 가운데 삼학수행을 단련하기 위한 훈련법이 상시훈련법입니다. 상시훈련법은 생활 속에서 삼학으로 마음을 한 번 닦고 두 번 닦고 자꾸 닦아나가게 하는 공부입니다.

상시응용 주의사항 1
마음 써나가는 공식

개괄

　상시응용 주의사항에서 '상시'는 우리의 평소 생활을 모두 포함합니다. 가정 또는 직장 등에서 의무와 책임을 다하는 모든 생활이 상시입니다. '응용'은 상당히 재미있는 표현입니다. 보통 '응용문제를 푼다.'고 할 때는 어떤 원리와 원칙을 활용하여 평소와는 조금 다르게 문제를 푸는 것을 말합니다. 소태산 대종사께서 응용이라고 한 것은 '응(應)하여 쓴다.'는 뜻입니다. 일상생활은 사실 응용의 연속입니다. 우리는 시시때때로 어떤 경우와 처지를 따라 몸과 마음을 작용합니다. 상시응용 주의사항은 평소 우리들이 몸과 마음을 사용할 때 마음에 새겨두고 실행해야 하는 내용들입니다.

　마음 써나가는 법을 '용심법(用心法)'이라고 합니다. 불교의 핵심도 결국은 마음을 밝혀서 마음을 잘 쓰게 하는 것입니다. 그 방법을 여섯 가지로 정리한 것이 바로 상시응용 주의사항입니다. 앞으로 오는 세상에서는 상시응용 주의사항 여섯 가지로 능히 부처의 인격과 생활을 이룰 수 있습니다.

1. 응용하는 데 온전한 생각으로 취사하기를 주의할 것이요.

응용이란 내 몸과 마음이 경계를 당했을 때 어떻게 쓸 것인가에 대한 것입니다. 경계를 당했을 때는 먼저 온전한 생각으로 취사하기를 주의하면서 써야 합니다.

마음 하나를 어떻게 쓰느냐에 따라 자신의 미래와 행·불행·선·악·복·해가 달라집니다. 죄와 복은 경계를 당해 내 몸과 마음을 어떻게 응용했는지에 따른 결과물입니다. 모든 공부는 마음을 사용하는 그 순간에 이루어집니다.

따라서 일을 당했을 때 온전한 생각에만 그치지 말고 취사하는 데 주의해야 합니다. 생각과 마음이 아무리 잘 정리되어 있어도 행동이 따라주지 않으면 안 됩니다. 행동이 곧 취사입니다. 내가 사람으로서 마땅히 할 도리를 알았다면 그것을 취하여 실천하고, 하면 안 될 일이라면 과감히 놓아버리는 것이 취사공부입니다. 실행이 없는 것은 알맹이가 없는 껍질, 또는 그림의 떡과 같습니다.

실행과 실천을 통해 실다운 결과를 얻기 위해서는 먼저 '바른 판단'이 중요합니다. 생각은 편협하기가 쉽습니다. 잘못된 생각을 가졌음에도 그것을 정당한 생각이라고 착각하는 경우가 많습니다. 그래서 경전 공부를 해야 하고, 신심을 가지라고 합니다. 설사 내가 어리석고 잘못된 생각을 가졌더라도 성자들의 말씀과 법문을 믿고 의지하여 실천해가면 실수가 적어집니다. 경전 연마를 통해 지혜를 밝힘으로써 여러 상황에서 바르게 판단하는 사고를 단련할 수 있기 때문입니다.

취사를 할 땐 내 생각만 고집하면 안 됩니다. 주변의 이야기를 들어보고, 스승님들은 어떻게 취사했는지 궁구해야 합니다. 바로 떠오르는 생각만 가지고 취사를 하면 습관적인 사고에 빠져 바른 판단을 놓치기 쉽습니다. 어떤 생각이 떠오를 때면 그 생각만이 옳다고 고집할 것이 아니라 여러 면으로 뒤집어보면서 판단해야 합니다. 공부가 깊이 된 사람은 세상을 이루고 있는 대소유무의 이치를 잘 압니다. 옳고 그른 것을 판단할 때 근본적 이치에 기초한 사고를 단련했기 때문입니다.

그렇다면 우리가 올바른 '판단'을 하려면 어떻게 해야 할까요?

먼저, 마음을 온전하게 가져야 합니다. 한쪽으로 흔들리거나 쏠리거나 막힌 마음으로는 두루 원만한 생각을 내기가 어렵습니다. 어떤 일을 당했을 때 선입견을 놓고 온전한 마음을 챙겨서 다양한 생각을 할 수 있어야 합니다. 그리고 온전한 마음과 온전한 생각을 통해 얻은 판단을 가지고 옳다고 생각되는 것은 반드시 실천하고, 아니라고 생각되는 것은 놓는 공부에 '주의심'을 가지고 실행해야 합니다. 마음이 들뜨거나 산란한 것은 차분한 상태가 아닙니다. 마음이 온전하지 않은 것입니다. 누군가 나에게 욕을 했을 때 화가 나서 그 마음으로 응대를 했다고 합시다. 그때 그 마음은 온전한 마음이 아닙니다. 온전한 마음이란 안정된 상태를 말합니다. '안정된 상태'라고 하면 진리나 원불교 교리를 모르는 사람들이라도 이해할 수 있습니다.

온전·생각·취사는 특별한 것이 아닙니다. 누구든지 온전한 생각으로 취사하면 일이 잘 될 수밖에 없습니다. 온전한 생각을 하지 않고 사는 것과, 온전한 생각을 통해 취사하기를 계속 챙기면서 일을 하는 것은 일 년, 십 년, 삼십 년…, 세월이 흐를수록 차이가 생깁니다. 온전·생각·취사는 마음을 써나가는 공식입니다. 우리의 인격과 생활이 향상되어가는 비결은 온전·생각·취사에 있습니다.

온전에 수양력이 들어있고, 생각에 연구력이 들어있고, 취사에 실행력이 들어있습니다. 삼대력이 잘 갖추어지지 않은 사람이라 할지라도 훈련을 통해 온전·생각·취사를 반복하여 챙기면 삼대력이 쌓입니다. 삼대력이 증진되는 만큼 부처의 인격이 형성됩니다. 온전·생각·취사가 잘 되면 그만큼 세상에 유익 주는 일을 할 수 있게 되고, 영육쌍전을 이루게 됩니다.

온전·생각·취사의 구경(궁극의 경지)은 '응무소주이생기심(應無所住而生其心)'입니다. 어떤 일에 응했을 때 거기에 머무르지 않고 마음을 써나가면 그것이 곧 부처와 같은 마음입니다. 내 마음이 어딘가에 주착되어 있는 것은 온전한 마음이 아닙니다. 무소주(無所住), 즉 주한 바가 없다는 말은 주착심이 없다는 말입니다. 이생기심(而生其心)은 온전한 마음을 내서 쓰라는 말입니다. 마음을 아무런 까닭 없이 내지 않고, 바르게 내서 바르게 실천하라는 것입니다. 그렇게 실천하는 사람이 바로 부처님입니다.

상시응용 주의사항 여섯 조목 중 1조를 요약하면 '응무소주이생기심'이지만, 보통의 사람들은 이 말을 단번에 알아듣기 어렵습니다. 그래서 소태산 대종사께서는 온전·생각·취사라고 표현했습니다.

대산 종사께서는 "우리가 동할 때(움직일 때) 삼학 병진하는 법을 소태산 대종사께서 상시응용 주의사항 1조에 뭉쳐 놓으셨다."고 했습니다. 원불교인 심법의 핵심은 삼학공부이고, 그 삼학공부의 핵심은 바로 '일을 당해 온전한 생각으로 취사하기를 주의하는 것'입니다. '주의하라'는 말은 잊지 않고 꼭 그렇게 챙겨서 실천해보라는 말의 다른 표현입니다.

원불교인으로서 온전·생각·취사를 주의하는 사람은 소태산 대종사의 가르침에 맞는 수행을 하는 것이고, 일을 당했을 때 온전·생각·취사를 하지 않는 사람은 소태산 대종사의 교법을 제대로 실천하지 않는 것입니다. 따라서 일을 당했을 때 온전한 생각으로 취사하여 하나하나 처리해가야 합니다. 그랬을 때 온전의 힘도, 생각의 힘도, 취사의 힘도 길러지고 그 일이 잘 성취됩니다. 이것이 1조의 핵심입니다.

2. 응용하기 전에 응용의 형세를 보아 미리 연마하기를 주의할 것

이요.

　상시응용 주의사항 2조는 일을 잘하기 위해서는 미리 준비해야 한다는 말입니다.

　2조는 앞서 살펴본 1조에서 목표로 하는 온전·생각·취사를 잘 하기 위해 미리 준비하는 공부입니다. 1조는 일을 당하여 응용할 때 사용하는 공부 방법이었습니다. 하지만 응용하기 이전의 우리는 우리에게 어떤 일이 생길지 모른 채 살아갑니다. 우리의 삶은 원하든 원하지 않든 일을 하며 사는 것의 연속입니다. 그리고 일의 결과에 따라 삶의 방향과 길이 정해집니다. 응용의 형세를 보아 미리 연마하기를 주의하라고 한 것은 미리 연마가 앞날의 혜복을 장만하는 일이 되기 때문입니다.

　살다 보면 전혀 예상하지 못한 일이 생깁니다. 가령 어떤 물건을 팔아 이득이 되는 것을 예상하고 앞날의 형세를 보아 준비했더라도, 일을 하다 보면 전혀 예상하지 못한 방향으로 전개될 때가 있습니다. 또 이런 일 저런 일이 수시로 발생합니다. 그것을 생각하면서 응용의 형세를 살피는 공부가 상시응용 주의사항 2조입니다.

　형세를 잘 살펴서 미리 연마와 준비를 하면 일을 당했을 때 훨씬 쉽게 처리할 수 있습니다. 준비 공부는 정할 때(고요할 때) 하는 공부같지만, 사실은 동할 때(활동할 때) 공부입니다. 준비의 대전제가 '형세를 보아'이기 때문입니다. 준비 공부는 일을 당하여 동하는 가운데 대처해가는 공부법입니다.

일을 잘 처리한다는 것은 일을 당했을 때 온전·생각·취사가 근본요결이지만, 이를 위해서는 사전 준비가 필요합니다. 사전에 준비를 잘 해놓으면 여유가 있어서 당황하지 않고 온전을 챙기기가 훨씬 쉽습니다. 미리 챙기고 점검을 해놓았다면 일을 당했을 때 생각이나 방법이 금방 떠오릅니다. 소태산 대종사께서 일을 당하기 전에 미리 준비하라고 한 것은 묘법입니다.

그럼, 준비 공부를 어떻게 해야 할까요? 일의 형태에 따라 준비할 일은 조금씩 다를 수 있습니다. 미리 연마가 필요한 부분이 있기도 하지만, 사전에 물질적 준비가 필요한 부분이 있고, 정서적 준비 공부가 필요한 경우도 있습니다. 예를 들어 제사를 모신다고 할 때, 영가가 잘 천도 받도록 오롯한 정성과 마음을 모으는 것은 보이지 않는 세계를 위한 준비 공부입니다. 도량을 청결하게 해놓는 것도 준비 공부가 됩니다.

대산 종사께서 대법회를 준비하는 모습을 가까이에서 뵌 적이 있습니다. 대법회 때 사용할 법문을 1년 전부터 책상 앞에 요약하여 붙여두고 꾸준히 연마하는 모습이었습니다. 법문이 어려워서 그런 것이 아니라 기운을 모으기 위해 그렇게 하는 것 같다는 느낌을 받았습니다.

소태산 대종사께서 대각을 이룬 후 기도를 끝내고 회상을 여는 일이 매우 바쁨에도 불구하고 변산에 들어가 몇 년간 교법 짜는 시간을 가졌습니다. 대산 종사께서는 이 기간을 "크게 준비하신 것"이라고 했습니다. 앞으로 나아갈 길을 사전에 예측하는 시간이었던 것입니다. 가정에서 저축을 하는 것처럼, 수도인도 어떤 사항을 놓고 미리미리 예측해놓는 것이 큰 공부가 됩니다. 진리를 믿고 공부하는 사람은 오늘을 살면서 내일을 준비합니다. 이생이 끝나면 다음 생이 온다는 것을 알기에 생사의 경계에 미혹됨이 없도록 준비합니다.

준비는 많이 되어 있을수록 좋습니다. 그리고 미리 할수록 좋습니다. 설교를 하더라도 서너 시간에 걸쳐 할 내용을 이십분으로 압축하여 전달할 때의 감흥과, 딱 20분짜리로 준비하여 전달할 때의 감흥은 차이가 있습니다. 텅 비었다는 공(空) 도리를 설명할 때도 거기에 얼마나 많은 적공과 노력이 들어있는가에 따라 전달의 깊이에 차이가 생깁니다.

일을 잘 처리하기 위해서는 '미리' 준비할수록, '많이' 준비할수록, '세밀하게' 준비할수록 좋습니다. 그러면 온전·생각·취사 공부가 훨씬 수월해집니다. 이것이 서로 어우러지는 공부입니다.

3. 노는 시간이 있고 보면 경전·법규 연습하기를 주의할 것이요.

경전과 법규는 종교가에서 가르침을 전하기 위해 활용하는 중요한 요소입니다. 그러므로 일하는 시간을 줄여서 경전·법규 연습을 하라고 할법한데, 소태산 대종사께서는 '노는 시간이 있고 보면'이라고 했습니다. 사실 끊임없이 일을 하며 바쁜 삶을 사는 현대인들에게는 노는 시간이 쉬이 주어지지 않습니다.

'노는 시간이 있고 보면'이라는 구절은 그냥 쓰인 것이 아닙니다. 거기에는 소태산 대종사의 영육쌍전·이사병행 정신이 들어있습니다. 영과 육, 즉 공부와 사업을 함께 해나가도록 하는 깊은 뜻이 담긴 것입니다. 그래서 '일하는 시간을 줄여서라도'라고 하지 않고 '노는 시간이 있고 보면'이라고 했습니다.

또 소태산 대종사께서는 "경전은 글자로만 된 것이 아니라 이 우주 전체가 모두 살아있는 경전"이라고 했습니다. 우리가 활동하는 것 하나하나는 모두 경전을 보고 읽고 쓰고 활용하고 있는 것과 다르지 않습니다. 미리 준비하고, 일을 당해 온전·생각·취사하는 과정이 모두 경전 공부를 하는 것입니다. 따라서 여기에서 밝힌 노는 시간은 나 자신의 즐거움이나 나 자신만을 위해 쓰는 시간을 말합니다. 노는 것과 반대되는 개념은 세상에 유익을 주는 일, 또는 인간으로서 책임과 의무를 다하는 일을 말합니다. 살아가면서 마땅히 해야 할 일은 인간의 책임과 의무를 다하는 것입니다. 그것이 산 경전을 제대로 공부하는 것입니다. 우리가 글로 된 경전 공부를 하는 이유도 알고 보면 인간으로서의 책임과 의무를 잘 하자는 데에 있습니다.

하지만 세상에 유익을 주고 함께 사는 데 도움이 되는 일을 24시간 계속 할 수는 없습니다. 어떤 일을 열심히 하는 가운데 여유 시간이 있습니다. 그러한 시간이 생겼을 때, 그 시간을 다른 데 쓰지 말고 경전·법규 연습하기를 주의하라는 것입니다. 경전·법규 공부는 우리가 어떤 일을 할 때, 그 일을 더 잘 하게 하는 또 다른 준비

공부가 됩니다.

　매일 매일이 바빴던 어떤 교도의 감상담입니다. 한가롭게 앉아서 경전 볼 시간이 없었던 그 분은 차 안에 경전을 한 권 두고, 사무실에도 경전을 두고, 주방 싱크대에도 경전을 두는 등 자신이 움직이는 곳마다 경전을 놓았다고 합니다. 그리고 일을 하다가 잠깐 2~3분 틈이 날 때 바로 교전을 펼쳐서 읽는 것으로 경전 공부를 한다고 했습니다. 바쁜 시간 속에서도 경전 공부에 맛을 들여 생활에서 생기는 스트레스를 경전 속 말씀으로 극복하며 새로운 힘을 얻었다고 합니다. 경전 공부 맛을 본 사람은 틈틈이 짬을 내서, 말 그대로 '노는 시간이 있고 보면 경전·법규 연습하기를 주의'하는 삶을 살아갑니다.

　노는 시간이 있고 보면 경전·법규 연습하기를 주의하라는 것은, 일을 하는 중에도 틈이 있을 때 성자의 법문을 받들어 지혜를 밝혀감으로써 공부와 일이 더 잘 진행되게 하라는 것입니다.

　3조의 또 다른 특징은 '법규'라는 단어가 들어있는 것입니다. 가까이 우리 교단의 법규를 생각해봅시다. 법규는 대중이 함께 지킬 것을 약속해놓은 규칙입니다. 약속을 한 이유는 함께 지킴으로써 유익된 바가 대중 전체에게 고르게 돌아가도록 하려는 것입니다.

　앞으로는 홀로 일을 성공시키거나 홀로 대접을 받을 수 있는 시대가 아닙니다. 모든 것을 대중과 함께, 대중이 같이, 대중을 위해서, 즉 '공(公)'을 앞세우는 시대입니다. 이런 상황 속에서 법규 연습은 개인을 사적 존재가 아닌 공중의 한 사람으로 거듭나게 하는 공부입니다. 나의 행복을 공중의 행복과 함께 해가는 생활을 하려면 공법(법규)을 분명히 알아야 합니다.

경전은 진리에 바탕하여 인생을 잘 살아갈 방법을 밝혀놓은 것이라면, 법규는 성자들의 법에 바탕해 모인 사람들이 함께 발전해 나갈 수 있는 방법을 밝힌 것입니다. 물론 몸의 휴식이 필요한 순간도 분명 있습니다. 몸의 휴식이 정말 필요할 땐 몸을 쉬어주어야 충전이 됩니다. 소태산 대종사께서는 이런 시간은 노는 시간이라고 하지 않았습니다. 휴식이 몸을 쉼으로써 재충전하는 시간이라면, 노는 시간에 경전·법규 연습을 하는 것은 정신을 재충전하는 것입니다. '오는 시대는 대중이 함께 나아가는 시대'라는 의미가 경전·법규 연습에 담겨있습니다.

상시응용 주의사항 2
앎을 실행으로 연결하는 다리

4. 경전·법규 연습하기를 대강 마친 사람은 의두 연마하기를 주의할 것이요.

여기에서 '대강 마친'이라는 표현은 경전·법규 연습을 완전히 마친 것이 아닌 계속 진행형을 의미합니다. 대강은 대체적인 강령을 말합니다. 대강 마쳤다는 것은 경전을 통해, 또는 법규를 통해 우리에게 전하고자 하는 가르침이 대체로 어떤 것인지를 아는 정도라고 할 수 있습니다. '인생을 살아가면서 우리가 사람의 몸을 가지고 어떻게 사는 것이 사람다운 삶인가?'라는 의문에 길을 잡은 정도를 말합니다. 아주 세밀한 방향을 다 알진 못하더라도 대체적으로 방향이 선 상태입니다.

그 정도 공부가 된 사람은 경전·법규 연습과 함께 의두 연마를 해야 합니다. 의두 연마란 어떤 의심거리를 가지고 스스로 연마하는 것입니다. 경전·법규는 외부로부터 배우는 것입니다. 배움을 통해 알고, 그 앎을 통해 지식과 지혜를 늘려갑니다. 그러나 배워서 아는 것만으로는 나의 사상이나 사고를 단련시키기에 부족합니다. 나의 사고를 깊이 단련하는 것이 바로 의두 연마입니다.

소태산 대종사께서는 의두 연마를 어렵게 설명하지 않았습니다. 예를 들어 '살생하지 말라.'는 계문을 의두거리로 줄 때 '살생을 하면 중죄라 했으니, 왜 중죄인가 연구할 사'라고 했습니다. 살생을 하지 말라는 것을 배우면 벌을 받는다는 것도 알게 됩니다. 하지 말라는 것도 알았고, 그것이 나쁜 것도 알았고, 왜 나쁜지도 이론적으로 모두 안 것은 대강을 안 것입니다. 그러나 그 정도는 아직 깊이 있는 연구가 아닙니다.

누군가에게 이 계문에 대해 '살생이란 이렇게 큰 죄이다.'라고 설득하려면, 그것을 설명하는 내가 확연히 알아야 합니다. 그렇지 않으면 살생이 나쁘다는 것은 알지만 "왜 나쁘냐?"는 물음에는 대답하기가 쉽지 않습니다. 누군가가 설명해놓은 것을 그대로 옮겨서 설명하는 것은 확연히 아는 것이 아닙니다. 확연히 안다는 것은 누군가를 설득할 수 있는 정도입니다. 그러기 위해서는 의심을 걸어야 합니다.

'부모에게 효를 하는 것은 사람의 마땅한 도다.'라는 조목이 있습니다. 그러면 우리는 왜 부모에게 효를 해야 하는지, 효를 하면 결과는 어떻게 되는 것인지, 효를 하지 않으면 어떻게 되는 것인지를 하나하나 연마해야 합니다. 다른 사람의 궁금증을 시원하게 풀어주려면 자신이 먼저 환하게 이해를 얻어야 합니다.

과거에는 설명으로 답을 구할 수 없는 질문을 의두거리로 삼았지만, 소태산 대종사께서는 진리를 분석하여 알아낼 수 있는 것들을 의두거리로 삼게 했습니다. '왜 살생이 중죄인가.' 또는 '왜 부모에게 효를 해야 하는가.' 등에 대해 세밀히 분석해야 합니다. 분석을 할 땐 다른 사람이 들어도 환하게 이해가 되도록 분석해야 합니다. 의두 공부를 통해 명확히 분석을 하다 보면 지혜를 깊이 단련할 수 있습니다.

경전·법규 연습과 의두 연마는 하나로 붙어 있는 공부입니다. 어떤 이치를 깨우치려면 먼저 경전과 법규 연습을 통해 알아야 하고, 의두를 통해 진리에 대한 깊은 깨달음으로 들어가야 합니다. 이것이 상시응용 주의사항 3조와 4조의 핵심입니다.

5. 석반 후 살림에 대한 일이 있으면 다 마치고 잠자기 전 남은 시간이나 또는 새벽에 정신을 수양하기 위하여 염불과 좌선하기를 주의할 것이요.

하루를 살면서 수양에 적공하는 시간을 아침과 저녁, 최소 두 번은 가져야 합니다. 이 조목에는 '살림에 대한 일이 있으면 다 마치고'라는 아주 자세한 안내가 들어있습니다. 앞에서 살펴보았던 상시응용 주의사항 3조의 '노는 시간이 있고 보면'과 맥락이 비슷합니다.

먼저 일상생활에 대한 의무를 철저히 잘 하고 저녁을 먹은 뒤 살림에 대한 일을 대체로 마무리한 후 남는 시간이 있다면 5분이든 10분이든, 수양하는 시간을 갖도록 했습니다. 또 공기가 좋고 맑은 새벽 시간에 조금 일찍 일어나서 수양시간을 갖게 했습니다. 정신을 수양한다는 것은 우리의 마음을 고요하게 하고 맑히는 것입니다. 하루 중 산란한 마음을 가라앉히고 모으는 시간을 갖는 일은 중요합니다.

소태산 대종사께서는 정신수양을 일이 없는 시간에만 하라고 가르치지 않았습니다. 일 속에서 그 일 그 일에 일심을 모으는 것이 곧 살아있는 수양이라고 했습니다. 우리의 하루는 주로 활동하는 시간으로 채워지기에, 하루 중 활동하는 시간을 빼고 나면 사실 수양을 할 수 있는 시간이 많지 않습니다. 그래서 소태산 대종사께서는 활동하는 시간에도 수양을 하는 방법으로 '일심공부'를 이야기했습니다.

사람을 만물의 영장이라고 합니다. 영장(靈長)이라고 하는 이유는 신령한 밝음을 가지고 있기 때문입니다. 그러한 지혜를 근본적으로 밝게 만드는 것이 수양입니다. 소태산 대종사께서는 "우리 인생의 목적은 수양에 있다."고 했습니다. 오염된 물로 밥을 지을 수 없는 것처럼, 구정물 상태인 마음에서는 좋은 지혜가 나올 수 없습니다. 그래서 그 마음을 먼저 다스리고 깨끗하게 만들고 맑히는 것이 중요합니다. 수양은 땅에 곡식을 심기 전 잡초를 먼저 제거하는 것과 같습니다.

맑은 물이 풍부해야 물고기가 살고 배를 띄울 수 있습니다. 우리의 마음도 영대(靈臺)¹⁾를 키워놓으면 거기에서 큰 경륜과 많은 사람을 포용할 수 있는 큰 덕이 나옵니다. 마음을 함부로 쓰지 않고 잘 모아둔 데에서 오히려 마음을 크게 쓸 수 있는 힘이 나옵니다. 그러므로 수양이 대단히 중요합니다.

또, 이 조목의 '조석(아침과 저녁)'이라는 표현을 생사 교환으로 생각하면 아침은 생(生)이고 저녁은 사라고 할 수 있습니다. 생사를 두고 우리는 흔히 '최후일념이 최초일념이 되고 최초일념이 또 최후일념이 된다.'고 합니다. 마찬가지입니다. 아침에 깨끗한 마음을 잘 가지면 그 한 마음이 하루를 사는 데 도움을 주고, 저녁에 한 마음을 깨끗하게 간직하면 그 마음이 다음날 아침의 한 마음을 일으켜 세우는 원천이 됩니다. 이 원리는 하루의 아침·저녁에만 해당하지 않습니다. 인생도 처음에 한 생각을 바르게 내면 나날이 좋고, 마지막 순간 숨을 다할 때 한 마음을 깨끗하게 가지고 가면 다음 생에 깨끗하고 좋은 마음의 씨앗이 됩니다. 그런 의미로 보면 아침·저녁으로 수양을 하는 것은 시간으로는 짧더라도 갖는 의미가 매우 큽니다.

대산 종사께서 어떤 교도에게 "자기 전에 염불을 일곱 번만이라도 하고 자라."는 말을 한 적이 있습니다. 옆에서 그 이야기를 들었을 땐 '일곱 번은 너무 적은 것 같다. 왜 5분이나 10분 단위의 시간으로 말씀하지 않고 일곱 번이라고 하셨을까.'라는 생각을 했습니다. 나중에 다시 생각해보니, 염불 일곱 번은 결코 작은 것이 아니었습니다. 하루에 일곱 번이라도 일심을 모으면 그 일곱 번이 열 번 스무 번이 되면서 차츰 수양시간을 늘려가는 방법이 된다는 것을 안 것입니다. 처음에는 보잘 것 없어 보이는 한두 번이라도, 하는 것과 하지 않은 것은 분명 차이가 있습니다. 낮 시간 동안 헝클어졌던 마음을 정리하지 않고 잠에 들면 다음날 개운하지 않은 정신과 마음으로 깨어나기 마련입니다.

그래서 소태산 대종사께서는 상시응용 주의사항에 아침·저녁으로 반드시 수양하는 시간을 갖게 했습니다.

6. 모든 일을 처리한 뒤에 그 처리건을 생각하여 보되, 하자는 조목과 말자는 조목에 실행이 되었는가 못 되었는가 대조하기를 주의할 것이니라.

여기에서 '모든 일의 처리'는 상시응용 주의사항 1~5조의 내용을 모두 포함합니다.

일을 당했을 땐 온전·생각·취사를 하고, 일을 당하기 전에는 미리 연마하여 응용하고, 일이 없을 때는 경전·법규를 연습하고, 그것을 대강 마친 사람은 의두를 연마하고, 그리고 아침·저녁으로 수양하는 시간을 갖는 것이 '모든 일'에 해당합니다. 하루 일과를 통해 이러한 내용들을 주의하여 생활하면 부처의 인격을 이루고, 부처의 실행을 나투며, 세상을 위해 좋은 공적을 내게 됩니다.

우리가 진리를 궁구하여 깨달았다 해도 업력이나 습관까지 돌파

한 것은 아닙니다. 앎이 바로 실행으로 옮겨지지는 않기 때문입니다. 따라서 대조심은 앎을 실행으로 연결하는 다리와 같습니다. 모든 일의 처리 뒤에 대조가 따라야 올바른 결과를 가져옵니다.

공부인은 어떤 일을 처리함과 동시에 실행 여부를 대조합니다. 또는 하루를 보낸 후 전체를 돌아보면서 '오늘 하루를 내가 어떻게 살았는가.'를 대조하기도 합니다. 이것이 상시응용 주의사항 6조에서 말하는 대조공부입니다. 대조공부는 마음의 고삐를 돌려서 새롭게 정진할 추진력을 갖추게 합니다. 즉, 6조 공부를 잘하면 1조에서 5조까지 시행하는 추진력을 얻습니다.

소태산 대종사께서는 6조 '하자는 조목과 말자는 조목에 실행이 되었는가를 대조'하는 공부를 실행하게 하기 위해 일기법을 두었습니다. 우리 일기법은 그날 일어난 일을 적기만 하는 기재식 일기가 아닙니다. 마음공부 일기입니다. 마음공부를 해나가는 가운데 실제로 나의 마음과 실력이 전진되었는지/않았는지를 점검하는 일기법입니다. 해야 할 것과 하지 말아야 할 것을 교리로 배웠더라도 그것을 잊어버리고 습관으로 살기가 쉽습니다. 이를 점검하지 않으면 아무런 변화가 이뤄지지 않습니다. 반성·대조 공부를 하지 않으면 현재 내가 잘하고 있는지 잘못하고 있는지를 전혀 판단할 수 없습니다.

특히 반성·대조를 할 때는 나의 생각대로 하지 않고 법에 입각하여 점검해야 합니다. 1~5조에서 '이렇게 살아야 한다.'고 한 그 조목에 비춰서 반성·대조를 하고, 일상수행의 요법 아홉 조목에 비춰서 반성·대조를 하고, 소태산 대종사께서 가르쳐준 공부법에 마음을 비추어서 반성·대조를 해야 합니다. 그렇게 하면 마음이 잠시 법 밖으로 벗어났더라도 다시 법의 줄을 잡을 수 있습니다.

사람이 동물과 다른 점은 반성하여 고칠 수 있다는 것입니다. 사람과 동물의 본능은 같을 수 있지만, 사람은 본능을 이성적으로 생각하여 옳고 그름을 판단하고 혹 자신이 잘못한 것이 있다면 잘하는 쪽으로 방향을 돌립니다. 수도하는 사람에게는 특히 참회·반성하는 생활이 중요합니다. 소태산 대종사께서는 "과거의 묵은 생활을 버리고 새 생활로 새로운 사람으로 거듭나게 하는 방법은 참회"라고 했습니다. 상시응용 주의사항 6조 공부는 새 생활로 나아가게 하는 공부입니다.

온전·생각·취사 공부에는 불교의 〈금강경〉 원리가 들어있고, 미리 준비하고 대조하는 공부에는 우주의 변화하는 진리를 잘 활용하게 하는 묘법이 들어있습니다. 대산 종사께서는 "상시응용 주의사항 6조를 슬쩍 들이 밀어봤을 때 자석에 철가루가 따라붙듯이 따라오는 사람은 마음에 무언가 까닭을 잡고 공부할 줄 아는 사람"이라고 했습니다. 상시응용 주의사항을 들이대도 그것이 좋은 것인지 나쁜 것인지 모르는 사람은 아직 진리나 공부길이 터득 안 된 사람입니다.

---

1) 영대: 지극히 신령스럽고 오묘 불가사의한 곳이라는 말로써, 마음·정신·반야의 지혜를 뜻함.

교당내왕 시 주의사항
지도인을 만나는 집

개괄

과거에는 수도 또는 수행을 하려면 세속 인연을 끊고 산중이나 수도원에 들어가 정진해야 했습니다. 그렇게 해도 성불을 한다거나 도를 닦는 것은 매우 어려운 일이라고 여겼습니다. 그러니 자녀를 기르거나 가정을 돌보는 일상생활에서 부처의 인격을 이루는 것은 꿈같은 일이었습니다.

하지만 소태산 대종사께서는 '생활에서 활용할 수 있는 불법이어야 참 진리'라 했고, 생활을 떠난 불법은 인류사회에 큰 유익을 주지 못한다고 했습니다. 참다운 불법 공부는 사·농·공·상의 생활을 떠나지 않으며, 불법 공부를 함으로써 일이 더 잘되고 지혜도 더 밝아져야 진정한 목적을 이루는 것이라고 보았습니다. 그것을 이루는 법이 상시응용 주의사항 여섯 조목입니다.

상시훈련법으로 상시응용 주의사항 공부를 해나갈 때 그 공부를 더 잘하도록 보완해주는 것이 교당내왕 시 주의사항입니다. 교당은 법회를 보는 곳입니다. 교당에는 지도인이 있습니다. 지도인이 없는 교당은 참 교당이 아닙니다. 지도인이 있는 곳이라면 어느 공간이든 교당이 됩니다. 다시 말해 여기에서의 '교당'은 우리를 지도해 줄 스승이 계신 모든 곳을 말합니다.

사실 교당은 법회만 보러 모이는 곳이 아닙니다. 어느 때나 오고 갈 수 있는 곳이어야 합니다. 반드시 몸이 가야만 하는 것은 아니고 전화나 온라인으로도 갈 수 있는 곳이 교당입니다. 방법이 무엇이든 마음이 향하고 간다는 것이 중요합니다.

교당에서 만나는 지도인은 교무님입니다. 교무님을 만날 때는 그 시간을 금쪽같은 기회로 여겨야 합니다. 그 기회를 놓치지 말고 무엇이든 배워야 합니다. 상시응용 주의사항 여섯 조목을 공부하는 데 있어, 좀 더 효과적이고 효율적으로 법에 맞는 배움을 얻게 하는 것이 교당내왕 시 주의사항 여섯 조목입니다.

1. 상시 응용 주의 사항으로 공부하는 중 어느 때든지 교당에 오고 보면 그 지낸 일을 일일이 문답하는 데 주의할 것이요.

지도인을 만나면 반드시 문답을 해야 합니다. 문답은 단순히 지난 시간 동안 있었던 일을 보고하는 것이 아닙니다. 지낸 일을 처리할 때 어떻게 처리했는지를 가지고 문답을 해야 공부가 됩니다. '나는 이 방법이 온전·생각·취사라고 생각하고 행동했지만 나중에 보니 그 중 한 면이 빠졌더라.' 이런 공부내용 등을 문답할 수 있어야 합니다. 지도인은 그 이야기를 듣고 온전·생각·취사가 잘 되었는지 혹은 잘못 되었는지를 문답합니다. 나는 완벽했다고 생각하는 취사였지만 지도인이 볼 땐 빠진 부분이 있기도 합니다. 그럴 땐 지도인이 보완할 점을 알려줍니다. 그래서 반드시 문답을 통한 지도인의 점검이 필요합니다.

문답을 하지 않으면 문답을 요청하는 사람에 대한 전반을 알 수 없습니다. 간혹 문답을 하는 이들 중에는 내가 잘했다고 생각하는 부분은 묻지 않고 내가 잘못했다고 생각하는 부분에 대해서만 이야기하는 경우가 있습니다. 하지만 잘했다고 생각하는 부분에서 오히려 지도인의 점검이 필요한 경우가 많습니다. 문답을 할 땐 잘했다고 생각하는 일이든 잘못했다고 생각하는 일이든, 중요하다고 생각하는 일이든 중요하지 않다고 생각하는 일이든, 스스로 판단하지 말고 모든 것을 사실로 이야기해야 합니다. 그래야 지도인의 적절한 지도가 이뤄지고, 자신의 기국(器局, 기량)을 키울 수 있습니다.

2. 어떠한 사항에 감각된 일이 있고 보면 그 감각된 바를 보고하여 지도인의 감정 얻기를 주의할 것이요.

문답을 하다 보면 그 과정에서 어떤 깨달음을 얻게 되는 경우가 있습니다. 그때의 깨달음은 반드시 큰 깨달음만을 말하지 않습니다. 경전의 작은 의미, 일상의 시비이해 가운데 생긴 의심이 순간순간 깨달음으로 올 수 있습니다. 공부인이라면 작은 깨달음에 대한 지도인의 감정을 반드시 얻어야 합니다. 지도인에게 감정[1]을 얻지 않으면 그릇된 깨달음을 가지고 살기가 쉽고[오각, 誤覺], 한 부분만 깨닫는 것에 그칠 수도 있고[편각, 片覺], 아주 작은 깨달음의 자리에 마냥 머물러버릴 수도 있습니다[소각, 小覺].

우리가 대원정각(大圓正覺)[2], 즉 크고 두렷하고 원만하고 바른 깨달음을 얻으려면 요소요소에서의 작은 깨달음이 하나로 합해야 합니다. 그래야 제대로 큰 깨달음이 됩니다. 그렇게 하려면 반드시 지도인의 감정을 얻는 공부를 해야 합니다.

3. 어떠한 사항에 특별히 의심나는 일이 있고 보면 그 의심된 바를 제출하여 지도인에게 해오(解悟) 얻기를 주의할 것이요.

문답·감정을 하다 보면 스스로 의심(질문)을 갖게 됩니다. 그런 의심과 질문거리에 대한 해오(解悟, 도리를 깨달아 앎)를 그때그때 지도인을 통해 얻어야 합니다. 그런데 스승의 가르침 중에는 '모든 것을 다 가르쳐주지 않는 자비'가 있습니다. 스승은 해오를 얻으려는 사람에게 일부러 모든 걸 가르쳐주지 않기도 합니다. 바로 답을 주어 알게 하는 것보다 본인이 연마하여 깨닫게 하는 것이 좋겠다고 판단될 땐 스스로 연구하게 합니다. 직접 가르침을 주는 것도, 스스로 연마하도록 두는 것도 모두 내가 해오를 얻는 과정입니다.

어떤 일이든 관계없이 의심이 생기면 문답을 해야 합니다. 나의 모든 것을 내보여야 더 좋은 지도가 이뤄집니다. 어떤 깨달음이 있으면 반드시 감정을 받고, 의심이 생기면 해오를 얻어야 합니다.

4. 매년 선기(禪期)에는 선비(禪費)를 미리 준비하여 가지고 선원에 입선하여 전문 공부하기를 주의할 것이요.

우리는 일주일에 한 번씩 법회를 보는 것 외에, 정기적으로 연중 한두 번씩 정기훈련을 받습니다. 정기훈련은 삼학(정신수양, 사리연구, 작업취사)을 전문적으로 공부하는 기간입니다. 그 기간에는 가급적 모든 일을 미리 처리해놓고, 정기훈련에 드는 비용도 미리 준비하여 꼭 참석할 수 있어야 합니다.

5. 매 예회(例會) 날에는 모든 일을 미리 처결하여 놓고 그 날은 교당에 와서 공부에만 전심하기를 주의할 것이요.

법회는 일주일이라는 상시 기간 가운데 정기의 의미를 갖는 하루입니다. 일 년을 놓고 볼 때 정기훈련을 받는 며칠이 정기이고 나머지는 상시이지만, 일주일을 놓고 볼 때 법회를 보는 하루가 정기이고 나머지 기간이 상시입니다. 그래서 법회 날 교당에 왔다가 가는 것보다, 교당에 왔다면 공부에 전심하기를 주의하는 것이 더 중요합니다.

공부에만 전심하라는 것은 곧 문답·감정·해오를 말합니다. 교당에서 동지들을 만나면 공부 이야기를 하고, 서로 깨달은 바를 나누고, 의심이 있었던 것을 물어보기도 하는 공부풍토를 만들어야 합니다.

사실 '생활'을 중요시하는 소태산 대종사의 정신으로 보면 '생활에 긴급한 일이 있으면 그것을 우선하라.'고 할 것 같습니다. 그런데 여기에서는 아주 단호하게 '매 예회 날에는 모든 일을 미리 처결하여 놓고'라고 했습니다. 법의 소중함을 아는 사람이라면 일주일 사이에 일을 미리 처리해놓고 법회를 보는 한 두 시간, 또는 세 시간 정도는 최소한 자신의 영생을 준비하는 시간으로 써야 한다는 것입니다.

이 말을 듣고 누군가 질문합니다. "법회날 일하지 않으면 먹을 것이 없는 경우도 있을 텐데, 그럴 땐 어떻게 합니까?" 이에 소태산 대종사께서는 "법의 소중함을 아는 사람은 미리 준비가 될 것이고, 그렇게 하는 사람은 천록이 생겨나서 자연히 먹고 살 길이 열린다."고 했습니다. 법회에 절대로 빠지지 말고 마음공부에 전심하라는 뜻을 한번 더 강조하는 법문입니다.

6. 교당에 다녀갈 때에는 어떠한 감각이 되었는지 어떠한 의심이 밝아졌는지 소득 유무를 반조(返照)하여 본 후에 반드시 실생활에 활용하기를 주의할 것이니라.

상시응용 주의사항과 마찬가지로, 교당내왕 시 주의사항의 가장 마지막인 6조는 대조 공부입니다. 교당에 다녀갈 때 문답·감정·

해오·전문훈련·법회 등 다섯 가지 주의조목으로 제대로 공부했는지 대조하라는 것입니다. 그렇게 공부를 했다면, 내 마음에 얻음과 각성이 있었는지 지혜를 얻었는지를 대조해보면서 생활에 돌아갔을 때 마음에 얻은 바가 활용되도록 해야 합니다.

상시응용 공부 여섯 조목과 교당내왕 시 공부 여섯 조목이 합해져야 완전한 상시훈련법이 됩니다. 교당내왕 시 주의사항 여섯 조목은 사제훈증이라고 하여, 스승과 제자가 서로 법으로 푹 쩌지는 것을 말합니다. 명필도 스승의 글씨체를 받지 않고는 발전하지 못합니다. 마음공부도 그렇습니다. 마음공부 역시 법의 쳇줄을 받아야 합니다. 그 방법이 바로 교당내왕 시 주의사항입니다.

교당을 왔다 갔다 할 때나 나를 지도해주는 스승을 만날 때는 반드시 교당내왕 시 주의사항 여섯 조목을 명심해야 합니다. 그리고 교당내왕 시 주의사항을 실현함으로써 얻은 소득을 일상생활에서 상시응용 주의사항 여섯 조목에 바탕해 실천하면 그것이 곧 법대로 사는 삶이 됩니다.

1) 감정: 마음공부의 정사(正邪)·심천(深淺)·진위(眞僞) 등을 스승이나 대중으로부터 평가받는 것.
2) 대원정각: 원불교에서 말하는 가장 큰 깨달음의 경지. 진리 전체를 가장 크고 깊고 바르고 원만하게 깨달은 것을 대원정각이라고 한다.

수행편(2)
; 수양

물고기는 낚시 바늘에 걸려야 물 밖으로 나올 수 있습니다.
마음에 탁 걸린 의심을 품고 살면 어느 때인가
그것이 순숙되면서 해답을 얻습니다.

염불법 1
내 마음 속 부처님 부르기

개괄

〈정전〉 공부를 하면 할수록 다시 한번 생각해보게 되는 것이 있습니다.

소태산 대종사께서는 막연하게 '이것이 좋으니까 이렇게 해라.' 또는 '내 말을 믿고 그냥 해라.' 하는 식으로 가르치지 않았습니다. 이것은 어떤 공부이고 무엇을 위한 공부인지, 또 이걸 하면 무엇이 좋고 어떻게 하면 되는지, 이대로 한 결과와 그렇지 않은 결과는 어떻게 되는지를 자세하게 짚어줍니다. 그 원리와 방법, 결과, 목적에 대해 사실 그대로 설명을 해준 것입니다. 그러니 누구나 납득할 수밖에 없습니다. 누가 하라고 시키니까 어쩔 수 없이 수행을 하는 것이 아니라, 왜 해야 하는지, 또 이렇게 하면 어떻게 되는지 그 원리와 방법을 확실히 알아 스스로 공부해갈 수 있게 합니다.

사실, 염불법은 설명을 길게 할 것이 없습니다. '일심으로 나무아미타불을 외우면서 염불을 하면 극락에 갈 수 있다.'라고만 해도 설명은 충분합니다. 그런데 소태산 대종사께서는 〈정전〉 염불법 장에서 '우리가 왜 염불을 해야 하며, 염불에는 어떤 의미가 있고, 염불을 하면 어떻게 되는지'를 상세히 밝혔습니다. 그래서 공부를 하면 할수록 염불법에 어떤 의미가 있는지를 다시 생각해보게 됩니다. 일반적으로는 염불을 나무아미타불만 외우면 되는 쉬운 공부로 생각합니다. 하지만 우리는 염불에도 원리가 깊이 있고 깊은 뜻이 있다는 것을 염불법 장을 통해 배웁니다. 염불은 정기훈련 11과목 중 일심을 기르는 전문 수양 과목입니다.

염불의 요지

염불이 무엇인지에 대해 소태산 대종사께서는 두 가지로 말했습니다.

첫째, 염불은 천만 가지로 흐트러진 정신을 일념으로 모으는 공부입니다. 우리들의 생각은 가만히 놓아두면 여러 방향으로 뻗어나갑니다. 이 생각이 났다가 저 생각이 나고, 필요한 생각을 하지만 하지 않아도 되는 생각 또는 해서는 안 될 생각까지 떠올립니다. 끊임없이 일어나는 많은 사념, 망념, 분별로 인해 마음이 흐트러집니다. 그렇게 수없이 일어나는 정신을 '나무아미타불'이라는 문구 하나에 집중하여 일념을 만드는 공부가 바로 염불입니다.

둘째, 염불은 순역경계에 흔들리는 마음을 안정시키는 공부입니다. 천만가지로 흐트러진 정신을 일념으로 만드는 공부는, 일을 당했을 때보다 일이 없을 때 더 유용합니다. 일이 없을 때에 이런저런 생각이 일어나기가 쉽기 때문입니다. 그때 일어나는 마음을 염불을 통해 일념으로 만드는 공부를 해야 합니다. 사람의 마음은 너무 좋은 일을 당했을 때도 흔들리고, 나쁜 일을 당했을 때도 흔들립니다. 좋은 일이든 나쁜 일이든, 무엇인가에 흔들린 마음은 온전한 마음이 아닙니다. 그 흔들리는 마음을 편안하게 안정시켜 온전한 마음으로 만드는 공부가 염불입니다.

순역경계에 흔들리는 마음을 안정시키는 공부는, 일을 당했을 때 더 유용합니다. 수양이 많이 된 사람은 경계를 당해도 거기에 끌리지 않겠지만 보통의 마음은 매우 가벼워서 바람이 조금만 불어도 쉽게 흔들립니다. 그럴 때 염불을 하면 흔들리는 마음을 안정시키는 데 도움이 됩니다.

그렇다면 나의 흐트러진 정신을 일념으로 만들고 순역경계에 흔들리는 마음을 안정시키는 데 왜 나무아미타불이라는 문구를 외워야 할까요? 사실은 나무아미타불이 아닌 다른 문구를 외워도 효과는 다르지 않습니다. '나는 부처다.'라는 구절을 일념으로 외우는 것도 염불입니다. '나는 부처'라는 말에 마음을 모으면 그것도 일념을 만드는 방법이 되고, 마음이 흔들릴 때 '나는 부처이므로 흔들릴 수 없다. 내가 부처인데 어떻게 흔들릴 것인가.'라는 생각으로 마음을 안정시킬 수 있으면 그것도 훌륭한 방법이 됩니다.

　나무아미타불이라는 문구를 외우는 것은 과거 불교에서의 염불 수행법이 계승된 측면이 있습니다. 하지만 단순히 계승의 의미만 있는 것은 아닙니다. 나무아미타불이라는 문구에는 상당히 깊은 의미가 내재되어 있습니다. 나무(南無)라는 말은 귀의, 즉 돌아가 의지한다는 뜻입니다. 아미타불은 부처님의 명호입니다. 아미타부처님은 10만8천리 떨어진 서방정토 극락세계에 머물면서 큰 위력으로 중생제도를 하는 부처님입니다. 과거의 염불은 '부처님의 이름을 계속 부르면서 아미타부처님에게 돌아가서 의지하겠다는 염원을 들이면, 그 부처님이 나중에 서방정토 극락세계에 데려가 구원을 해준다.'는 타력신앙의 성격이 강합니다. 사람들의 인지가 많이 열리지 않았을 땐 우리 안에 아미타부처님과 극락이 있다고 하면 믿지 못했습니다. 그래서 '서방정토 극락세계'라는 것을 만들고 아미타부처님이라는 위대한 존재를 설정하여 일념을 모으게 하고 고통을 면할 힘을 갖게 했던 것입니다.

　하지만 소태산 대종사께서는 그것을 '하나의 방편'이라고 했습니다. 아미타는 범어로 무량수(無量壽)라는 뜻인데, 무량수란 곧 한량없는 목숨을 가진 생명을 의미합니다. 생겨나지도(生) 멸하지도(滅) 않는 무수 무량한, 즉 불생불멸을 일컫습니다. 아미타불의 불은 깨달을 각(覺) 자와 그 의미가 같습니다. 깨달으면 영명하게 밝은 부처님에게 돌아가 의지하게 됩니다. 그 자리가 바로 자성 극락자리입니다.

그러한 아미타부처님은 어디에 있을까요? 소태산 대종사께서는 아미타부처님이 다른 곳에 있지 않고 우리 각자의 마음에 있다고 했습니다. 우리의 마음 바탕은 본래 생멸이 없습니다. 내가 누구를 예뻐한다거나 미워하는 마음은 생겼다가 사라지고 사라졌다가도 생기지만, 그 마음의 본래 바탕 마음은 언제 생긴 것도 아니고 언제 없어지지도 않습니다. 내가 한 살일 때 나타나는 마음이나 죽기 전에 나타나는 마음이나, 마음 바탕에는 변화가 없습니다. 그것이 곧 불변이고 무량수입니다. 그 자리에는 밝은 영지의 광명이 깔아 있습니다. 그것이 바로 각(覺)입니다. 아미타불은 다른 곳에 있지 않습니다. 우리들 각자의 본래 마음이 바로 아미타부처입니다.

우리 모두는 각각 아미타부처를 모시고 살고 있습니다. 우리가 나무아미타불을 염원하는 것은 부처님을 사모함으로써 거기에 의지하여 특별한 극락세계에서 살기를 원해서가 아닙니다. 내 본래 마음의 바탕인 참 마음 자리로 돌아가기 위해서입니다. 참마음 자리는 죄복이 돈공하고 고뇌가 영멸한, 즉 죄와 복이 다 비어있고 일체 모든 괴로움이 영원히 멸하는 그런 청정한 자리입니다. 그러한 극락을 수용하자는 것이 나무아미타불을 부르는 본래의 뜻입니다.

나무아미타불을 외울 땐 이러한 염불의 원리를 알고 일념으로 집중해야 합니다. 정신이 염불일념에 모아지면, 어떤 경계에서도 염불을 통해 모든 고뇌와 괴로움이 없는 편안한 마음자리로 돌아갈 수 있습니다. 그렇게 하자는 것이 염불 공부의 요지입니다.

자세히 알기 전에는 나무아미타불을 외우는 것만을 염불의 전부로 생각합니다. 그러나 우리는 내 마음 부처님을 찾아 자성극락을 수용하는 것이 염불의 참 원리임을 알았습니다. 그것을 알고 염불을 하면 마음에 힘을 얻는 데 훨씬 도움이 됩니다.

염불법 2
백천사마 항복 받기

 # 염불의 방법

　소태산 대종사께서는 염불의 방법을 일곱 가지로 밝혔습니다. 또, 극히 간단하고 편이하다고 했습니다. '간단하고 편이하다.'는 표현에 묘미가 있습니다. 이 말은 '누구나 할 수 있다.'는 뜻이기도 합니다. 세상의 여러 가지 일 중에는 어떤 사람은 할 수 있지만 다른 사람은 할 수 없는 일이 있습니다. 하지만 염불은 복잡하지 않아서 누구나 할 수 있습니다. '나무아미타불'을 외우는 것은 여섯 살 아이도 할 수 있습니다. 그래서 '극히 간단하고 편이하다.'라고 한 것입니다.

　염불은 조용한 곳에서도 할 수 있고, 서서도 할 수 있습니다. 어느 때 어느 곳에서든 할 수 있고 누구든지 가히 할 수 있습니다. 다만 관건은 하려고 하는 마음이 있고 없는 것입니다. '내가 이것을 한

번 해봐야겠다.'고 마음만 먹으면 누구든지 할 수 있는 것이 염불입니다.

과거에는 수양을 특수한 사람 몇 명만 하는 것으로 생각했습니다. '극히 간단하고 편이하다.'는 말은 누구에게나 큰 용기를 줍니다. 용기를 불어넣어주는 소태산 대종사의 자비가 담긴 가르침입니다. 이렇게 누구나 할 수 있지만, 더 효과를 보기 위해 참고하면 좋은 것이 일곱 가지 염불의 방법입니다.

염불의 방법 1조는 '염불을 할 때는 항상 자세를 바르게 하고 기운을 안정하며, 또는 몸을 흔들거나 경동하지 말라.'입니다. 이는 자세에 대한 안내입니다.

염불은 자세를 바르게 하지 않아도 할 수 있습니다. 그러나 염불의 목적이 우리의 마음을 안정시키는 것에 있음을 생각해보면 기운이 들떠 있는 상태에서는 마음을 안정시키기가 쉽지 않습니다. 바람이 부는데 호수의 물이 움직이지 못하게 할 방법이 없는 것과 같습니다. 호수가 잔잔하려면 바람이 잦아들어야 합니다. 마음도 마찬가지입니다. 기운이 안정되면 마음을 안정시키기도 쉽습니다. 마음과 기운은 둘이 아닙니다. 몸의 자세를 바르게 하면 기운이 저절로 안정되고 마음도 차분해집니다.

또, 몸을 흔들거나 경동(가벼이 움직이는 것)하지 말라고 했습니다. 몸을 움직이면 기운도 따라서 동하기가 쉽습니다. 이 구절을 단순하게만 이해하면 '일하면서는 염불을 할 수 없나보다.'라고 생각하게 됩니다. 그러나 그런 의미는 아닙니다. 염불을 할 때 일부러 괜히 흔들거나 움직이는 것은 오히려 기운을 들뜨게 하므로 가급적 몸을 움직이지 않는 것이 좋다는 뜻으로 잘 이해해야 합니다.

2조는 '음성은 너무 크게도 말고 너무 작게도 말아서 오직 기운에 적당하게 하라.'입니다. 이는 음성에 대한 안내입니다.

음성을 너무 크게 하면 억지로 힘을 쓰게 되어 상기(上氣, 기운이 위로 오르는 것)가 되기 쉽습니다. 반대로 너무 작게 하면 기운이 처져서 하기(下氣, 기운이 아래로 가라앉는 것)가 되기 쉽습니다. 염불을 할 땐 자기 기운에 적당하게 해야 합니다. 옆 사람이 크게 하는 소리를 따라 무조건 크게 하거나 옆 사람이 작게 하는 소리를 따라서 작게 하지 않아도 됩니다. 내가 가지고 있는 힘과 기운에 따라 적절하게 하면 염불의 효과를 가져올 수 있습니다.

3조는 '정신을 오로지 염불 일성에 집주하되, 염불 구절을 따라 그 일념을 챙겨서 일념과 음성이 같이 연속하게 하라.'입니다. 이는 정신에 대한 안내입니다.

정신을 오로지 염불 일성에 집주하라는 것은, '나무아미타불'이라는 구절에 정신을 집중하라는 것입니다. 염불 구절을 따라가며 생각을 챙겨서 일념과 음성이 '하나'가 되도록 해야 합니다. 이것은 염불의 방법에서 아주 중요합니다.

입으로는 '나무아미타불'을 하더라도 생각을 멍하게 두면 제대로 된 염불이 아닙니다. '나무아미타불'을 할 땐 '나무아미타불'을 함으로써 본래 청정한 나의 마음자리로 돌아가는 원리를 분명히 알고 집중해야 합니다.

자세와 음성과 정신을 밝힌 염불의 방법 1~3조에 염불의 핵심이 있습니다. 이어 나오는 4~6조는 부연 설명입니다.

4조는 '염불을 할 때에는 천만 생각을 다 놓아 버리고 오직 한가한 마음과 무위의 심경을 가질 것이며, 또는 마음 가운데에 외불(外佛)을 구하여 미타색상[1]을 상상하거나 극락장엄을 그려내는 등 다른 생각은 하지 말라.'입니다.

천만 생각을 놓고 한가한 마음과 무위의 심경을 가지려면 일념을 잘 챙겨야 합니다. '빨리 빨리 뭔가를 이뤄야겠다.'는 조급한 마음을 갖지 않고, 조급한 마음이라는 생각조차도 다 놓아버린 상태에서 염불을 해야 합니다. 또 마음 가운데 외불, 즉 밖에 있는 부처님을 구하기 위해 미타색상을 상상하거나 극락장엄을 그리는 등의 다른 생각을 하지 않아야 합니다. 일심을 모으는 것 외에 다른 생각은 아무리 좋은 생각이라도 결국 망념입니다.

우리가 '나무아미타불'을 외우는 이유는 자심미타(自心彌陀)[2]를 발견하여 자성극락[3]으로 돌아가기 위해서입니다. 자심미타와 자성극락은 일체의 생각이 모두 텅 빈 자리입니다. 그 자리에서는 좋은 생각, 낮은 생각, 부처님을 생각하는 것, 또는 '이러한 것이 좋은 극락세계의 모습일 것이다.' 등과 같은 모든 생각이 그 자체로 모두 망념입니다. 이때의 생각들은 자성극락을 맛보는 데 오히려 방해가 됩니다. 4조는 그러한 생각을 절대 하지 말라는 주의입니다.

5조는 '마음을 붙잡는 데에는 염주를 세는 것도 좋고 목탁이나 북을 쳐서 그 운곡(韻曲)을 맞추는 것도 또한 필요하니라.'입니다. 마음을 붙잡는 데 조금 더 도움 되는 방법을 제시한 것입니다.

앞서 3조에서 정신을 오로지 염불일성에 집주하라고 했습니다. 그러나 마음과 정신을 붙잡는 것은 쉬운 일이 아닙니다. 내가 아무리 집주하려고 해도 잘 되지 않습니다. 그래서 염주를 세거나 목탁이나 북을 침으로써 그 운곡에 마음을 붙여서 챙기는 방법을 제시합니다. 그러나 염주나 목탁·북소리가 없다고 하여 염불을 할 수 없는 것은 아닙니다.

6조는 '무슨 일을 할 때에나 기타 행·주·좌·와 간에 다른 잡념이 마음을 괴롭게 하거든 염불로써 그 잡념을 대치(對治) 함이 좋으나, 만일 염불이 도리어 일하는 정신에 통일이 되지 못할 때에는 이를 중지함이 좋으니라.'입니다.

행주좌와(行住坐臥)[4], 또는 우리가 어떤 일을 하다가 잡념이 마음을 괴롭게 할 땐 그 마음을 염불로 대치하면 좋습니다. 앞서 1~5조는 주로 일이 없을 때(정할 때) 가만히 앉아 염불을 할 수 있는 상황 위주의 안내였다면, 6조는 일이 있을 때(동할 때) 염불을 하는 상황에서의 유의 사항입니다.

염불의 요지에서 '염불이란 순역경계에 흔들리는 마음을 안정시키는 공부'라고 했습니다. 그러므로 염불은 고요할 때만이 아니라,

일과 활동을 하면서도 필요합니다. 아닌 생각이 들어왔을 때 염불로 그 잡념을 대치할 수 있습니다. 그러나 염불을 통해 마음을 대치하려 함에도 오히려 염불이 마음을 시끄럽고 번다하게 만든다면, 그때는 염불을 하지 말아야 합니다. 염불은 단순히 염불하는 것을 목적으로 두지 않습니다. '염불'이라는 방법을 통해 '마음을 안정시키는 것'이 목적입니다. 염불하는 것이 도리어 마음을 산란하게 만들거나 안정을 방해한다면 그땐 염불을 하지 않는 것이 좋습니다.

7조는 '염불은 항상 각자의 심성 원래를 반조(返照)하여 분한 일을 당하여도 염불로써 안정시키고, 탐심이 일어나도 염불로써 안정시키고, 순경(順境)에 끌릴 때에도 염불로써 안정시키고, 역경에 끌릴 때에도 염불로써 안정시킬지니, 염불의 진리를 아는 사람은 염불 일성이 능히 백천 사마를 항복받을 수 있으며, 또는 일념의 대중이 없이 입으로만 하면 별 효과가 없을지나 소리 없는 염불이라도 일념의 대중이 있고 보면 곧 삼매(三昧)를 증득(證得)하리라.'입니다.

'심성 원래'는 아미타불, 즉 내 마음의 원래 자리를 말합니다. 그 자리를 반조하여 분한 일을 당했을 때나, 탐심이 일어날 때나, 순경에 끌릴 때나, 역경에 끌릴 때나 염불로 안정시키는 사람은 염불 일성을 통해 능히 백천사마(百千邪魔)[5]를 항복받을 수 있습니다. 나의 여러 가지 마음 상태 중 어떤 마음이 아미타불 같은 마음인가를 알고 염불을 하면 힘이 더 커집니다.

또, 염불을 생각 없이 입으로만 해서는 실효과를 얻기 어렵습니다. 하지만 겉으로 드러나는 소리는 없더라도 마음 안에서 소리 없는 염불 구절에 일념의 대중이 쌓이면 삼매를 얻습니다. 여기서의 삼매는 일심, 즉 오롯한 마음을 말합니다. 그 마음을 얻을 수 있는 힘이 염불에 있습니다.

1) 미타색상(彌陀色相): 아미타불의 형상. 염불할 때 아미타불의 형상을 마음속에 그리는 것. 원불교의 염불법은 염불삼매의 경지에서 일념과 음성을 일치시켜 무위의 심경에 머무를 뿐, 외불을 구하거나 아미타불의 형상을 상상하거나 극락장엄을 그려내지 않는다.
2) 자심미타: 자기의 본래마음이 곧 아미타불이라는 뜻. 아미타불은 십만 팔천 리 밖에 멀리 있지 않고 자기의 마음이 자성청정심이 될 때를 말한다.
3) 자성극락(自性極樂): 자성청정심이 그대로 극락정토라는 말. 자성은 일원의 체성과 합일한 경지이고 원래 청정하여 죄복고락이 텅 비고 번뇌 망상이 끊어진 자리이다. 그러므로 자성이 곧 그대로 청정극락이다.
4) 행주좌와: 인간의 일상생활의 모습을 여러 가지 형태로 표현하는 말. 육근동작과 심신작용을 총칭하는 말. 걷고, 머무르고, 앉고, 서는 행·주·좌·와는 사위의(四威儀)라고 한다.
5) 백천사마: 사마(邪魔)는 사특하고 나쁜 마군이라는 뜻. 백천사마는 한량없이 많은 삿된 마군이라는 뜻. 마군은 정법 수행을 방해하는 모든 것들을 말한다. 마음속에 일어나는 번뇌망상, 사심잡념, 삼독오욕, 시기질투, 사량분별이 모두 백천사마이다.

염불법 3
내 마음에 극락수용

 # 염불의 공덕

　염불에 오래오래 공을 들이면 자연히 염불삼매를 얻습니다. '나무아미타불'이라는 염불의 한 구절에 일체의 마음이 집주되는 힘을 얻으면 능히 목적하는바 극락을 수용할 수 있게 됩니다.

　평소 일이 없을 때 염불로써 염불삼매를 얻으면 그 자리가 곧 극락입니다. 그 힘이 있으면, 일이 있을 때에도 '나무아미타불'이라는 한 소리에 나의 '아닌 마음'을 소멸시킬 수 있습니다. 이것이 일이 있을 때 염불극락을 수용하는 방법입니다. 이러한 염불의 공덕은 좌선을 통해 얻을 수 있는 공덕과 같습니다.

　염불을 통해 일심을 수용하는 결과나 좌선을 통해 일심을 수용하는 결과나, 그 공덕은 같습니다. 그러므로 염불의 공덕과 좌선의 공덕은 '수양의 공덕'이라고 묶어서 표현할 수 있습니다. 염불과 좌선은 모두 정신수양 과목입니다. 염불의 공덕과 좌선의 공덕이 같다는 것은, 수양을 통해 일심을 얻으면 나타나는 공덕이 같다는 뜻입니다.

공덕이 같다면 염불과 좌선 중 하나만 수양 방법으로 밝혀도 될 것 같은데, 소태산 대종사께서는 두 공부법을 모두 밝혔습니다. 그 이유는 염불과 좌선이 목적은 같지만 각각 장단점이 있기 때문입니다.

잡념이 많은 사람은 '일념을 모으겠다.'는 막연한 생각만으로 마음을 쉽게 모으지 못합니다. 그러나 염불은 음성이 있어서 마음을 의지하기에 수월합니다. 잡념이 많을 땐 염불이 조금 더 빨리 일념을 모을 수 있게 합니다. 바깥 경계가 시끄러운 곳에서는 마음을 모으기가 쉽지 않습니다. 마음을 모으려고 해도 자꾸 시끄러운 경계가 들어와 마음을 흔듭니다. 그럴 때에도 역시 염불이 좋습니다. 낮에 꼭 염불만 하라는 것은 아니지만, 대체로 낮에는 염불이 더 긴요합니다.

하지만 잡념이 가라앉은 고요한 시간에는 염불이 오히려 기운을 동하게 만들 수 있습니다. 그럴 때는 마음을 안정시키는 공부로써 선(좌선)을 권합니다. 바깥경계가 별로 없을 때, 특히 새벽이나 저녁에는 선이 우리의 마음을 일념으로 모으는 방법으로 더 긴요합니다.

공부하는 사람의 목적은 일심을 모으는 것입니다. 처지와 환경, 그리고 내 마음의 심경을 따라 염불과 좌선 두 가지 수양 방법을 잘 운용하면 우리가 원하는 것을 쉽게 얻을 수 있습니다.

좌선법 1
맑은 마음 드러내기

좌선의 요지

　좌선은 앉을 좌(坐) 자를 써서, 앉아서 하는 선(禪)을 일컫습니다. 소태산 대종사께서는 좌선의 요지에서 '선'의 방법을 두 가지로 밝혔습니다. 하나는 마음에 있어 망념을 쉬고 진성을 나타내는 방법[식망현진, 息妄顯眞]이고, 또 하나는 몸에 있어 화기를 내리게 하고 수기를 오르게 하는 방법[수승화강, 水昇火降]입니다.

　먼저, 마음에 있어 망념을 쉬고 진성을 나타내는 방법으로서의 선에 대해 살펴보겠습니다. 내 마음에 망념이 쉬면 거기에서 참 마음자리가 나타나고, 마음 가운데 망념이 많이 일어나면 참 마음자리는 사라집니다. 망념을 쉬게 함으로써 진성을 따로 기르는 것이 아니라, 망념이 쉬는 그것이 곧 진성이 나타나는 때입니다. 망념이란, 해야 할 생각이 아닌 것을 통칭합니다. 하지 않아도 될 생각을 쓸데없이 하는 것이 망념입니다. 망념이 멈추면 자연스럽게 내 마음의 참된 자리가 나타납니다. 선이란 결국 망념을 쉬는 것입니다.

두 번째는, 몸에 있어 화기(火氣: 불 기운 혹은 뜨거운 기운)를 내리게 하고 수기(水氣: 물 기운 혹은 시원한 기운)를 오르게 하는 방법으로서의 선입니다. 과거에는 선을 '마음' 또는 '몸' 중 한 가지만 위주로 삼아 생각했습니다. 그런데 소태산 대종사께서는 마음과 몸 두 가지를 함께 이야기했습니다. 마음에 있어서는 망념을 쉬게 하는 것이 선이고, 몸에 있어서는 화기를 내리게 하는 것이 선이라는 것입니다. 화기가 내리면 자연히 수기가 오르고, 망념이 쉬면 자연히 참된 마음자리가 나타납니다. 몸과 마음은 둘이 아니라 연계되어 움직입니다. 그것을 원불교에서는 영육쌍전(靈肉雙全)이라고 표현합니다.

마음과 몸은 서로 떨어질 수 없는 관계입니다. 하지만 무엇을 더 본위로 삼고 노력해야 할 것인가를 생각했을 땐 마음이 본위가 됩니다. 마음을 근본으로 삼고 공부하면 자연히 몸의 화기는 내려가고 수기가 오릅니다. 소태산 대종사께서는 망념을 쉬게 하고 수기를 오르게 하는 두 결과를 얻게 하는 가장 유용하고 효율적인 방법으로 단전주 선법을 강조했습니다.

몸과 마음을 쓰는 것은 물 기운과 불 기운, 즉 뜨거운 기운과 차가운 기운이 함께 조화를 이루면서 작용합니다. 물 기운과 불 기운이 서로 조화를 잘 이루면 몸이 건강하지만 그렇지 않으면 반드시 탈이 납니다. 특히 육근의 기관은 대체로 머리 쪽에 집중되어 있습니다. 그러다 보니 무슨 생각을 한다든지, 무엇을 본다든지, 뭔가를 움직이려면 자연히 온 몸의 화기가 위쪽으로 오릅니다. 화기를 머리로 올리지 않으려 해도 자연히 올라가게 되어 있는 원리를 소태산 대종사께서는 '마치 기름에 불을 켜는 것과 같다.'고 표현했습니다.

육근의 기관을 쓰면 쓸수록 자연히 수기라는 기름을 졸이고 태우게 되어 있습니다. 그 기름을 잘 보충·보완해주지 않으면 언젠가 기름은 닳고 맙니다. 기계가 돌아가는데 거기에 적절한 연료(기름)가 없거나, 그 기계의 열을 제대로 식혀주지 않으면 고장이 나버리는 원리와 같습니다. 육근 기관도 마찬가지입니다.

수양을 할 때 망념을 쉬게하는 것은, 괜한 생각을 함으로써 화기를 머리에 집중시켜 수기를 졸이고 태우는 일을 막기 위해서입니다. 망념이 쉬면 자연히 수기가 머리로 올라서 항상 머리가 상쾌하고 시원합니다. 이렇듯 우리의 참 마음을 길러내고 수기를 보충해내기 위해서는 선을 해야 합니다.

대체로 많은 사람들은 좌선을 상당히 어렵고 복잡하게 생각합니다. 뭔가 특별한 단계를 밟아야 할 수 있다고 여깁니다. 하지만 소태산 대종사께서는 염불과 마찬가지로 좌선도 극히 간단하고 편이하여 아무라도 행할 수 있다고 했습니다. 관건은, 그 방법을 잘 알아 공을 들이고 노력해가는 것에 달려있습니다.

또 선은 어떤 특별한 사람만 하는 것이 아니고, 특별한 서원을 가진 사람만 하는 것도 아니며, 특별한 계층의 사람만 하는 것도 아닙니다. 수양은 전 인류에게 필요한 공부입니다. 각자의 생활 속에서 단 10분, 30분 또는 50분이라도 수양을 생활화하면 좋습니다.

원불교에서는 아침 일과로 선을 합니다. 이 일과는 출가 교도는 물론이고 재가 교도들도 함께 지킵니다. 소태산 대종사께서는 선을 특별한 일부의 사람들만, 또는 원불교 교도만 해야 한다고 하지 않았습니다. 세상을 살아가는 누구든지 수양을 하는 요긴한 방법으로써 좌선법을 밝혔습니다.

과거로부터 전해오는 선에 대한 여러 표현을 다시 간략하게 강령 잡으면 '식망현진, 수승화강'입니다. 이를 부연하면, 식망현진은 쉴 식(息) 자, 망녕될 망(妄) 자, 나타날 현(顯) 자, 참 진(眞)자를 씁니다. 망념을 쉼으로써 참을 드러낸다는 말입니다. 수승화강은 물 수(水) 자, 오를 승(昇) 자, 불 화(火) 자, 내릴 강(降) 자를 씁니다. 물 기운을 오르게 하고 불 기운을 내리게 한다는 뜻입니다. 물 기운은 상쾌한 기운을 말하고 불 기운은 뜨겁고 탁한 기운을 말합니다.

이 선법을 알고 선을 하면 건강은 물론이고 마음에도 좋은 영향이 생깁니다. 더 많은 사람들이 선에 관심을 가지고 함께 정진해야겠습니다.

좌선법 2
적적성성 무기망상

좌선의 방법

좌선의 방법은 극히 간단하고 편이하여 누구라도 행할 수 있다는 것이 대전제입니다. 소태산 대종사께서는 누구나 할 수 있도록 좌선의 방법을 아홉 가지로 말했습니다.

1조는 '좌복을 펴고 반좌로 편안히 앉은 후에 머리와 허리를 곧게 하여 앉은 자세를 바르게 하라.'입니다. 좌선은 앉아서 하는 선이므로, 어떻게 앉아야 하는가에 대한 안내입니다.

좌복은 좌선을 하기 위해 깔고 앉는 방석종류를 말합니다. 좌복 없이 바닥에 오래 앉으면 혈액 순환에 문제가 생기고, 무엇보다 오래 앉아있기 어렵습니다. 좌복을 준비하여 그 위에 앉으면 맨바닥에 앉는 것보다 오래 앉을 수 있습니다. 그래서 좌선의 방법 첫 번째에 좌복을 말했습니다.

반좌(盤坐)는 양쪽 무릎이 평평하고 고르게 바닥에 닿도록 하여 몸이 한 쪽으로 기울지 않는 자세를 말합니다. 앉았는데 불편하면 오래 지탱하기가 어렵습니다. 그래서 편안히 앉아야 합니다. 편안히 앉더라도 머리와 허리를 곧게 하여 앉은 자세를 바르게 해야 합니다. 앉은 자세를 바르게 하라는 것은 1차적으로는 자세를 바르게 하는 데에 의미가 있지만, 2차적 의미는 바른 자세가 가장 오래 앉을 수 있는 자세이기 때문입니다. 바른 자세여야 오래 앉아도 불편하지 않습니다. '편안하게 앉되 바르게 하라.'는 것에는 이런 의미가 담겨있습니다.

사람에 따라서는 바르게 앉는 것이 오히려 불편하게 느껴집니다. 그런 경우 편안하게 앉는 것과 바르게 앉는 것 중 무엇을 우선으로 해야 할지 고민을 합니다. 답은 바른 자세를 먼저 챙기는 것입니다. 바르게 앉았는데 불편함을 느낀다면, 그건 자세가 틀어졌다는 것을 의미합니다. 당장은 불편하더라도 바르게 앉는 연습을 해야 일상에서도 항상 바른 자세를 가질 수 있습니다. 바르게 앉지 않고 편안한 것만을 취하면 자세교정이 갈수록 어려워집니다.

예를 들면 이렇습니다. 물을 내보내는 호스가 반듯하면 물이 원활하게 흐르지만, 호스가 중간에 꺾이거나 접히면 물이 원활히 흐르지 못합니다. 우리 몸에서 기의 흐름도 그렇습니다. 자세가 바르면 혈액순환이 원활해져서 기의 순환이 잘 이루어지지만, 불편한 자세로는 기의 흐름이 원활할 수 없습니다. 처음에는 약간 불편하더라도 바른 자세를 먼저 길들여야 합니다. 그래야 바른 자세가 점점 편안한 자세가 되고, 오래 앉아있어도 괜찮은 자세가 됩니다.

선을 할 때 앉는 방법에는 결가부좌, 평좌 등 다양한 방법이 있습니다. 그러한 방법들은 각자의 처지에 맞게 선택하더라도, 머리와 허리를 곧게 하는 것[요골수립, 腰骨竪立]은 누구나 반드시 해야 합니다. 하지만 허리를 반듯하게 세우라고 하면 처음에는 어깨에 힘이 들어가고 긴장을 하게 됩니다. 허리를 세우기 위해 몸에 힘을 주어 긴장하지 말고 자연스럽게 하되, 머리와 허리가 반듯하게 설 수 있게 해야 합니다. 이 자세가 습관 되면 가장 편안한 자세이자 숨쉬기를 고르게 만드는 자세가 됩니다. 바른 자세로 앉는 것은 좌선을 할 때 대단히 중요합니다.

2조는 '전신의 힘을 단전에 툭 부리어 일념의 주착도 없이 다만 단전에 기운 주해 있는 것만 대중 잡되, 방심이 되면 그 기운이 풀어지나니 곧 다시 챙겨서 기운 주하기를 잊지 말라.'입니다. 바른 자세로 앉은 후 마음과 기운을 어떻게 해야 하는 것인가에 대한 안내입니다.

단전은 배꼽 아래 일촌, 즉 한 자의 십분의 일에 해당하는 지점을 말합니다. 한 자가 30.3cm가량이므로 한 자의 십분의 일이면 3cm정도를 말합니다. 보통 자기 배꼽 아래 3cm부분을 단전 부위라고 알면 됩니다.

전신의 힘을 단전에 툭 부린다는 것은 바른 자세로 앉은 후 몸에 기운을 안정시키기 위해 단전에 집주하는 것을 말합니다. 긴장했거나 힘이 들어간 부분은 없게 해야 하지만, 전신의 기운이 모두 빠져버려서 축 처진 느낌을 말하지 않습니다. 긴장하지 않았음에도 단전 부위에서 어떤 힘의 느낌을 받는 상태가 단전에 전신의 힘을 툭 부린 상태입니다. 그 기운을 마음으로 계속 챙겨야 합니다.

'주(住)하라.'는 마음을 거기에 둔다는 뜻입니다. 내가 어떤 사물을 골똘히 지켜보는 것에 마음이 가 있으면 그 사물에 마음을 주한 것이고, 글을 쓰고 있는 곳에 마음이 가 있으면 글 쓰는 것에 마음을 주한 것이 됩니다. 단전에 주하라는 말은, 단전 부위의 기운에 마음을 대라는 것입니다. 이것을 단전주라고 합니다.

단전에 마음을 주하는 가운데 혹 마음을 놓치면 그 기운이 금방 사라집니다. 그러므로 단전 부위의 기운을 반복해 챙겨야 합니다. 하지만 마음은 내가 원하는 대로 되지 않고 쉽게 움직입니다. 이 생각이 나고 저 생각도 나며, 갑자기 어떤 사람이 떠올라 마음을 뺏기기도 합니다. 그럴 때 뺏긴 그 마음을 다시 챙겨서 단전에 주해야 합니다.

3조는 '호흡을 고르게 하되 들이쉬는 숨은 조금 길고 강하게 하며, 내쉬는 숨은 조금 짧고 약하게 하라.'입니다. 바르고 편하게 앉아 단전에 기운을 주하는 가운데 숨(호흡)을 어떻게 할 것인가에 대한 안내입니다.

호흡을 고르게 한다는 것은 숨을 거칠게 쉬지 않고 편안하게 쉬는 것을 말합니다. 긴장이 풀리면 호흡은 저절로 고르게 됩니다. 자연스럽게 편안히 숨을 쉬되 들이쉬는 숨은 약간 길고 강하게, 내쉬는 숨은 조금 짧고 가볍게 합니다. 내쉰다는 느낌보다는 '놓는다는 느낌'이 내쉬는 숨을 조금 짧고 약하게 한다는 의미에 가깝습니다. 숨을 들이쉬었다가 살포시 놓는다고 생각하면 좋습니다.

그러나 처음부터 숨을 들이쉬고 내쉬는 길이와 강약을 의식하면 갑갑한 느낌을 받을 수 있습니다. 고르게 하라는 말은 편안하게 하라는 것이므로, 편안하게 숨을 쉬는 가운데 그러한 느낌만 가지면 됩니다. 하다 보면 자연적으로 숨이 골라지면서 들이쉬는 숨은 조금 길고 강하게, 내쉬는 숨은 조금 짧고 약하게 조절됩니다. 억지로 하는 것은 백해무익합니다. 그러한 표준만 잡고 해나가면 저절로 됩니다.

좌선의 방법 1~3조는 좌선의 방법 중 핵심입니다. 바른 자세로 앉는 것은 불편할 수 있지만 어려운 일은 아닙니다. 몸의 힘을 단전에 툭 부리고 단전에 기운 주하기를 챙기는 것도 처음에는 어려울 수 있지만 그 자체가 어렵진 않습니다. 숨을 고르게 쉬면서 길고 강하게 또는 짧고 약하게 하는 것도 그 자체가 어려운 것은 아닙니다. 만약 아주 훌륭한 부처님의 모습을 그림으로 그려야 한다면 잘 그릴 사람도 있고 못 그릴 사람도 있겠지만, 좌선의 방법은 소태산 대종사께서 말한 것처럼 '극히 간단하고 편이하여 누구든지 할 수 있는 것'들입니다. 이후 4조부터는 좌선의 방법 1~3조를 기본으로 해나가는 가운데 좀 더 보완할 수 있는 방법들입니다.

4조는 '눈은 항상 뜨는 것이 수마(睡魔)를 제거하는 데 필요하나 정신 기운이 상쾌하여 눈을 감아도 수마의 침노를 받을 염려가 없는 때에는 혹 감고도 하여 보라.'입니다. 좌선을 할 때 눈은 어떻게 하는 것이 좋은가에 대한 안내입니다.

소태산 대종사께서는 눈은 뜨는 것이 좋다고 했습니다. 눈을 감으면 선의 진경에 들어가기 전에 잠에 먼저 빠지기 쉽습니다. 그렇다고 눈을 너무 크게 뜨면 주변의 여러 사물이 시야에 들어와 정신을 단전에 집주하는 데 방해가 됩니다. 앉은 상태에서 눈은 살짝 뜨고 1m 전방에 시선을 두면 좋습니다. 마음은 보통 시선이 향하는 곳으로 가지만, 선을 할 땐 시선만 거기에 두고 마음은 단전을 향해야 합니다.

5조는 '입은 항상 다물지며 공부를 오래하여 수승화강(水昇火降)이 잘 되면 맑고 윤활한 침이 혀 줄기와 이 사이로부터 계속하여 나올지니, 그 침을 입에 가득히 모아 가끔 삼켜 내리라.'입니다. 선을 할 때 입을 어떻게 하면 좋은지에 대한 안내입니다.

소태산 대종사께서는 선을 할 때 입을 다물라고 했습니다. 과거 어른들의 말에도 "입을 벌리면 기가 빠져나간다."는 것이 있습니다. 그렇다고 입을 '앙'다물면 힘이 들어갑니다. 선을 오래한 사람들의 경험에 의하면 입을 가볍게 다문 상태에서 혀끝을 약간 말아 올려 입천장 위쪽에 닿을 듯 말 듯 두는 것이 좋다고 합니다. 그러면 감로(甘露)라는 맑고 윤활한 침이 저절로 흘러나옵니다.

6조는 '정신은 항상 적적(寂寂)한 가운데 성성(惺惺)함을 가지고 성성한 가운데 적적함을 가질지니, 만일 혼침에 기울어지거든 새로운 정신을 차리고 망상에 흐르거든 정념으로 돌이켜서 무위자연의 본래 면목 자리에 그쳐 있으라.'입니다. 좌선을 할 때 어떤 정신을 갖는 것이 바람직한가에 대한 안내입니다.

적적한 것은 고요할 적(寂) 자를 써서, 고요한 상태를 말합니다. 여러 가지 마음이 일어날 때는 고요하다고 하지 않고 요란하다고 합니다. 그 요란한 마음을 없애야 고요해질 수 있습니다. 그런데 이렇게 적적한 가운데 성성함을 가지라고 했습니다. 성성하다는 것은 영리할 성(惺) 자를 써서, 또렷하게 깨어있는 것을 말합니다. 또렷하게 깨어있다는 것을 다시 말하면, 마음이 무엇인가를 정확히 분석하고 분별하는 것이라고 할 수 있습니다. 이렇게 보면 적적함과 성성함은 서로 반대의 개념입니다. 성성하려고 하면 적적함이 깨지기 쉽고, 적적하려면 성성함이 사라지기 쉽습니다. 그런데 소태산 대종사께서는 '적적한 가운데 성성함을 가지고, 성성한 가운데 적적함을 가지라.'고 했습니다. 적적과 성성이 함께 있는 상태를 바람직한 정신 상태라고 말한 것입니다.

적적한 상태는 일념의 주착도 없이 한 생각에도 묶임이 없는 모습입니다. 하지만 그런 상태에서도 하나의 대중은 가져야 합니다. 한 생각에도 묶임이 없다는 것은 마음을 완전히 다 없애버린 것과는 다릅니다. 모든 생각을 놓고 없앤 가운데 한 마음 대중은 살아있어야 합니다. 단전에 주해 있는 마음을 챙기는 것이 성성입니다. 선을 할 때 모든 생각을 놓아버리고 오로지 단전에 기운 주해 있는 것만 대중 잡는 것은 곧 적적성성한 정신을 유지하는 방법이 됩니다. 만약 그 대중이 없으면 성성이 없어지고, 단전에 대중 잡는 것 외에 생각들이 침노하면 적적이 깨집니다.

혼침에 기울어지거든 새로운 정신을 차리라고 했습니다. 혼침이란 멍한 마음, 멍한 상태를 말합니다. 적적하기만 하고 성성함이 없는 상태입니다. 그럴 때 어떻게 새로운 정신을 차려야 할까요? 단전주를 챙기면 성성함은 다시 살아납니다.

또 망상에 흐르거든 정념으로 돌이키라고 했습니다. 망상은 쓸데없는 생각을 말합니다. 좌선을 할 땐, 안 좋은 생각은 물론이고 '남을 위해 좋은 일을 해야겠다.'는 생각도 망념입니다. 좌선을 하다 보면 마음이 가라앉고 안정되면서 좋은 아이디어나 생각이 떠오를 수 있습니다. 좋은 생각이 떠오르는 것에 재미를 붙이면 선을 할 때마다 좋은 생각이나 아이디어를 얻는 데에 더 중점을 두기도 합니다. 하지만 그것은 좋은 생각이 떠오르는 것일 뿐, 선을 제대로 하는 것과는 거리가 멉니다. 그럴 때 다시 정념으로 돌이켜야 합니다. 정념이란, 적적성성한 마음 상태로 돌아가는 것을 말합니다. 고요한 가운데 단전주를 챙기는 상태로 돌아가야 합니다.

혼침에 들었다가도 다시 단전주를 챙기고, 망념을 일으켰다가도 그 마음을 놓고 다시 단전에 주하는 한 마음을 챙겨야 합니다.

그 자리가 무위자연(無爲自然)의 본래 면목자리입니다. 무위자연이란 본래 자연적으로 되어있는 내 마음 상태, 천연의 내 마음 상태를 말합니다. 그 마음자리에 머물 수 있도록 하는 것이 선입니다.

본래 면목자리를 따로 챙길 것도 없이, 모든 생각을 놓고 단전주만 잘 챙기면 그 자리가 됩니다. 이 방법을 통해 본래 참마음 자리를 찾아갈 수 있어야 합니다.

7조는 '처음으로 좌선을 하는 사람은 흔히 다리가 아프고 망상이 침노하는 데에 괴로워하나니, 다리가 아프면 잠깐 바꾸어 놓는 것도 좋으며, 망념이 침노하면 다만 망념인 줄만 알아두면 망념이 스스로 없어지나니 절대로 그것을 성가시게 여기지 말며 낙망하지 말라.'입니다.

다리가 아픈 것은 육신이 아직 좌선에 길들여지지 않았기 때문이고, 망상이 침노하는 것은 아직 마음이 선에 길들여지지 않았기 때문입니다. 그동안 자행자지하며 쓰던 몸과 마음을 갑자기 좌선을 하려고 앉혀 놓으니 생기는 현상입니다. 마음대로 움직이던 것들을 단전을 중심으로 한 자리에 앉히려니 쉽지 않을 수밖에 없습니다. 혈맥이 고르게 통하지 않으니 다리가 아프고, 다리가 아프니 앉아있기 싫어지는 것입니다. 또 마음이 늘 얌전하여 고요하고 편안하면 좋을 텐데, 마음이 단전에 가만히 있지 않고 자꾸 밖으로 나가서 힘이 듭니다. 이러한 현상은 누구라도 생기는 현상입니다.

7조는 그럴 때 대처하는 방법에 대한 안내입니다. 먼저, 다리가 아프면 잠깐 바꾸어 놓는 것이 도움이 됩니다. 선을 하는 것이 습관 되고 길들여지기 전에는 누구나 다리가 아픕니다. 그럴 땐 억지로 참지 말고 다리를 바꾸어가며 적응을 해나가면 됩니다. 물론 참을 수 있으면 참는 것이 육신을 길들이기에 훨씬 좋습니다. 그러나 억지로 참을 필요는 없습니다. 그것이 오히려 선을 하는 데 방해가 되고, 선을 아예 싫어하게 만들 수 있기 때문입니다.

또 망념이 침노했을 땐 마음을 괴롭게 만들지 말고 '망념이 왔구나.' 하고 알기만 하면 됩니다. 내 마음에 망념이 들어온 것을 굳이 성가시게 여길 필요가 없습니다. 사람 관계도 무심하게 대해야 얽매이지 않습니다. 우리의 마음과 생각도 마찬가지입니다. 망념에 묶어 두면 그것 때문에 더 힘들어집니다. 망념은 망념인 줄만 알면 스스로 없어집니다. 또 '이렇게 망념이 끊임없이 들어오니 나는 선을 못할 사람인가 보다.'와 같은 생각도 할 필요가 없습니다.

8조는 '처음으로 좌선을 하면 얼굴과 몸이 개미 기어다니는 것과 같이 가려워지는 수가 혹 있나니, 이것은 혈맥이 관통되는 증거라 삼가 긁고 만지지 말라.'입니다. 8조는 몸에 나타나는 현상에 대한 설명입니다.

이것은 선을 하다 보면 나타나는 당연한 현상입니다. '가려워지는 수가 혹 있다.'는 말은 '모두에게 나타나는 것은 아니지만 그런 경우가 있을 수 있다.'는 뜻입니다. 선을 제대로 하면 대부분 이런 현상을 마주하게 됩니다. 선을 하다 보면 물 기운과 불 기운이 조화됨에 따라 막혔던 혈맥이 뚫립니다. 그래서 가려움을 느끼게 됩니다. 이러한 현상이 나타날 때는 혈맥이 통하도록 가만히 놓아두는 것이 도움 됩니다. 긁거나 만지면 혈맥이 통하는 것을 오히려 방해할 수 있습니다.

9조는 '좌선을 하는 가운데 절대로 이상한 기틀과 신기한 자취를 구하지 말며, 혹 그러한 경계가 나타난다 할지라도 그것을 다 요망한 일로 생각하여 조금도 마음에 걸지 말고 심상히 간과하라.'입니다.

이상한 기틀과 신기한 자취는 어느 정도 선 공부를 한 사람이라면 일부러 구할 수도 있고, 구하지 않았지만 저절로 생기기도 합니다. 좌선의 방법 9조는 이상한 기틀과 신기한 자취를 구하려고 선을 하는 것에 대한 주의이고, 선을 하다가 혹 그러한 일이 나타났을 때 재미를 붙이는 것에 대한 경계입니다.

수양을 잘하여 정신이 맑아지면 며칠 뒤 일어날 일을 미리 알게 되기도 하고, 오늘 찾아올 손님의 얼굴이 보이기도 하는 일이 생깁니다. 하지만 우리는 이런 경계들이 나타나면 모두 요망한 일로 여겨야 합니다. 대도를 수행해나가는 데 크게 도움 되는 일이 아니기 때문입니다. 그러한 현상에 취미를 붙이면 사도(邪道)에 빠지기 쉽습니다. 사도에 빠지면 선을 통해 얻은 수양력을 정당한 도덕을 실천하는 데 사용하지 않고 자기 욕심을 채우는 데 이용하면서 오히려 세상을 어지럽힙니다.

소태산 대종사께서는 제자들에게 "신통은 성현의 말변지사"라고 했습니다. 말변지사란, 아주 최후에 어쩔 수 없이 사용하는 방법이라는 뜻입니다. 즉 신통은 성자들이 도덕을 실현해나갈 때 정말 부득이 사용하는 방편 중 하나입니다. 따라서 성현들 역시 방편상 필요한 경우 아주 간혹 신통을 보일 수는 있지만 자주 쓸 일은 아니라고 했습니다. 이것이 사람들에게 신통을 구해야 하는 것으로 비춰지거나, 그로 인해 사농공상의 정당한 실천을 팽개치고 인도(人道)를 피폐하게 만들 수도 있기 때문입니다. 신통의 일은 절대로 구하지도 말고, 거기에 주하지도 말고, 조금도 마음에 걸지 말고 심상히 간과해야 합니다.

이와 같은 아홉 가지의 방법으로 선을 하여 결국 무엇을 어떻게 하자는 것일까요? 이에 대한 답이 좌선의 방법 가장 마지막 부분에 밝혀져 있습니다. '이상과 같이, 오래오래 계속하면 필경 물아[1] (物我: 다른 존재들과 나)의 구분을 잊고 시간과 처소도 잊고 오직 원적무별한 진경에 그쳐서 다시없는 심락을 누리게 되리라.'

원적무별[2]한 진경은, 두렷하고 고요하여 분별이 없는 참된 마음자리를 말합니다. 결국 좌선의 방법은 자세, 단전주, 호흡, 입, 마음, 정신을 통해 원적무별한 진경에 그쳐서 마음의 낙원을 누리는 것이 목적이자 목표입니다. 원적무별한 진경에 들어가는 방법이 곧 선입니다.

소태산 대종사께서는 단전주 선법을 취했고, 단전주선을 통해 원적무별한 진경에 들어가도록 했습니다. 또 마음만 위주로 하지 않고, 단전주를 하면 기운이 잘 통하여 건강에도 도움이 된다고 했습니다. 이것이 원불교 좌선법의 특징입니다.

---

1) 물아: 물(物)은 사물·대상·객관, 아(我)는 자신·주관·마음.
2) 원적무별(圓寂無別): 마음속에 번뇌망상을 다 끊어버리고 청정무구한 열반의 세계에 들어가서 일체의 사량 분별이 잠자는 상태.

좌선법 3
육근 동작에 순서를 얻다

좌선의 공덕

선을 오래함으로써 얻게 되는 열 가지 이익이 있습니다. 좌선의 공덕에 밝혀진 열 가지 이익은 염불을 통해 삼매를 얻어도 마찬가지로 나타나는 공덕입니다. 한마디로 표현하면 수양의 공덕이라고 할 수 있습니다.

좌선법에서 주로 그 공덕을 밝힌 이유는 좌선이 수양의 가장 기본 방법이기 때문입니다. 또 열 가지 공덕을 상세하게 밝힌 데에는 '이렇게 좋은 일이 있는데 이것을 알고도 수양을 하지 않을래?' 하며 수양의 동기를 일으키게 하는 자비심이 담겼다고도 생각됩니다.

좌선의 공덕 첫 번째는 '경거망동하는 일이 차차 없어지는 것'입니다. 경거란 가볍게 일어나는 것을 말하고, 망동은 망녕 되게 움직인다는 뜻입니다. 어떤 일을 당했을 때 일의 순서를 잡아 침착하게 생각하지 않고 불현듯 떠오르는 생각이나 그때의 기분으로 움직이는 것이 경거망동입니다.

수양이 잘 되지 않았을 때는 침착한 마음을 갖기가 어렵지만, 수양을 오래하면 자연히 마음과 기운이 가라앉아 침착한 기질이 형성됩니다. 그러면 일을 당해서도 마음이 불쑥 일어나지 않고 마음을 여유로운 상태에서 내게 됩니다. 그러니 자연스럽게 경거망동하는 일이 차차 없어집니다. 본인이 원하든 원하지 않든 이런 현상이 나타납니다.

두 번째 공덕은 '육근 동작에 순서를 얻는 것'입니다. 이건 좌선의 공덕 첫 번째와 이어지는 내용입니다. 경거망동하지 않고 여유를 갖게 되기 때문에 육근을 쓸 때 자연히 그것을 사용하는 순서를 알게 됩니다.

세 번째 공덕은 '병고가 감소되고 얼굴이 윤활하여지는 것'입니다. 선을 잘하면 혈맥이 관통되고 수승화강이 잘 되어서 수화(물과 불)의 기운이 조화를 이루게 됩니다. 때문에 좌선을 잘하면 자연적으로 몸의 병고가 감소합니다. 여기서 해석에 주의할 점이 있습니다. '병고가 감소한다.'는 말은 '병이 없다.'는 말과는 다릅니다. 병은 나이, 환경 등의 영향을 받고, 다양한 형태로 반드시 올 수밖에 없는 경우가 있습니다. 다만, 선의 힘이 있으면 100개의 병을 앓을 사람이 앓는 것을 70~80개 정도로 낮출 수 있습니다. 선을 잘하면 건강을 유지할 수 있는 것은 물론, 얼굴도 윤활해집니다.

네 번째 공덕은 '기억력이 좋아지는 것'입니다. 선을 하다 보면 과거에 잊고 지냈던 생각이 홀연히 떠오릅니다. 망념이 가라앉고 생각이 맑아지기 때문입니다. 그래서 자연히 기억력도 좋아집니다.

다섯 번째 공덕은 '인내력이 생겨나는 것'입니다. 선을 처음할 땐 몸이 괴롭습니다. 이때 참고 앉아있는 것도 인내이고, 일정한 시간을 정하여 선을 챙겨서 하는 것도 인내입니다. 선을 통해 차츰 망념이 가라앉고 보면 마음에 힘이 생겨납니다. 작은 그릇에 담긴 물에 돌을 던지면 크게 흔들리지만, 호수에는 돌을 던져도 흔들림이 거의 없습니다. 마음에 힘이 생겨나면 어떤 일에 쉽게 동하지 않고 지긋이 버텨나갈 수 있습니다. 이것이 인내심이 생겨나는 과정입니다.

여섯 번째 공덕은 '착심이 없어지는 것'입니다. 마음이 맑아지면 자연스럽게 착심도 떨어집니다. 착심이 떨어진다는 것은 마음이 담박해지는 것을 말합니다.

일곱 번째 공덕은 '사심이 정심으로 변하는 것'입니다. 선을 잘하면 개인적인 욕심의 마음이 바른 마음으로 변합니다. 마음이 맑아짐에 따라 자연히 그렇게 됩니다.

여덟 번째 공덕은 '자성의 혜광이 나타나는 것'입니다. 자성의 혜광이란, 내 마음에 본래 갖추어져 있는 지혜의 빛을 말합니다. 그런데 보통의 생활에서는 지혜의 빛이 욕심이나 어리석음 등에 덮여있습니다. 선을 통해 차츰 내 마음을 맑히면 본래 갖추어져 있던 지혜 광명이 나타납니다.

아홉 번째 공덕은 '극락을 수용하는 것'입니다. 선을 잘하여 마음에 망념이 쉬고 진성(眞性: 본래 성품)이 드러나면, 그 자리가 극락입니다. 극락을 수용하는 것을 거창한 자리가 따로 있는 것처럼 생각하기 쉽습니다. 하지만 망념이 쉬면 쉰만큼 괴로움의 세계에서 극락의 세계로 나아간 것입니다.

열 번째 공덕은 '생사에 자유를 얻는 것'입니다. 자성의 혜광이 나타나는 것, 극락을 수용하는 것, 생사의 자유를 얻는 것은 '수양의 극치'입니다. 단전주선을 통해 밖으로 나가려는 마음을 단전에 주하고 또 주하기를 반복하다 보면 마음을 자유롭게 할 힘을 얻습니다. 자꾸만 나가려는 마음을 잘 붙잡아 앉혔다면 마음을 자유롭게 할 힘이 생긴 것입니다. 그러한 마음의 힘을 얻는 것은 생사의 자유를 얻는 것과 다르지 않습니다.

육신의 생사는 천지자연의 공도에 따라 행해집니다. 육신의 생사보다 더 중요한 생사는 한 마음이 나고 멸하는 것입니다. 보통의 사람들이 생사의 자유를 얻지 못하고 육도윤회에 끌려다니는 이유는 마음을 내야 할 때에 내지 못하고 거둬들여야 할 때 거둬들이지 못하기 때문입니다. 마음을 임의로 조절할 수 있으면 능히 육도윤회를 자유할 수 있습니다. 그것이 생사의 자유를 얻고 극락을 수용한 자리입니다. 그러한 상태는 자성의 혜광으로 나타납니다. 자성의 혜광이 나타나면 진리를 깨달을 수 있습니다.

우리가 선을 하는 이유는 분명합니다. 선을 통해 나타나는 혜광으로 연구를 하고, 선을 통해 사심이 정심으로 바뀌게 하여 세상을 위한 일을 하려는 것입니다. 선을 하겠다고 가만히 앉아만 있는 것으로는 세상에 아무런 유익을 주지 못합니다. 이는 선을 제대로 하는 것이라 할 수 없습니다. 소태산 대종사께서 밝힌 좌선의 방법을 그대로 따라하면서, 동시에 선을 많이 한 사람들(선지자)에게 지도를 받으면 좋습니다. 좌선의 열 가지 공덕은 누구나 얻을 수 있습니다.

단전주(丹田住)의 필요

소태산 대종사께서는 여러 가지 선법 중 단전주 선법을 취했습니다.

단전에 마음과 기운을 주하는 것만이 유일한 좌선법은 아닙니다. 이마나 외경(외부의 어떤 대상) 혹은 의심거리에 마음과 정신을 주하기도 합니다. 그런데 소태산 대종사께서는 여러 가지 선법 가운데 왜 단전주 선법을 택했을까요? 이를 한마디로 정리하여 말하면 '마음을 단전에 주하면 생각이 잘 동하지 아니하고 기운도 잘 내리기 때문'이라고 할 수 있습니다. 기운은 마음을 따라갑니다. 그래서 마음을 몸의 상단인 머리에 주하면 기운이 오르기 쉽고, 벽이나 사물 등 외부의 환경에 주하면 경계가 자꾸 눈에 보여 생각이 동하기 쉽습니다.

소태산 대종사께서는 대각을 이루고 여러 가지 선의 방법을 참고하면서 단전에 마음과 기운을 주하는 것이 가장 일심이 잘 되고, 망념이 잘 쉬어지며, 기운을 내리게 하는데 도움 되는 것을 알았습니다. 그래서 우리에게 단전주 선법을 가르쳤습니다.

물론 단전주 선법을 소태산 대종사께서 새로 만들어낸 것은 아닙니다. 이 선법은 과거에도 있었습니다. 하지만 과거에는 단전주선을 '무기의 사선에 빠지기 쉽다.'고 하여 비난했습니다. 무기의 사선이란, 적적한 가운데 성성함이 있고 성성함 가운데 적적함이 있어야 하는 경지와는 다르게 '성성'함이 없는 상태를 말합니다. 성성함, 즉 또렷함이 없는 상태에 빠지기 쉬우므로 단전주선을 비난했던 것입니다.

간화선은 화두를 들고 하는 선법입니다. 어떤 의심거리를 갖고 그것을 생각하면서 선을 합니다. 그러다 보니 무기에 빠지기 어렵다는 장점은 있지만, 자칫 그 생각으로 인해 분별에 빠지게 되는 단점이 있습니다. 선을 잘하는 사람에게는 간화선이 도움 되는 측면이 있지만 자칫 머리에 열이 올라 두통을 얻게 되는 경우도 생깁니다.

그래서 소태산 대종사께서는 단전주 선법을 통해 수양에 먼저 적공하게 했고, 수양을 통해 맑아진 마음으로 의두 단련을 하게 했습니다. 단전주 선법은 수양과 지혜를 함께 단련하는 법입니다. 원불교에서는 선의 강령을 단전주 선법으로 잡아 수행합니다.

의두요목 1
깨달음의 열쇠

의두는 우주의 원리에 대한 의심 건을 연마하는 공부입니다.

소태산 대종사께서는 우주의 원리를 대소유무로 말했습니다. 대(大)는 우주만유의 본체를 말하고, 소(小)는 낱낱으로 나누어져 있는 것을 말하며, 유무(有無)는 있고 없는 현상의 변화를 말합니다. 우리 몸에 빗대어 설명하면 몸 전체는 대이고, 눈·귀·코·입 등으로 나누어져 있는 것은 소이며, 세포가 죽고 새로 생성되면서 변화하는 원리가 바로 유무입니다. 우주 자체가 이러한 대소유무의 원리로 이루어져 있는 것을 연구해보자는 것이 '의두(疑頭)'입니다.

세상을 살다 보면 옳은 일, 그른 일, 이로운 것, 해로운 것 등 다양한 삶의 형태를 만납니다. 이때 무엇이 옳고 무엇이 그르며, 무엇이 이롭고 무엇이 해로운가에 대한 연구가 필요합니다. 그래야 해로운 것과 그른 것을 피할 수 있기 때문입니다. 이것을 시비이해(是非

利害)라고 합니다. 이러한 시비이해에 대한 연마도 의두입니다.

진리를 깨달은 성자들은 인생의 바른 길과 우주의 원리를 가르칩니다. 우리는 그것을 경전을 통해 배웁니다. 하지만 배워도 납득이 가지 않고 이해가 잘 되지 않는 것들이 있습니다. 그것을 연구하여 알도록 하는 것이 의두입니다.

정기훈련법에서는 의두를 '대소유무의 이치와 시비이해의 일이며 과거 불조의 화두 중에서 의심나는 제목을 연구하여 감정을 얻게 하는 것'이라고 했습니다. 과거 불조의 화두란, 부처님이나 조사들이 사람들에게 깨달음을 얻도록 내려준 의심 건을 말합니다. 부처와 조사는 왜 의문을 갖도록 했을까요? 진리의 내역을 사실적으로 가르쳐주면, 보통 사람으로서는 공부가 진경에 가까워지지 못했음에도 배운 지식만 가지고 진리의 경지를 모두 깨달았다고 착각하기 때문입니다.

예를 들어보겠습니다. 누군가에게 어떤 지역의 정보를 자세히 들었다 하더라도, 내가 직접 가보지 않고 경험하지 않았다면 그 지역을 다 알았다고 할 수 없습니다. 하지만 종종 설명만 듣고는 그 지역을 다 알았다고 생각하는 사람들이 있습니다. 진리도 마찬가지입니다. 부처님의 법문이나 설명만을 듣고 다 안 것으로 착각하기 쉽습니다. 그러나 이는 진리를 깨달은 사람이 보기에 참 진리를 안 것이 아닙니다.

그렇다면 어떻게 진리의 세계에 가까워지도록 흥미를 유발하게 할 수 있을까요? 그 방법이 바로 의두입니다. 발심을 일으킬 수 있도록 의심거리를 주어 '다 알았다.'고 생각하는 사람이 '도대체 이것이 무슨 말이지?' 하며 새로운 의문을 갖게 하는 것입니다. 의두는 지금까지 배워온 상식으로는 알 수 없는 내용들이기에 '이것이 무슨 뜻인가?'를 반복적으로 생각하다 보면 몰입이 되어 참 진리의 세계를 스스로 깨닫게 합니다.

소태산 대종사께서는 의두를 아주 광범위하게 설명했습니다. 원불교 초기 교서에서는 의두요목을 '연구문목'이라고 했습니다. 연마하고 궁구하여 알아내야 할 의심 건에 우리 교리의 모든 조목을 포함했습니다. '부모에게 보은을 왜 해야 하는지 연구할 사', '벌을 왜 받는지 연구할 사' 등이 그것입니다. 모든 교리의 내용 하나하나에 그 뜻을 되새겨서 내 마음에 이해가 가도록 해야 한다는 의미가 담겨있었던 것입니다.

그 후에, 〈정전〉을 완정(完整)하면서 연구문목에 포함되었던 것 중 교리에 해당하는 내용은 우리가 항상 연구해야 하는 과제로 두고, 지금의 의두요목으로 정리하여 20개 조목만 남겼습니다. 사실 의두요목은 모든 의심 건을 가지고 연구해나가는 가운데 진리의 가장 근원적인 문제를 추린 것입니다. 그것을 '요목(要目)'이라고 하였고, 이는 '이것만큼은 꼭 연구해보라.'는 당부이기도 합니다. 그러나 이 스무 가지만이 의심 건의 전부는 아닙니다. 우리가 현실에서 어떤 사항을 놓고 '어떻게 해야 바른 취사가 될까?' 하는 의심도 의두거리가 될 수 있습니다.

의심 건의 중요성에 대해서는 많은 말씀이 있습니다. 우리가 진리를 깨달으려 하는 것은 지혜를 밝히기 위함입니다. 지혜를 밝히는 핵심, 즉 지혜를 밝히기 위해 선행되어야 하는 것이 바로 '의심'입니다. 뭔가에 의심이 생겨야 그 의심머리(의두)를 쫓아가면서 지혜를 밝혀갈 수 있습니다. 마음에 의심이 없으면 지혜가 깊어지지 않습니다.

지혜는 사색하고 연마하고 깊이 궁구하는 가운데 밝아집니다. 가만히 놓아두고 연마하지 않으면 지혜는 절대로 밝아지지 않습니다. 그 지혜를 연마하게 하는 원동력이 의심 의(疑) 자를 쓰는 '의(疑) 공부', 즉 의두공부입니다.

대산 종사께서는 "수도인의 수첩에는 의심 건이 하나씩은 꼭 있어야 한다."고 했습니다. 다시 말하면, 의심 건이 없으면 수도인이 아니라는 것입니다. 수양을 해야겠다고 마음을 먹었다면 수양의 방법에 대한 의심이 생기기 마련이고, 뭔가를 알아야겠다고 마음을 먹으면 그것을 알 수 있는 방법에 대한 의심을 갖기 마련입니다. 그러니 구도의 길을 걷는 사람으로서 의심 없이 산다는 건 있을 수 없는 일입니다.

우리가 어떤 일이나 경계를 당하여 취사를 할 때 '심신동정 간에 취사를 잘 해야겠다.'고 마음을 먹었다면 어떻게 취사하는 것이 맞는지, 어떤 취사가 바른 취사인지 의심이 생기는 것이 당연합니다. '마음에 의심이 없는 사람은 공부에 발심이 없는 것'이라고 해도 틀리지 않습니다.

하지만 원불교에서는 의심 건을 가지고 연구를 해나가는 데 있어서 아침부터 저녁까지 한 가지 의심 건만 가지고 살아가는 방법은 지양합니다. 수양력이 충분한 사람에게는 의심에 매달리는 것이 진리를 깨닫는 좋은 방법일지 모르지만, 대부분의 사람들은 수양력이 충분하지 않습니다. 그런 상태에서 하루 종일 의심 건을 들고 살아가는 것은 마치 물이 담기지 않은 냄비를 오랫동안 불 위에 올려놓은 것과 같습니다. 과열이 되고 마는 것입니다. 수양력이 충분하지 않은 상태에서 계속 의심을 달고 살면 화기가 올라 두통을 얻거나, 더 이상 수도를 할 수 없는 폐인이 되기도 합니다. 그래서 소태산 대종사께서는 단전주법으로 수양을 하여 맑은 정신을 단련시키고, 그렇게 모아진 맑은 정신을 가지고 의심 건을 잠깐 비춰보는 시간(의두연마 시간)을 갖게 했습니다. 이것이 훨씬 효율적이기 때문입니다.

물고기는 낚시 바늘에 걸려야 물 밖으로 나올 수 있습니다. 사람은 마음 가운데 의심을 잘 걸어야 깨달음의 세상으로 나아갈 수 있습니다. 마음에 탁 걸린 의심을 품고 살면 어느 때인가 그것이 순숙되면서 해답을 얻습니다. 하지만 의심이 한 번 풀린 것으로 모두 완성되는 것은 아닙니다. 꾸준히 더 품어 연구하고, 나보다 나은 지도인에게 감정을 받아야 합니다.

어떤 스승님이 이런 이야기를 했습니다. "의두는 해결도 중요하지만, 사실은 의두를 가지고 끊임없이 연마하는 공을 쌓아가는 것에 더 의미가 있다. 그 과정에서 지혜가 단련되기 때문이다." 문제를 풀어내는 것에만 초점을 맞추면 누군가에게 방법을 물어보아 얼른 해결할 수 있습니다. 하지만 진리에 대한 공부는 문제를 푸는 것이 목적이 아닙니다. 문제를 풀어가는 과정에서 지혜를 단련하는 것이 더 큰 목적입니다.

의두는 오랫동안 품고 연마하여 지혜를 단련시켜가는 공부법입니다. 처음에는 너무 막연하여 '도대체 이게 무슨 말일까.' 싶지만 5년, 10년, 20년… 시간이 지나면서 자신도 모르게 지혜가 단련되었음을 알게 됩니다. 소태산 대종사께서 "아침 해가 뜰 때 날이 새는지 모르게 밝는다."고 했습니다. 지혜도 일시에 확 밝아지기보다는 점진적으로 밝아집니다. 물론 부처님이나 소태산 대종사님, 또 여러 성인들의 경우에는 한 순간에 지혜를 얻기도 합니다. 그러나 그분들은 과거 생에 그만큼 많은 수도적공을 쌓았기에 그러한 결과를 이룰 수 있습니다. 한번 깨달아 끝나는 것이 아니고, 한 번, 열 번, 백 번, 천 번, 만 번을 하다 보면 우리도 대원정각을 이룰 수 있습니다.

의두, 의심 건을 마음에 늘 품고 살면 어느 때인가 반드시 밝아집니다. 내 마음이 환해지고 나면 마음 가운데 신념이 서고, 신념이 서면 행동과 사고에 영향을 미쳐 생활에서도 반드시 변화가 생깁니다.

의두를 갖는 것이 정말 중요합니다. 그리고 연마하되 수양을 통해 정신을 잘 모은 후 맑을 때 연마하는 것이 좋습니다. 또 한꺼번에 무엇을 해결하려는 조급함보다는, 오래 두고 공들여가야 합니다.

혹 알았다 하더라도 한번 안 것에 그치지 말고 계속 연마를 하다보면 의심 건을 통해 지혜의 문이 더 열립니다.

소태산 대종사께서는 "그냥 나오는 의심을 가지고는 깨달음을 얻지 못한다. 큰 신심이 바탕 되어야 한다."고 했습니다. 마음에 큰 믿음이 생기면 거기에서 자연적으로 큰 의심이 나옵니다. 그리고 그 의심된 바를 진정으로 알고자 하는 생각을 가지면, 정성을 들이지 않을 수 없습니다. 그렇게 정성을 들이다 보면 깨달음이 오지 않을 수 없습니다.

깨달음은 한번에 오지 않습니다. 한번에 모든 것을 알려고 하는 것은 도가의 모리배(사기꾼)입니다. 불보살들이 큰 인격과 큰 깨달음을 이룬 것은 한 두 해만의 결과가 아닙니다. 오랜 세월 적공이 쌓이고 쌓인 결과입니다.

의두요목을 통해 마음에 의심이 걸리면 거기에서 수도의 적공심과 정성심이 나옵니다. 그것이 나를 깨달음의 세계로 인도합니다. 진리를 깨닫는 데 있어 의두는 열쇠와 같습니다. 의두 공부는 하나하나 깊이 쌓아야 하는 적공의 공부입니다.

의두요목 2
이 뭣꼬?

많은 의심 건 가운데 의두요목 20가지 조목은 과거로부터 있어왔던 여러 의심 문목들 중 꼭 연마해야 하는 것들입니다. 각 조목이 마음에 걸림 없이 해득(解得)된다면 진리에 대한 문리(文理)를 얻은 것이지만, 해득이 잘 되지 않는다면 더 깊은 의심을 걸어 깨달음을 향한 명확한 분석을 얻어야 합니다.

여기에서 의두요목 20가지를 모두 설명하지 않고, '의두요목이란 이런 것이다.' 정도를 다루고자 합니다. 처음에는 의두요목 각 조목이 잘 이해되지 않을 수 있습니다. 그러나 절대 허구나 거짓으로 만들어진 내용들이 아니며, 공부하려는 사람을 골탕 먹이기 위해 억지로 또는 일부러 만들어낸 것도 아닙니다. 의두요목 20가지 조목에는 중생들을 깨닫게 하려는 성자의 뜻이 담겨있습니다. 경전을 읽다 보면 쉽게 알기 어려운 내용들을 만나게 되는데, 특히 의두요목은 더 어렵습니다. 각 조목의 이면에 담긴 뜻을 잘 연마함으로써 깨달아야 합니다.

의두요목 1조는 '세존이 도솔천을 떠나지 아니하시고 이미 왕궁가에 내리시며, 모태 중에서 중생 제도하기를 마치셨다 하니 그것이 무슨 뜻인가.'입니다.

서가모니 부처님은 왕궁가에서 태어났습니다. 부처님의 전생사를 이야기할 때, 세상에 태어나기 전 도솔천이라는 천상계에 머물다가 왕궁가라는 인간계로 내려왔다고 합니다. 부처가 된 것은 어머니 태중에서가 아니라 왕국의 태자로 태어났다가 출가하여 6년 고행을 하고 진리를 깨달은 후입니다. 그때가 되어서야 비로소 중생들을 제도하기 위한 법문을 했습니다. 서가모니께서 부처가 된 과정은 이것이 현실로 나타난 사실입니다.

이러한 사실을 기반으로 하면 '세존이 왕궁가에 오실 때 도솔천을 떠나지 않았다.'는 말은 이해하기가 어렵습니다. 왕궁가는 인간계이고 도솔천은 천상계입니다. 그 두 세계는 분명히 다릅니다. 도솔천을 떠나지 않고 왕궁가에 내렸다는 말은 마치 거짓말 같기도 합니다. 그러니 이 뜻이 무엇인가에 대한 의심이 생깁니다. 논리적으로 보면 엉터리 같은 이 내용에 어떤 뜻이 담겨있을까요?

'태어나서 부처가 되기까지의 현실적인 과정이 있는데, 태어나기도 전인 모태 중에서 어떻게 부처를 이루었으며, 또 어머니의 뱃속에서 중생제도를 마쳤다고 하는 건 무슨 의미인가.' 또 '3천 년을 제도하고도 다 못 해 지금까지 수많은 중생들이 있는데, 중생 제도를 마쳤다고 하는 건 무슨 뜻인가.'와 같은 의문을 통해서 이 조목에 담긴 뜻을 하나하나 생각해봐야 합니다.

소태산 대종사께서 변산에 머물 때, 어떤 스님이 찾아와 이 조목에 대한 질문을 했습니다. 당시 소태산 대종사께서 머물던 곳은 석두암이라는 암자였고 실상사라는 본사는 따로 있었습니다. 그런 상황에서 소태산 대종사께서는 "그대가 실상사(實相寺)를 여의지(떠나지) 아니하고 몸이 석두암(石頭庵)에 있으며, 비록 석두암에 있으나 드디어 중생 제도를 다 마쳤나니라."고 대답합니다. 스님의 몸은 분명 실상사를 떠나왔는데 소태산 대종사께서는 '실상사를 떠나지 않고 왔으며 중생 제도까지 다 마쳤다.'고 했습니다. 현실에서는 분명 그렇지 않은 이 말의 뜻은 무엇일까요? 이에 대한 의심을 가져야 합니다.

'왜 그럴까?' 하고 의심이 걸리려면 이 말씀에 대한 믿음이 있어야 합니다. '떠나지 않고 왕궁가에 태어났다.'는 것과, '이미 중생 제도를 마쳤다.'는 말에 믿음이 있어야 의심을 가질 수도 있습니다. 믿음이 설수록 의심의 정도가 강해집니다.

의두요목 2조는 '세존이 탄생하사 천상천하에 유아독존이라 하셨다 하니 그것이 무슨 뜻인가.'입니다.

부처님은 태어나자마자 일곱 발자국을 걸었다고 합니다. 어떻게 태어나자마자 걸을 수 있었을까요. 이것도 현실에 비춰 생각해보면 이상한 일입니다. 또 이 우주 안에서 내가 가장 높고 존귀하다(유아독존, 唯我獨尊)라는 말도 부처님의 평소 사상을 생각하면 잘 이해되지 않습니다. 부처님은 '내가 높은 존재다.'라는 상(相)과 자만심이 없습니다. 그런데 여기서는 '내가 가장 높고 귀하다.'고 했습니다. 얼른 생각할 땐 모순된 것 같은 이 말에도 깊은 뜻이 담겨있습니다. '왜 그럴까…?'라는 질문을 갖기 시작하면 의두요목은 참 재미있는 공부가 됩니다.

의두요목 3조는 '세존이 영산 회상에서 꽃을 들어 대중에게 보이시니 대중이 다 묵연하되 오직 가섭 존자(迦葉尊者)만이 얼굴에 미소를 띠거늘, 세존이 이르시되 내게 있는 정법안장(正法眼藏)[1]을 마하 가섭에게 부치노라 하셨다 하니 그것이 무슨 뜻인가.'입니다.

부처님이 영산회상에서 대중들을 제도하실 때의 풍경입니다. 어느 땐가 설법을 하려고 법좌에 앉았습니다. 보통 설법이라고 하면 말로 법을 전달하는 것을 이야기합니다. 부처님의 설법을 듣기 위해 앉아있는 많은 대중들은 부처님이 어떤 이야기를 할지 기다리고 있습니다. 그런데 정작 부처님은 아무 말을 하지 않고, 앞에 있는 꽃가지를 들어 보입니다.

그 모습을 본 대중은 여러 생각을 할 것입니다. 꽃이 예쁜지 물어보려고 꽃을 든 것인지, 그냥 눈앞에 꽃이 있으니까 꽃을 든 것인지, 아니면 꽃에 비유하여 모든 것은 한 순간 피고 사라지는 허망한 것이라는 무상에 대한 설법을 하려고 꽃을 든 것인지…. 대중은 각자 여러 가지 생각을 하면서 부처님의 말을 기다립니다. 그런데 그중 가섭 존자만이 그 뜻을 알고 빙긋이 미소를 짓습니다. 대중을 가만히 바라보던 부처님의 눈에 미소를 짓고 있는 가섭 존자의 얼굴이 들어옵니다. '아, 내가 꽃가지를 들어 보인 뜻을 가섭 존자는 아는구나.'

그리고 정법안장을 가섭 존자에게 전하겠다고 합니다. 정법안장이란 진리를 깨달은 안목(지혜)을 말합니다. 깨달음은 주고받을 수 있는 것이 아닙니다. 그렇다면 부처님은 가섭존자에게 그 깨달음을 어떻게 전할 수 있을까요. 아마 마하 가섭이 깨달은 진리와 부처님이 깨달은 진리가 같음을 인정했다는 것으로 이해됩니다.

대산 종사를 뵈러 처음 신도안에 갔을 당시 저는 학생이었습니다. 의두요목이라는 게 뭔지, 그것을 어떻게 하는 것인지 아무것도 모를 때였습니다. 그때 함께 있던 사람이 이 조목을 질문했습니다. 저는 그 질문조차도 이해를 못할 때였습니다. 고등학교 때까지 배웠던 일반 상식으로는 전혀 생각하기 어려운 이야기들을 주고받는다고 생각하면서 그저 듣고만 있었습니다.

그때 대산 종사께서 굴리던 염주를 들고 "만약 부처님께서 그때 이 염주를 들어 보이셨다면 어떻게 되었겠는가?" 하고 물었습니다. 그 말을 듣고 의심이 생겼습니다. 꽃가지를 든 소식을 물었는데, 그에 대한 답은 안하고 "염주를 들었다면 어땠겠는가?"라고 다시 질문을 하니 궁금함이 생긴 것입니다. 그때부터 그 의문거리를 늘 마음에 가지고 있었더니 어느 순간 '꽃가지에 의미가 있는 것은 아니구나.' 하는 것을 알게 되었습니다. 대산 종사께서 한 말의 의미로 보았을 때 '대상이 아닌 그 행위가 핵심'이라는 나름의 깨달음을 얻은 것입니다.

〈대종경〉 성리품에 "도가 무엇입니까." 하고 묻는 제자에게 "가르쳐주어도 도에 어긋나고 가르쳐주지 않아도 도에 어긋나나니 어찌할꼬."라고 대답하는 소태산 대종사의 일화가 있습니다. 그렇게 대답한 소태산 대종사께서는 이어 마당에 나가 눈을 직접 쓸기 시작합니다. 제자들이 뒤따라 나와 만류하자, 소태산 대종사께서 다시 이야기합니다. "내가 지금 눈을 쓴 것은 눈만 쓴 것이 아니라 너희에게 현묘한 진리를 가르쳐 주기 위함이었다." 세존께서 꽃을 들어 보인 것과 소태산 대종사께서 눈을 치운 의미는 서로 통하고 있습니다.

이렇듯 의두요목 20가지 조목은 어찌 보면 논리에 전혀 닿지 않을 수 있습니다. 하지만 논리적이지 않기 때문에 진정한 진리세계의 모습을 깨닫게 하는데 용이합니다. 각각의 조목에 깊은 뜻이 담겨 있다는 것을 알면 '뭐 이런 말이 있어?'라고 여기지 않고 '이렇게 표현할 수밖에 없는 그것이 과연 무엇일까?'를 생각하게 됩니다. 그것을 연마하다 보면 차츰 세상을 보는 안목과 깊이가 생기고, 진리에 대한 이해가 커집니다.

진리에 대한 이해는 곧 보이지 않는 세계에 대한 이해입니다. 우주현상은 나타나는 면만 있지 않습니다. 이면의 진리세계가 있다는 것을 반드시 믿고 알아 이해하면 행복한 길을 찾아가는 데 도움이 됩니다.

　불립문자(不立文字), 진리의 세계는 인간들의 약속으로 만들어진 문자와 언어를 넘어 존재한다는 것을 알아야 합니다. 언어의 한계를 넘어서 행위를 통해 깨달음을 전하려 한 것이기 때문입니다. 문자와 지식의 울타리 안에 갇히면 진리의 참 모습을 알아내기 어렵습니다.

1) 정법안장: 부처님의 바른 교법이라는 뜻.

일기법
참빗과 얼레빗

일기법의 대요

우리가 옳은 일은 권장하고 그른 일은 삼가는 것은, 옳은 일과 그른 일을 알아 그것에 맞는 마음을 챙기기 때문입니다. 일기법은 그렇게 챙긴 마음을 조사함으로써 더욱 잘 실행하게 하는 공부법입니다. 일기법은 삼학 중 작업취사 과목에 해당합니다.

일반적인 일기는 하루 동안 지낸 일을 기재하여 나중에 참고를 하거나 뒷날의 자료가 되는 것 정도입니다. 그러나 소태산 대종사께서 말한 '일기'는 일반 일기와는 조금 다릅니다. 원불교의 일기는 삼학 수행, 즉 마음공부를 해나가는 과정과 내용을 매일매일 점검하는 것입니다. 단순히 일어난 일을 기록하는 것에 그치지 않고, 그날 행한 수행을 기록합니다. 기록을 하는 데 있어서도 일기법이라는 고유의 양식이 있어서, 그 양식에 따라 그날의 수행을 점검하게 합니다.

원불교 일기법에는 상시일기와 정기일기가 있습니다. 우리가 수행하는 방법으로 일상생활 속에서 해나가는 상시훈련과, 어떤 장소와 시간을 특별히 정해서 집중적으로 공부하는 정기훈련이 있습니다. 상시일기와 정기일기도 비슷한 개념으로 이해하면 됩니다. 상시일기는 하루 생활 중 수시로 일어나는 마음작용을 기록하는 것이라면, 정기일기는 하루를 마무리하는 시간에 당일의 작업 시간 수, 수입·지출, 심신작용 처리건, 감각감상 등을 기재하여 하루 생활을 전반적으로 대조·반성하는 기록입니다.

일기법은 자신의 수행을 직접 점검함으로써 수행의 진취여부를 알게 합니다. 물론 세상에는 여러 수행방법이 있으므로 누군가는 "굳이 일기를 쓰지 않아도 나를 대조할 수 있다."고 얘기할 수 있습니다. 하지만 하루를 살면서 법에 맞게 수행을 했느냐/안 했느냐를 마음으로만 대조하면 어떤 분야는 소홀해지기도 하고, 또 내 마음이라도 정작 자세히 알지 못한 채 허둥지둥 넘어가 버리는 경우가 생깁니다.

원불교 일기법은 정해진 양식을 가지고 나의 수행을 체크해가면서 법에 바탕해 자기 수행을 점검할 수 있습니다. 실행이 잘 되었는지, 잘 되지 않았는지를 하나하나 일기법으로 점검하면 삼학 가운데 빠지는 내용 없이 고루 성과를 얻을 수 있습니다. 정해진 방법에 따라 나를 대조하므로 상당히 세밀한 부분까지 놓치지 않고 점검할 수 있습니다. 일기로 나의 수행을 점검하는 것은 줄 맞는 수행을 하는 방법이고, 삼학 중 어느 한 부분에 치우치지 않고 고르게 발전시켜나가는 방법입니다.

어떤 선진께서는 일기로 대조·반성하는 것과 생각으로만 대조·반성하는 것을 얼레빗과 참빗에 비유했습니다. 빗살 사이가 듬성듬성 벌어진 것을 얼레빗이라고 하고, 빗살 사이가 촘촘한 것을 참빗이라고 합니다. 일기로 대조·반성하는 것은 참빗으로 머리를 빗는 것 같아서 빠짐없이 체크할 수 있지만, 생각으로만 대조·반성하는 것은 얼레빗 같아서 빗기는 했어도 사이사이 빠지는 것이 생긴다는 비유입니다. 일기법을 체크해보면 이 표현이 매우 정확하다는 것을 알게 됩니다. 일기를 통해 공부내용을 대조하면 법의 가늠자가 세밀하고 분명히 잡히고 평가와 점검이 정확히 되는 것을 느낄 수 있습니다.

상시일기법
챙기는 마음

상시일기에서는 세 가지를 점검합니다. 하나는 당일의 유·무념 처리, 또 하나는 학습상황, 마지막으로는 계문의 범과(犯過, 잘못을 저지름) 유무입니다.

1. 유념·무념은 모든 일을 당하여 유념으로 처리한 것과 무념으로 처리한 번수를 조사 기재하되, 하자는 조목과 말자는 조목에 취사하는 주의심을 가지고 한 것은 유념이라 하고, 취사하는 주의심이 없이 한 것은 무념이라 하나니, 처음에는 일이 잘 되었든지 못 되었든지 취사하는 주의심을 놓고 안 놓은 것으로 번수를 계산하나, 공부가 깊어가면 일이 잘되고 못된 것으로 번수를 계산하는 것이요.

사실 유·무념 공부는 하루 온종일 유·무념 하나만 가지고 해야 할 정도로 중요한 공부입니다. 유념은 있을 유(有) 자, 생각 념(念)

자를 써서 '생각 있게 하는 것'을 말합니다. 반대로 무념이란 없을 무(無) 자, 생각 념(念) 자를 써서 '생각 없이 하는 것'을 말합니다. 단순히 해석하면 그렇지만, 사실 유념과 무념에서의 '생각'은 내용에 대한 생각이 아니라 '챙기는 마음이 있고 없는 것'을 의미합니다. '이 일을 할 때 어떤 마음을 가지고[有] 했으며, 어떤 마음이 없이[無] 했는가.' 이때의 '어떤 마음'이 곧 챙기는 마음입니다.

챙기는 마음을 조금 더 살펴보겠습니다. 우리에게는 계문을 범하지 말아야 하고, 일상수행의 요법을 실천해야 하는 등, 해야 할 것과 하지 않아야 할 것이 있습니다. 이런 것을 모를 때는 내가 옳다고 생각하면 행동하고 내가 옳지 않다고 생각하면 행동을 자제하며 삽니다. 하지만 이 법을 만난 후로는 표준이 달라져야 합니다. 원불교에 입교한 후 '이제는 교법에 밝혀져 있는 길을 인생표준으로 잡고 가겠다.'라는 마음이 생겼다면, 그 사람은 마음공부에 뜻을 세운 사람입니다.

마음공부에 뜻을 세웠다면, 마음이 나올 때, 마음을 쓸 때, 그 공부를 해야 합니다. 마음을 쓰지 않을 때의 마음공부는 마음을 잘 쓰기 위한 준비일 뿐이고, 진정한 마음공부는 마음을 실제 경계에서 쓸 때 나타나야 합니다. 쓸 때 제대로 잘 써야 마음공부의 진정한 가치가 살아납니다.

그런데 대체로 마음은 한번에 잘 챙겨지지 않습니다. '내가 오늘은 이걸 꼭 실행해야지.'라고 다짐해도 습관이 되어있지 않으면 잊어버리고, 설사 기억하더라도 실천으로 옮기는 것이 잘 되지 않아 결과적으로 실행하지 못하는 경우가 생깁니다. 소태산 대종사께서는 이런 일반적인 습성에 착안하여 유·무념 공부를 제정했습니다. 모든 일을 해나갈 때 유·무념 공부를 통해 항상 챙기는 마음을 먼저 갖게 한 것입니다.

　마음을 잘 챙기면 내가 하고자 한 일과 안 하고자 한 일을 잘 판단할 수 있습니다. 그렇게 판단이 되었다면 실행을 잘 해야 합니다. 처음에는 마음을 잘 챙기는 것만으로도 유념을 한 것입니다. 하지만 공부를 한다는 사람이 법에 대한 기준과 표준을 모두 놓아버리고 챙기는 마음 없이 본래의 습관대로 일을 처리했다면, 설사 일은 잘 되었더라도 무념을 한 것입니다. 습성이 고쳐지지 않은 상태로는 어느 순간 큰 잘못을 저지를 수 있기 때문입니다.

　유·무념 공부는 상시훈련의 핵심입니다. 내 마음을 챙기지 않고는 마음공부를 할 수 없습니다. '마음공부를 한다.'고 말할 수 있는 첫 관문이 바로 마음을 챙기는 훈련입니다. 유·무념 공부의 초반에는 신발을 신고 벗을 때나, 문을 열고 닫을 때 챙기는 것으로 공부를 합니다. 신발을 신고 벗거나 문을 여닫는 것이 마음공부에 당장 큰 차이로 나타나지 않지만, 챙기는 마음을 습관화하는 데에는 큰 도움이 됩니다.

　우리가 마음을 챙기는 목적은 주어진 일을 잘 하기 위해서입니다. 마음을 챙기지 않고는 어떤 일도 잘 할 수 없습니다. 따라서 처음에는 챙기는 마음을 단련하고, 그것이 어느 정도 이루어진 후에는 일까지 잘 되게 해야 합니다.

'공부가 깊어지면 일이 잘 되고 못된 것으로 번수를 계산하라.'는 말에는, '삼학공부 전반에 걸쳐 마음이 제대로 반영되어 일의 결과까지 잘 되었는가?'를 유념으로 여기는 단계에 이르러야 한다는 뜻이 담겨있습니다. 이 단계에서는, 마음을 챙기긴 했더라도 결과적으로 일이 뜻대로 안 된 것은 무념으로 여깁니다.

유·무념 공부를 해보면 마음을 하루 종일 잘 챙기는 것이 어렵다는 것을 알게 됩니다. 하지만 그 어려운 것을 하면 할수록, 잘 챙기면 챙길수록, 마음의 힘이 생깁니다. 유념과 무념을 잘 점검하는 것이 상시훈련의 핵심입니다.

다시 정리하면, 수행의 첫걸음은 자신의 마음을 살피고 챙기는 것입니다. 공부를 하는 사람에게는 마음을 살피고 챙기는 것이 어렵지 않지만, 처음 이 공부를 접하는 사람에게는 결코 쉽지 않습니다. 하지만 올바른 실행력을 얻고자 한다면 반드시 마음을 먼저 찾아야 하고, 찾은 그 마음으로 정진해야 합니다.

유·무념 공부, 즉 챙기는 마음을 가지고 한 것과 챙기는 마음 없이 그냥 한 것은 분명 차이가 있습니다. 마음공부를 하는 사람과 하지 않는 사람의 차이는 '챙기는 마음'이 있고 없는 것에서 나뉩니다.

현대 사회를 살아가는 사람들로 하여금 사람으로서 해나가야 할 책임과 의무를 실행하면서 마음공부를 진행하게 하고, 그 공부가 잘 됨으로써 일이 더 잘 되게 하는 비법이 유·무념 공부입니다. 유·무념 공부법은 생각할수록 묘법 중의 묘법입니다.

2. 학습상황 중 수양과 연구의 각 과목은 그 시간 수를 계산하여 기재하며, 예회와 입선은 참석 여부를 대조·기재하는 것이요.

상시일기를 통해 두 번째로 점검하는 것은 학습상황입니다. 과거에 이야기하던 '수행'을 소태산 대종사께서는 '학습'이라고 표현했습니다. 학습은 배우고 익힌다는 뜻으로, 경전을 배우는 것도 좌선을 하는 것도 모두 한번에 되는 것이 아니라 노력을 통해 쌓이는 것입니다. 그래서 '학습'이라고 했습니다. 매우 사실적인 표현입니다.

이 학습상황 중 수양과 연구의 각 과목은 시간 수를 계산하여 기재하라고 했습니다. 수양에 대한 과목과 연구에 대한 과목을 하루 동안 얼마나 했는지 점검하라는 것입니다. 또 예회와 입선은 참석 여부를 대조·기재하라고 했습니다. 예회는 정례적으로 일주일에 한 번씩 보는 법회이고, 입선은 연 중 한두 번 정기훈련에 들어가는 것을 말합니다.

수양과 연구 과목의 시간 수를 계산하여 기재하게 한 것이나, 예회와 입선의 참석여부를 기재하라는 것은 상시훈련을 해나가는 가운데 정기훈련의 성격을 가진 수양과 연구를 점검하게 하는 뜻이 담겨 있습니다.

3. 계문은 범과 유무를 대조·기재하되 범과가 있을 때에는 해당 조목에 범한 번수를 기재하는 것이요.

원불교에는 보통급, 특신급, 법마상전급에 각 10개씩 총 30계문이 있습니다. 보통급, 특신급, 법마상전급은 초등학교, 중학교, 고등학교처럼 그 공부의 단계를 나타냅니다. 이는 수행하는 사람의 실력과 공부 정도에 따라 나뉩니다. 공부 단계는 총 여섯 단계이고 보통급, 특신급, 법마상전급은 여섯 단계 중 아래의 세 단계에 해당합니다.

원불교에 입문하여 처음부터 서른 개의 계문을 다 지킬 수 있으면 좋겠지만, 습관을 한번에 떼는 것은 어렵습니다. 하지만 잘못된 습관은 나의 앞날에 반드시 고통을 가져오고 나를 악도에 떨어지게 만듭니다. 계속 가지고 가면 재앙이 될 수 있으므로 반드시 고쳐야 하는 습관 서른 개를 뽑아낸 것이 30계문입니다.

보통급 10계는 그 중에서도 가장 무겁고 중요한 내용으로 이루어져 있습니다. 비유하자면 이렇습니다. 어린 아이들이 하지 않아야 할 일에는 여러 가지가 있지만 잉크를 만져 옷에 묻히는 것은 위험하거나 생명에 지장을 주는 일은 아닙니다. 하지만 어린 아이가 칼을 가지고 노는 것은 매우 위험하고 자칫 생명에도 지장이 초래될 수 있는 일입니다. 이 두 가지 일 중 무엇은 하고 무엇은 하지 말게 할 것인가는 누가 봐도 바로 알 수 있습니다. 보통급 십계문은 이와 같습니다. 중요한 업을 지을 수 있는 요소 열 가지가 보통급 십계로 주어집니다. 그만큼 무겁고 중요한 내용이기 때문에 범하지 않는 사람이 당연히 많습니다. 그러다 보니 자칫 보통급 십계를 별 것 아닌 것처럼 생각합니다. 그러나 사실은 가장 중요한 계문입니다.

보통급 십계문이 다 지켜지면 특신급 십계문을 받습니다. 계문의 범과 유무도 처음 원불교에 들어온 사람은 보통급 십계로 대조하고, 그것이 거의 지켜지면 특신급 십계를 받아 점검합니다. 이렇게 단계를 밟아가면서 법마상전급 십계문까지 30계문을 지킬 수 있는 공부 경지가 되면 법강항마위에 오릅니다. 법강항마위에 오르면 범부·중생의 습관을 모두 뗀 것으로 봅니다. 소태산 대종사께서는 그 공부를 일기법을 통해 점검하게 했습니다.

4. 문자와 서식에 능하지 못한 사람을 위하여는 따로이 태조사(太調査) 법을 두어 유념·무념만을 대조하게 하나니, 취사하는 주의심을 가지고 한 것은 흰 콩으로 하고 취사하는 주의심이 없이 한 것은 검은 콩으로 하여, 유념·무념의 번수를 계산하게 하는 것이니라.

태조사 법은 콩 태(太) 자를 써서 콩을 가지고 조사하는 방법을 말합니다. 유·무념 공부법이 얼마나 중요한 것인지를 여기에서도 알 수 있습니다. 너무 중요한 공부법이기 때문에 소태산 대종사께서 더 많은 사람에게 가르쳐주려고 할 때 문자를 잘 모르는 사람이라도 할 수 있는 방법을 생각한 것이 바로 태조사법입니다. 유념을 하면 흰 콩, 무념을 하면 검은 콩으로 그 번수를 챙기게 한 것은, 깨끗한 마음과 오염된 마음을 상징한 것이라고 생각됩니다. 태조사법에는 소태산 대종사의 대자비심이 묻어있습니다. 글을 알고 모르는 것에 관계없이 누구든 마음공부를 할 수 있게 했기 때문입니다.

유·무념 공부는 앞으로 원불교 내에서만이 아니라 국민 전체, 인류 전체가 도덕을 살리는 묘방으로 접할 수 있는 공부법입니다.

상시일기법 종합

어떤 교수가 원불교에 입교를 하고 보니, 〈정전〉은 한글이라 쉽고, 교무님 설교도 너무 쉽고 당연한 말로 여겨지더랍니다. 그런데 상시일기를 만나고 '내가 머리로 아는 것과 직접 실천해보는 것은 이렇게 다르구나.'를 알게 되었다고 합니다. 그때부터 원불교 교리를 다시 보게 되면서 교무님의 한 말씀 한 말씀을 소중히 받들게 되었다고 합니다.

수행, 즉 우리의 마음공부는 글자와 내용을 아는 것만으로 완성되지 않습니다. 각자가 직접 공부함으로써 마음을 고쳐나가야 합니다.

정기일기법
복혜증진의 삶

몸과 마음을 작용할 때 좋지 않은 일은 하지 않고 정의로운 일은 실행하는 것이 작업취사입니다. 정기일기는 작업취사 공부를 하면서 스스로를 점검해나가는 방법입니다.

일기법은 전반적으로 취사 과목의 공부법이지만, 그중 정기일기는 사리연구 과목에 더 가깝습니다. 그래서 주로 정기훈련을 할 때, 즉 시간과 장소를 정하고 훈련을 할 때 정기일기를 쓰도록 안내합니다. 정기일기법에서는 작업시간과 수입·지출을 기재하고, 몸과 마음의 작용(심신작용 처리건)과 사물이나 자연을 보고 느낀 감상이나 의심이 밝아진 내용(감각감상)을 기재합니다.

1. 당일의 작업 시간 수를 기재시키는 뜻은 주야 24시간 동안 가치 있게 보낸 시간과 허망하게 보낸 시간을 대조하여, 허송한 시간

이 있고 보면 뒷날에는 그렇지 않도록 주의하여 잠시라도 쓸데없는 시간을 보내지 말자는 것이요.

먼저, 정기일기에서는 그날의 작업시간 수를 기재합니다. 일반적으로 '작업'이라는 말을 '일을 한다.'는 의미로 사용하지, 공부에는 사용하지 않습니다. 또 대부분의 정기훈련은 일정한 규정을 가지고 수양, 연구, 취사의 시간이 각각 프로그램화되어 있기 때문에 어차피 마음대로 시간을 쓸 수 없으므로 특별히 작업시간을 따로 기재하는 것에 대한 의문을 갖는 사람도 있습니다. 하지만 조금 더 포괄적으로 생각해보면, '작업'에는 단순히 '일하는 시간'이라는 의미가 아닌 '가치 있게 보낸 시간과 허송한 시간'을 표준 잡게 하는 의미가 있습니다. 조금이라도 쓸데없는 시간을 보내지 않기 위해 작업시간 수를 점검하는 것입니다.

사람의 일생에 성공과 실패가 나뉘는 것은, 누구에게나 주어지는 하루 24시간을 어떻게 활용하는가에 달려있습니다. 시간을 소모하지 않고 잘 쓰는 인생은 빛날 것이지만, 시간을 소모해버리면 성공에서 멀어집니다. 가치 있게 보낸 시간과 허망하게 보낸 시간의 점검이 필요한 이유입니다.

그렇다면 가치 있는 시간이란 어떤 것일까요? 바로 복과 지혜를 장만하는 시간이 가치 있는 시간입니다. 공부를 해서 지혜를 밝힌다든지, 남을 위한 일을 하여 세상에 유익을 주고 복을 쌓는 것이 모두 가치 있는 시간에 포함됩니다. 물론 가치 있는 일을 위해서는 몸과 마음을 쉬게 하는 시간도 필요합니다. 그때의 운동, 수면, 휴식 역시 가치 있는 시간의 일부입니다.

그러나 이도 저도 아닌 시간이나 죄 짓는 시간을 보낸다면 일은 했더라도 절대 가치 있는 시간이라고 할 수 없습니다. 잘못된 일로 일생을 지내고 보면 남는 것이 없고 허망한 삶이 됩니다.

모든 시간이 가치 있는 순간으로 채워지면 그것이 하루, 한 달, 일생을 통해 쌓이면서 큰 힘이 됩니다.

2. 당일의 수입·지출을 기재시키는 뜻은 수입이 없으면 수입의 방도를 준비하여 부지런히 수입을 장만하도록 하며 지출이 많을 때에는 될 수 있는 대로 지출을 줄여서 빈곤을 방지하고 안락을 얻게 함이며, 설사 유족한 사람이라도 놀고먹는 폐풍을 없게 함이요.

또 정기일기에서는 그날의 수입과 지출을 기재합니다. 우리의 죄와 복은 부처님이나 하나님에게서 주어지는 것이 아니고 실지의 생활에서 사실적으로 주어집니다. 그것을 소태산 대종사께서는 당일의 수입과 지출을 기재하게 함으로써 사실적으로 안내해주었습니다.

수입은 적은데 지출이 많으면 패가망신할 게 뻔합니다. 또, 내가 벌 것은 생각하지 않고 과소비를 함으로써 빚을 갚기 위해 일생을 어렵게 사는 경우도 많습니다. 소태산 대종사께서는 수입·지출 기재를 가르치면서 조금이라도 반드시 저축을 하게 했습니다.

수입은 10인데 20을 먹으면 어려운 일이지만, 10의 수익 안에서 9만 먹고 1은 저축하면서 '어떻게 수입을 늘릴까.'를 고민하고, 지출이 많으면 '지출을 어디서 어떻게 줄일까.'를 고민하면서 정당한 수입과 지출에 대해서도 반드시 수지대조를 하게 했습니다.

수지대조는 경제적인 부분에만 해당하지 않습니다. 우리는 수도인이므로 정신의 수지대조를 함께 해야 합니다. 수양으로 쌓은 것보다 소모된 것이 많으면 정신과 마음이 저절로 가난하고 피폐해집니다. 정신과 생활은 결코 둘이 아닌 하나입니다. 정신과 육신 모든 부분에 대한 수입·지출의 대조를 점검해야 안락한 생활을 할 수 있습니다.

한 가지 더 중요한 것은 '부유한 사람이라도 놀고먹는 폐풍을 없게 한다.'고 한 부분입니다. 부유하다는 것을 불교적 의미로 생각해 보면 과거 언젠가의 복입니다. 그러나 과거로부터 아무리 차고 넘치는 복을 얻었다 할지라도 현재 노력하지 않으면서 그 복을 수용만 하면 복진타락(福盡墮落), 즉 복이 다하는 순간 곧바로 빈곤 생활로 떨어집니다. 현실이 부유하고 충분할지라도 놀고먹기만 하는 것은 진리적으로 결국 빚진 생활입니다. 이를 방지하기 위해서라도 수입·지출 대조가 중요합니다.

또한 현실적인 수입·지출 대조만큼 중요한 것이 혜수·혜시, 즉 내가 정당한 노력 없이 누군가에게 은혜 받은 내역과 내가 누군가에게 대가 없이 준 은혜의 내역을 잘 대조하는 것입니다. 내가 은혜를 베푼 경우, 현실 장부에서는 지출이 되었지만 단순한 지출에서 끝나지 않습니다. 진리적으로는 복과 은혜를 짓는 일이 되기 때문입니다.

현실적 수입·지출 대조에서는 수입보다 지출을 줄여서 저축을 해 나가고, 지출 방향에 있어서는 나를 위해서만 사용하는지 남을 위해서도 사용하는지를 파악해야 합니다. 특히 혜수·혜시를 대조하여 은혜를 받은 것보다 준 것이 많아야 진리적으로 복을 쌓는 삶이 됩니다.

3. 심신작용의 처리건을 기재시키는 뜻은 당일의 시비를 감정하여 죄복의 결산을 알게 하며 시비이해를 밝혀 모든 일을 작용할 때 취사의 능력을 얻게 함이요.

심신작용이란 눈·귀·코·입·몸·마음 육근을 사용해 업을 짓고 있는 모든 것을 말합니다. 작업은 업(業)을 짓는다는 뜻입니다. 우리는 현재 좋은 업을 지으며 살기도 하고, 나쁜 업을 지으며 살기도 합니다. 심신작용 처리건을 기재하면 내가 짓고 있는 업이 좋은 것[福, 복]인지 나쁜 것[害, 해]인지를 알 수 있습니다.

어떤 사람에게 내 마음을 상하게 하는 말을 들었다고 합시다. 그때의 나는 그것을 공부심으로 돌려서 수용할 수도 있고, 혹은 참지 못하여 상대와 똑같은 말을 던지는 것으로 대처할 수도 있습니다. 이런 마음의 작용과 상황을 있는 그대로 기재하고 보면 그 당시에는 모르고 지나갔던 것에 대한 결산이 됩니다. 옳고 그름을 분석하는 힘이 생기는 것입니다. 그것을 매일 반복하여 실행하고 보면, 나중에 어떤 일을 당했을 때 옳은 일은 취하고 그른 일은 피할 수 있는 취사의 능력을 얻게 됩니다.

마음공부가 궁극적인 경지에 이르고 보면 세 가지 통함을 얻습니다.

하나는 영통(靈通)입니다. 신령한 기운이 통하여 밝아지는 것입니다. 영통이 되면 전생 일이라든지, 당장 눈에 보이지 않는 세계의 일이 마음에 환하게 비칩니다. 영통은 주로 정신수양을 통해 얻습니다.

두 번째는 도통(道通)입니다. 사리연구 공부를 많이 하면 시비이해의 이치를 바르게 아는 진리의 힘이 생깁니다.

세 번째는 법통(法通)입니다. 진리를 깨닫는다는 것은 그 원리를 안 것이므로 사람이 어떻게 살아야 할 것인지를 저절로 알게 됩니다. 그래서 사람들이 처한 각각의 근기와 처지 또는 환경에 따른 도의 실천방향을 제시해줄 수 있습니다. 그날그날의 심신작용을 정기일기로 매일매일 기재하며 반조하면 자연스레 법통으로 이어집니다.

4. 감각이나 감상을 기재시키는 뜻은 그 대소유무의 이치가 밝아지는 정도를 대조하게 함이니라.

감각감상은 어떤 사물이나 현상을 보고 그 안에 깊아있는 진리성을 발견하여 기재하는 것입니다. 소태산 대종사께서 "집에 불이 나도 화재보험증서가 있으면 다시 집을 잘 지을 수 있듯이, 청정한 영혼은 이 보험증서와 같아서 몸은 없어져도 다시 잘 받을 수 있다."고 한 법문이 있습니다. 화재보험증서를 통해 진리의 이치를 설명한 이런 내용이 감상입니다. 생활 속에서 보고 깨달은 진리성을 기재해보면 예전에는 미처 몰랐던 것을 아는 계기가 되고, 자기 공부의 발전 정도를 대조할 수 있습니다.

감각감상은 도통으로 이어지는 길입니다. 소태산 대종사께서는 "모든 사물을 대할 때 그 일 그 일에 알음알이를 구하라."고 했습니다. 이 말은 곧 "그 일 그 일에서 진리를 깨달아야 한다."는 뜻입니다.

정기일기법 종합

정기일기법을 통해 작업시간과 수입·지출을 기재하게 하는 것은 복을 어떻게 지어가야 하는지를 알게 합니다. 심신작용 처리건과 감각감상을 기재하게 하는 것은 마음의 힘, 즉 심력을 얻어가게 하는 의미가 있습니다.

우리의 인생길을 열어가는 방법이 일기법에 들어있습니다. 일기법에서는 정기일기를 정기훈련 중 기재하게 했지만, 알고 보면 '정기훈련'은 특정 시간과 장소를 정해놓은 훈련에 한정되는 표현이 아닙니다. 우리의 평소 생활 속에 정기훈련적 요소가 그대로 들어있습니다. 그러므로 가능하다면 일상에서 늘 정기일기를 기재하는 것이 좋습니다. 작업시간, 수입·지출, 심신작용 처리건, 감각감상을 꾸준히 기재하면 각자의 생활정돈과 마음공부에 반드시 도움이 됩니다.

일기를 통해 복혜증진의 삶을 열어가고, 마음공부의 심력을 함께 쌓아갈 수 있습니다.

무시선법 1
언제나 마음공부 어디나 선방

개괄

소태산 대종사께서는 원불교 수행표어를 '무시선 무처선(無時禪 無處禪)'으로 삼았습니다. 정신수양, 사리연구, 작업취사, 즉 삼학으로 마음공부해가는 모습을 한마디로 표현한 것이 수행표어이고 그것이 '무시선 무처선'입니다.

〈정전〉에서는 '무시선법'이라고 했지만 사실 무시선법은 '무시선 무처선법'과 다르지 않습니다. 무시 무처에 하는 선법, 즉 때와 곳이 따로 있지 않은 선이라는 말을 풀어서 '언제나 마음공부 어디나 선방'이라고도 합니다. 언제 어디서나 마음공부와 선을 할 수 있게 한 것이 원불교의 공부법입니다. 말 자체로는 참 쉽고 평범하지만 절대 평범한 말이 아닙니다.

많은 사람들이 '선'은 조용하고 고요한 곳을 찾아가야 할 수 있는 것이라고 생각합니다. 그래서 일을 하며 선을 한다는 것을 상상조차 하지 못합니다. 더구나 과거에는 선을 할 때 화두 하나에 정신을 집중시키는 간화선(看話禪)[1]을 주로 취했습니다. 그런데 간화선은 화두를 늘 머릿속에 들고 있어야 하므로 컴퓨터 작업을 하면서는 할 수 없고, 운전을 할 때도 할 수 없는 공부입니다. 묵조선도 마찬가지입니다. 묵조선(默照禪)[2]은 모든 분별을 끊고 적적성성한 상태를 만드는 선법이므로 일을 하면서 혹은 생활을 하면서 할 수가 없었습니다. 그런데 소태산 대종사께서는 '무시선 무처선'이라고 했습니다. 우리는 이 뜻을 제대로 알아내야 합니다.

그렇다고 과거에 무시선의 개념이 없었던 것은 아닙니다. 큰 도를 깨달은 성자들은 하나같이 '수행의 마지막 단계에 이르면 오롯한 한 마음을 얻어 움직일 때나 고요할 때나 자유자재할 수 있어야 한다.'고 가르쳤습니다. 수행의 과정에 있어서는 간화선이나 묵조선 등 다양한 방법을 취하지만, 최종 목표는 결국 '무시선 무처선'과 통했던 것입니다.

소태산 대종사께서는 무시선법을 수행의 마지막 단계에 이르러야 가능한 경지가 아닌, '공부법'으로 밝혔습니다. 공부를 오래 해 온 사람만이 얻을 수 있는 특별한 경지가 아니라 공부를 처음 시작하는 사람도 때와 장소에 구애받지 않는 공부를 하게 했습니다. '언제나 마음공부 어디나 선방'이라는 말은 그래서 참 적절합니다. 이 공부법으로 하면 물건을 만들어내는 공장도 선방(禪房)이 될 수 있고,

농작물을 길러내는 논과 밭도 선방이 될 수 있고, 일상적인 업무가 이뤄지는 사무실도 선방이 될 수 있습니다. '어디나 선방'이라는 말은 특정 공간, 즉 교당이나 훈련원 또는 절과 같은 특별한 공간만이 선방이 아니고 가정과 직장을 포함한 일상의 모든 공간이 선방이 될 수 있다는 것입니다. '언제나 마음공부'라는 말도 마찬가지입니다. 밥을 먹거나 말을 하는 등 일상의 모든 순간이 선(마음공부)을 하는 때입니다.

'선'을 수양에 국한된 측면으로만 보면 이런 뜻이 와닿지 않습니다. 저도 '수양은 고요하고 정적이어야 한다.'는 생각에 치우쳤을 때가 있습니다. 그때는 '수도자는 고요하게 수양할 수 있는 시간을 늘 확보해야 한다.'는 생각이 많아서, 낮에 하던 일이 끝나지 않아 저녁까지 이어지면 짜증이 나고 싫은 마음을 냈습니다. 그러다 어느 순간 '우리가 수양과 연구를 하는 것은 결국 취사를 잘 함으로써 세상에 유익을 얻기 위한 것인데, 왜 작업취사 과정에 대해 싫은 마음이 날까.' 하는 생각을 스스로 하게 됐습니다. 그 당시의 저는 일(취사)은 공부로 생각하지 않고 수양과 연구만 공부라고 생각했던 것입니다.

우리의 마음공부는 수양만 가지고 하는 것이 아니라 연구와 취사를 포함합니다. 수양, 연구, 취사 이 세 가지가 겸전하여 원만히 함께 굴러가야[쌍전, 雙全] 원만한 인격을 이룰 수 있습니다. 활동하는 시대가 아니었던 과거에는 대체로 삶의 현장과 생활을 떠나서 공부를 했습니다. 그러다 보니 생활 속 삼학이 아닌 생활을 떠난 삼학일 수밖에 없었고, 고요하고 조용한 것을 위주한 삼학공부였습니다.

그러나 소태산 대종사께서는 새 회상을 펼칠 때, 활동하는 시대에 맞는 법을 구상했습니다. 생활 속에서 삼학을 단련해나갈 수 있게 한 것입니다. 무시선법도 마찬가지입니다. '선'을 바꿔 말하면 결국 '마음공부'입니다. 마음공부는 곧 삼학공부이고, 삼학공부는 일이 있을 때나 없을 때에 관계없이 동정 간에 늘 해야 하는 공부입니다. 일을 하는 가운데 취사가 이뤄지기 때문에 일과 생활을 하지 않으면서 취사 공부를 할 수는 없습니다. 연구 역시 특별한 일을 하지 않을 때 주로 하지만 일을 할 때에도 연구가 필요합니다. 수양도 주로 일이 없을 때 하지만 또 일 속에서 수양을 해야 진짜 수행이 됩니다.

삼학 병진은 일이 있을 때나 없을 때나 끊임없이 마음공부를 해가는 것을 말합니다. 그러면 끊임없이 해가는 마음공부 표준을 어떻게 삼으면 좋을까요? 수양의 측면에서는 산란한 마음을 고요한 마음으로, 풀어지는 마음을 일심으로 만들어나가는 것이 마음공부입니다. 연구의 측면에서는 어두운 마음을 밝은 마음으로, 몰랐던 마음을 알아가는 마음으로 만드는 것이 마음공부입니다. 취사의 측면에서는 죄를 짓는 생활이 복을 짓는 생활로 변화하고, 나에게 있는 좋지 않은 습관을 자꾸 고쳐서 좋은 습관으로 만들어가는 것이 마음공부를 잘 하는 것입니다. 마음공부란 결국 내 마음을 고요하고 밝고 바르게 만드는 일입니다.

마음을 고요하고 밝고 바르게 만들어갈 때 우리가 표준으로 삼아야 할 것은 일원상입니다. 둥그런 일원상이 곧 고요한 자리이고, 밝은 자리이고, 바른 자리입니다. 소태산 대종사께서도 "우리 마음을 일원상처럼 만들어가는 것이 마음공부"라고 했습니다. 그 둥근 마음은 부처님에게도 있고, 우리 모두에게도 있습니다. 본래 갖춰져 있는 마음의 본성이 바로 일원상입니다.

자기 마음자리가 스스로 해득되지 않는 것은 밝은 마음이 아닙니다. 그 마음을 잘 길러나가는 것이 우리의 수양 공부이고, 그 마음을 잘 알아가는 것이 우리의 연구 공부이고, 그 마음을 잘 써나가는 것이 우리의 취사 공부입니다. 소태산 대종사를 비롯하여 과거의 많은 성자들은 하나같이 '선'을 말했습니다. 하지만 여기에서의 '선'은 단순히 내 마음을 가라앉히는 것만을 뜻하지 않습니다. 가라앉힌 그 마음에서 광명을 얻고, 밝은 그 마음에서 바르게 실천하는 것까지가 아울러져야 참된 마음공부라고 할 수 있습니다.

차별하거나 붙잡히지 않는 본래 마음

이제부터는 무시선법의 구절구절을 상세히 살펴보겠습니다.

먼저 '대범, 선(禪)이라 함은 원래에 분별 주착이 없는 각자의 성품을 오득하여 마음의 자유를 얻게 하는 공부인 바, 예로부터 큰 도에 뜻을 둔 사람으로서 선을 닦지 아니한 일이 없나니라.'고 밝힌 첫 단락입니다.

선이라 함은 원래에 분별 주착이 없는 각자의 성품을 오득하여 마음의 자유를 얻게 하는 공부라고 했습니다. 언뜻 생각하면 굉장히 어려운 말 같습니다. 그러나 알고 보면 어렵지 않고, 앞서 이야기한 내용들을 강령적으로 표현한 것이라고 이해하면 좋습니다. 본래 선이라는 것은 가만히 앉아서, 또는 마음을 억지로 묶어서 일심을 만드는 공부가 아닙니다. 그것은 참된 선의 자리, 참된 선의 경지로 나가기 위한 하나의 기초 방법에 불과할 뿐, 선의 전체라고 할 수는 없습니다.

분별이란 이 생각 저 생각, 쉽게 말하면 천만 가지로 생각이 흩어지는 것을 말합니다. 주착이란 그러한 각각의 마음이 어느 한 곳에 머물러 있거나 고정되어 있는 것을 말합니다. 분별과 주착이 있으면 본래 나의 참 마음이 제대로 드러나지 못합니다. 참 마음의 그 자리는 분별도 끊어지고 주착도 없는 자리입니다. 그것을 '성품'이라고 합니다.

오득이라는 말은 깨달을 오(悟) 자에 얻을 득(得) 자를 써서, 내 마음을 내 것 삼는 힘을 말합니다. 마음의 자유란, 어떤 일을 당했을 때 능히 우리가 본래 가진 그 마음의 힘을 나투어 쓸 수 있는 것입니다. 그 실력을 갖게 하는 것이 '선'입니다. 무시선법 첫 단락에 삼학 공부가 모두 들어있습니다. 결국 마음의 실력을 갖추기 위해서는 삼학으로 공부를 해갈 수밖에 없습니다.

그래서 예로부터 큰 도에 뜻을 둔 사람으로서 선을 닦지 아니한 일이 없다고 했습니다. 마음의 힘을 쌓아가는 공부를 하지 않으면서 '진리를 깨달았다.' 또는 '진리적 생활을 한다.'고 하는 것은 거짓말입니다. 그건 불가능합니다. 마음공부를 한다는 것은 내 마음을 찾는 것이고, 나의 참 마음을 찾으려면 수양·연구·취사의 세 가지 방법을 통해야 합니다. 그러지 않고서는 참 마음을 얻을 수 없습니다. 이것은 만고의 대원리입니다.

'대범 선이라 함은~'에서 '선'을 '마음공부'로 바꿔보겠습니다. '대범 마음공부라 함은 원래에 분별 주착이 없는 각자의 본래 마음을 알아서 마음을 써나갈 때 자유를 얻게 하는 것'이라고 해도 의미가 충분히 통합니다. 자유를 얻는다는 말은 자행자지하며 마음대로 산다는 뜻이 아닙니다. 여기에서의 '자유'는 나의 마음을 빼앗아가는 경계에게 마음의 힘을 뺏기지 않아 내 참 마음자리가 그대로 드러나는 것입니다. 참 마음자리가 그대로 잘 드러날 때 나와 너, 그리고 세상에 오직 자비와 덕화와 은혜가 나타납니다.

그러므로 '선'은 마음공부의 요체입니다. 우리는 마음공부를 하기 위해 법신불 일원상을 수행의 표준으로 삼고, 삼학으로 공부길을 삼았습니다. 무시선법의 첫 대목에는, 선은 가만히 앉아 고요함만을 추구하는 것이 아니라 수양·연구·취사의 세 가지 공부법으로 어느 곳 어느 때나 하는 것이라는 의미가 담겼습니다. 견성과 양성과 솔성을 모두 아울러야 참다운 선이고, 참다운 마음공부입니다.

무시선법에서는 이 개념을 먼저 확실히 알아야 합니다. 마음에 분별이 없다는 것은 무엇을 나누지 않는다는 것이고, 주착이 없다는 것은 마음이 어디에 붙잡혀 있지 않는다는 것입니다. 무엇을 나누지도 않고 어디에 붙잡히지도 않는 마음이 우리의 본래 마음입니다.

그런 본래 마음을 잘 길러서 쓰면 자연히 마음의 자유를 얻습니다. 이것이 선 공부입니다. 가만히 앉아 분별주착이 없는 각자의 마음을 잘 길러내는 것도 선이지만, 그 마음을 실생활에서 그대로 사용할 수 있어야 참다운 선입니다.

1) 간화선: 선(禪) 수행방법 중 화두(話頭)를 들고 수행하는 참선법.
2) 묵조선: 선 수행법 중 망상과 잡념을 없애고 고요히 앉아 진리를 깨닫는 선법.

무시선법 2
작은 것을 크게 만드는 공부

다음은 '진공으로 체를 삼고 묘유로 용을 삼아야 한다.'는 구절입니다. 이 구절에는 참다운 선에 대한 강령이 담겨있습니다.

먼저 '진공으로 체를 삼는다.'입니다. 진공은 참 진(眞) 자, 빌 공(空) 자를 써서, 마음이나 생각이 어디에 붙잡힌 바 없이 허공처럼 비어있는 상태를 말합니다. 일반적으로 공(空), 즉 '비어있다.'고 하면 모든 마음을 다 없애버린 상태로 생각하기 쉽습니다. 그러나 진공으로 체를 삼는다고 할 때의 '공 자리'는 무정물처럼 아무런 감정이나 마음이 없는 상태를 말하는 것이 아닙니다. 앞서 좌선법에서 우리는 '적적성성'을 공부했습니다. 바로 이 적적과 성성이 함께 있는 상태가 진공의 모습입니다. 적적하기만 하면 무정물 같은(감정이 없고 건조한) 선이 되기 쉽습니다. 반드시 성성한 기운이 함께 깔아 있어야 합니다.

'진공으로 체를 삼는다.'는 무감각한 것을 말하는 것이 아닙니다. 생생하게 살아있지만 그 마음이 나뉘거나(분별) 붙잡힘(주착)이 없는 상태를 표준 잡는다는 뜻입니다. 대산 종사께서는 진공의 마음을 '대공심(大空心)'이라고 표현했습니다. 크게 빈 마음이라는 뜻입니다. 보통의 우리는 '비었다.'를 '아무것도 없다.'는 식의 무정물 같은 마음으로 이해합니다. 그런데 대산 종사께서 이를 '큰 마음'이라고 표현함으로써 '모든 것을 포함하고 모든 것을 하나로 아우르는 마음 상태'를 확실히 이해하게 했습니다.

큰 마음을 표준 잡으면 작은 것은 자연히 비워집니다. 소태산 대종사께서는 '우리 공부는 작은 것을 크게 만드는 것 외에 다른 것이 없다.'고 했습니다. 작은 것을 없애라고만 하면 '없애야 한다.'는 그 마음이 망념이 되기 쉽습니다. 하지만 마음을 아예 크게 가져 버리면 사사롭거나 작은 욕심이 나지 않습니다. '진공으로 체를 삼는다.'는 곧 '큰마음'이라는 뜻입니다.

마음이 자꾸 커져서 전체를 총섭할 수 있는 마음이 되면 작은 마음은 굳이 없애려 하지 않아도 그 안에서 자연히 녹습니다. 가령, 한 가정의 발전을 위해 노력하는 사람은 자기 자신이 먹고 싶은 것을 참습니다. 한 사회가 잘 살도록 노력하는 사람은 개인적인 욕심은 물론이고 가정 일을 향한 생각을 줄입니다. 국가와 사회를 위해 일하고자 하는 사람도 마찬가지입니다. 이렇듯 큰 데에 목적을 두고 마음과 정신을 쏟으면 그 안에서 작은 것을 향한 마음은 작아집니다. '진공으로 체를 삼는다.'는 말을 다르게 표현하면 '큰 마음으로 체(표준)를 삼는다.'입니다.

본래 이 세상의 모든 것은 둘이 아닌 큰 하나로 이루어져 있습니다. 그러나 그것을 모르기 때문에 큰 하나를 조각내며 살아갑니다. 전체를 하나로 생각하고 나가는 큰 마음이 곧 진리에 부합하는 마음입니다. 이렇게 이해하면 진공으로 체를 삼고 나아가는데 훨씬 도움이 됩니다. 자꾸 사소한 마음 하나를 없애는 것에만 초점을 맞추면, 그 작은 것 하나도 제대로 없애지 못하고, 오히려 얽매여 더 큰 마음을 내지 못합니다. 마음을 키우면 작은 것은 자연히 녹습니다. 그렇게 하면 공부가 훨씬 쉽습니다.

다음은 '묘유로 용을 삼는다'입니다. 묘유는 묘할 묘(妙) 자, 있을 유(有) 자를 써서, 묘하게 있다는 뜻입니다. '묘하다.'라는 말은 주로 어떻게 해서 그렇게 되었는지를 모를 때 사용합니다. 묘유 역시 비슷한 느낌으로 '분명 뭔가가 있기는 있는데(나타나기는 나타났는데) 어떻게 해서 있게 되었는지를(나타나게 되었는지를) 모르겠다.'는 의미로 이해하면 좋습니다.

그렇게 보면 뭔가가 생겨난 마음의 흔적을 잡을 수 있는 것은 묘유가 아닙니다. '사람이 마음을 쓰는데 어떻게 저런 마음을 쓰는지 모르겠다.'와 같이 측량할 수 없는 그것이 바로 묘유입니다. 또 묘유는 분별 주착이 없는 데에서 나오는 마음이어야 가능합니다. 어떤 사람의 마음평수가 열 평인지, 백 평인지, 만 평 또는 십만 평인지,

그 평수를 감히 가늠할 수 없는 그것이 묘유입니다.

진공으로 체를 삼는 것과 묘유로 용을 삼는 것은 둘이 아닙니다. 진공만 있고 묘유가 없으면 참 진공이 아니고, 반대로 묘유만 있고 진공이 없으면 참 묘유가 아닙니다. 그러나 '바탕이 되는 마음'과 '활용이 되는 마음'을 두 가지로 나눠 설명하려다 보니, '진공으로 체를 삼고' '묘유로 용을 삼는다'라고 표현이 나뉜 것뿐입니다. 진공과 묘유는 결국 한마음의 작용입니다. 다만 마음이 사용될 때는 묘유로써 나타나고, 그 마음을 거두어 잡을 때는 진공의 체를 바탕삼습니다. 진공으로 체를 삼고 묘유로 용을 삼는다는 것은 '하나의 마음을 갖고 하나의 생활을 하는 것'입니다.

대산 종사께서는 마음공부의 최고 표준을 빌 공(空) 자와 공변될 공(公) 자를 써서 '대공심 대공심(大空心 大公心)'이라고 세워주었습니다. 크게 텅 빈 마음, 그리고 크게 공변된 마음이라는 뜻입니다. '진공으로 체를 삼고 묘유로 용을 삼는다.'라는 표현이 조금 어렵게 느껴진다면, '대공심 대공심'을 생각하면 쉽습니다. '진공으로 체를 삼는 것'을 첫 번째 대공심(大空心)인 '크게 텅 빈 마음'으로 표준 잡으면, 그 큰 마음 안에 모든 것을 다 품을 수 있습니다. 작은 욕심이 비워질수록 마음은 커지고, 마음이 커질수록 작은 것은 저절로 사라집니다. 그렇게 마음의 폭을 자꾸 키워나가고자 노력하면 큰 마음이 됩니다.

큰 마음이 나오는 그것이 두 번째 대공심(大公心)입니다. 큰 마음이 되고 보면 나의 생활과 활동에서 크게 공변된 마음, 즉 어느 것에 치우치거나 사사롭지 않은 공평한 마음이 나타납니다. 그러면 저절로 전체에 유익을 주는 공도자가 됩니다. 이것이 힘 있는 공부이고, 힘 있는 선이고, 참다운 선입니다.

무기력하게 가만히 앉아 자신의 마음만 다독이는 것은 큰 선 가운데 일부일 뿐, 선의 전부가 아닙니다. 본래 성품은 진리와 둘이 아닙니다. 그 큰 진리와 우리의 성품이 그대로 하나가 될 때 참다운 선 공부를 했다고 할 수 있고, 삼학을 병진하는 공부를 했다고 할 수 있습니다.

세상에 유익을 주고자 하면 나의 개인적 욕심이 떨어져야 합니다. 마음에 욕심이 있고서는 남에게 유익을 줄 수 없습니다. 안으로 욕심이 녹으면 진공으로 체를 삼은 것이 되고, 욕심이 비워지고 녹을수록 다른 사람에게 은혜와 보은으로 유익을 줄 수 있습니다. 이것이 묘유로 용을 삼은 '공평하고 하나 된 마음'입니다.

무시선법 3
일심양성 정의실행

　이제는 어떻게 참다운 선을 닦아갈 것인가에 대해 살펴보겠습니다.

　소태산 대종사께서는 무시선법에서 "경에 이르시되 '응하여도 주한 바 없이 그 마음을 내라.' 하셨다."고 했습니다. 응무소주이생기심(應無所住而生其心)이라는 말은 불교 경전인 〈금강경〉에 나오는 구절입니다. 육조대사가 이 구절을 듣고 견성을 했다고 전해집니다. 응하여도 주한 바 없이 그 마음을 내는 공부가 바로 진공으로 체를 삼고 묘유로 용을 삼는, 즉 '마음을 닦는 공부'입니다.

　소태산 대종사께서는 "이 방법이 어려운 것 같으나 그 닦는 법만 자상히 알고 보면 괭이를 잡은 농부도 선을 할 수 있고, 주판을 든 점원도 선을 할 수 있다."고 했습니다. 이 말은 천지개벽과도 같은 말입니다. '신분이나 직업과 관계없이 누구나 어디서든' 선을 할 수 있다고 했기 때문입니다. 방법을 모르면 아무도 선을 할 수 없지만 방법만 자상히 알면 누구라도 할 수 있는 것이 선이므로, 구차하게 처소를 택하거나 동정을 말할 필요가 없습니다. 일이 있거나 없거나, 또는 시장 거리에 서 있거나 조용한 곳에 들어가 있거나 누구나 어디서든 선을 할 수 있으므로 '무시선법'이라고 합니다.

그렇다면, 어떻게 해야 진공으로 체를 삼고 묘유로 용을 삼는 마음을 단련해나갈 수 있을까요? '응하여도 주한 바 없이 마음을 내라.'고 했지만 사실 이 구절은 좀 어렵게 느껴집니다. 그것을 소태산 대종사께서는 아주 쉽게 표현했습니다. '경계를 대할 때마다 … 항상 끌리고 안 끌리는 대중만 잡아갈지니라.' 여기에 핵심이 담겼습니다.

끌리고 안 끌리는 대중을 잡는 것이 곧 응무소주이생기심이고, 응무소주이생기심은 곧 진공으로 체를 삼고 묘유로 용을 삼는, 즉 분별 주착이 없는 우리의 성품을 단련하는 공부입니다. 그렇다면 끌리고 안 끌리는 대중을 잡는 것이 왜 선 공부가 되는 것일까요?

과거에 이 구절을 오해했습니다. '끌리고 안 끌리는 대중만 잡아 갈지니라.'라는 말에서 '대중 잡는' 것에만 초점을 맞췄던 것입니다. 그래서 어떤 마음이 나면 '이 마음이 끌려서 나오는 마음인가. 끌리지 않고 나오는 마음인가.'만 생각하고, 끌려서 나오는 마음을 거두어들이기에 바빴습니다. 그렇게 10년 넘게 공부를 하다가 어느 순간, 내가 했던 끌리고 안 끌리는 대중을 잡는 공부는 주로 수양에만 초점을 맞춘 공부임을 알게 되었습니다.

소태산 대종사께서 끌리고 안 끌리는 대중을 잡아가라고 한 목표는 '분별 주착이 없는 각자의 성품을 깨달아서 마음의 자유를 얻는 것'입니다. 우리의 마음은 본래 청정하고 고요하여 분별과 주착이 없습니다. 하지만 어딘가에 끌려가면 분별·주착이 생깁니다. 분별·주착이 생긴 그 마음으로는 좋은 생각과 좋은 취사를 할 수 없습니다. 이미 한 쪽에 치우치고 끌린 마음에서 나온 생각과 취사이기 때문입니다. 그런 마음은 참 선이라고 할 수 없습니다.

애초 첫 출발부터 끌림이 없는 그 자리에 바탕을 둬야 합니다. 그 자리가 바로 분별·주착이 없는 자리이고, 진공으로 체를 삼은 자리이고, 큰 마음자리입니다. 그 마음 바탕이 제대로 잡혀야 '묘하게 나타나는' 묘유가 될 수 있습니다. 끌림이 있는 마음으로는 묘유가 될 수 없습니다.

무시선법을 공부할 때 특히 이 대목을 오해하지 말아야 합니다. 끌리고 안 끌리는 대중만 잡으라는 것은, 끌림이 없는 그 마음 가운데 진공묘유한 마음자리를 알아 그대로 잘 쓰라는 의미입니다. 끌리지 않으려고 마음을 고집스럽게 꽉 잡아두는 것만을 공부로 알면 안 됩니다. 끌림이 없다는 말을 한자로 표현하면 부동(不動)입니다. 동함이 없으면, 즉 마음이 움직이지 않으면 그 상태가 허공처럼 비어있는 마음입니다. 분별과 주착은 마음이 끌리기 때문에 생깁니다. 끌림이 없는 원래의 마음은 하늘처럼 청정하고 텅 비어있습니다.

무시선법의 '끌리고 안 끌리는 대중만 잡아가라.'와 상시응용 주의사항 1조의 '응용할 때 온전한 생각으로 취사하라.'는 서로 통합니다. 끌림이 없는 그 자리가 온전한 자리입니다. 끌리지 않는 그 마음을 대중잡으면 온전한 마음을 챙길 수 있고, 그 마음에서 원만한 생각과 바른 취사가 나옵니다. 결국 끌리고 안 끌리는 대중을 잡는 그것이 삼학공부입니다.

이러한 방법만 확실히 알면 주판을 들고 있어도, 농사를 하는 사람도, 이외에 어떤 일을 하는지와는 관계없이 그 일 그 일에 온전하게 일심으로 사리를 잘 판단하고 취사하는 선 공부를 할 수 있습니다. 그것이 영육쌍전(정신과 육체를 함께 단련하는 것)·이사병행(공부와 일을 병행하는 것) 공부입니다.

이 때, 끌리고 안 끌리는 대중을 잡는 것이 핵심 포인트이지만 우리의 마음은 그렇게 간단하지 않습니다. 끌리고 안 끌리는 대중을 잡아 마음을 탁 잡아버린 순간에 끌려가지 않으면 참 좋을 텐데 단숨에 되지 않습니다. 그것을 목우(牧牛, 소를 길들여가는 과정)에 비유합니다. 마음을 길들이는 일은 소를 길들여가는 과정과 비슷합니다. 처음에는 마음을 붙잡아 끌리지 않으려고 해도 자꾸만 경계에 끌려갑니다. 하지만 힘을 써서 하고 또 하다 보면 차차 조숙이 되면서, 처음에는 무작정 끌려가던 마음이지만 '챙기면' 끌려가지 않게 됩니다. 그러나 그 경지도 아직 공부가 다 된 것은 아닙니다. 힘을 써서 마음이 끌려가지 않는 정도이기 때문입니다. 거기에서 더 순숙되고 단련되면 마음을 자연스럽게 놓아도 끌려가지 않습니다. 저절로 옳지 않은 마음을 내지 않게 됩니다. 길이 잘 든 소라면 목동이 끌어당기지 않아도 스스로 길을 찾아가는 것과 마찬가지입니다. 놓아도 끌리지 않는 정도가 되어야 마음공부가 잘 되었다고 할 수 있고, 참다운 공부를 했다고 할 수 있습니다.

정산 종사께서는 마음공부를 집심, 관심, 무심, 능심의 네 단계로 설명했습니다.

집심은 잡을 집(執) 자, 마음 심(心) 자를 써서, 상당한 힘을 들여 마음을 붙잡는 것을 말합니다. 마음을 잘 붙잡아두는 공부를 통해 마음이 그다지 크게 움직이지 않는 정도가 되면 다음 단계는 관심입니다. 볼 관(觀) 자, 마음 심(心) 자를 씁니다. 마음이 가는 대로 지켜보다가 잘못된 곳으로 갈 때만 붙잡는 단계입니다. 거기에서 마음공부가 더 익으면 무심이 됩니다. 없을 무(無) 자를 써서, 붙잡으려고 하는 그 마음조차 놓는 단계입니다. 그때는 붙잡지 않아도 마음이 알아서 바르고 옳은 길로 향합니다. 무심에서 힘이 더 쌓이면 능할 능(能) 자를 쓴, 능심이 됩니다. 마음을 희로애락 어디에 두어도 절대 끌리지 않습니다. 어디에도 끌리지 않기 때문에 사사로움이 없어 늘 대중에게 유익을 줍니다. 그런 마음은 쓸수록 사람들을 제도하고, 상대로 하여금 좋은 마음을 내게 합니다.

이렇게 마음공부를 오래오래 잘 하고 보면 시비선악과 염정제법이 다 제호(醍醐)의 일미(一味)[1]를 이룹니다. 선이든 악이든, 좋은 것이든 좋지 않은 것이든, 일체의 모든 것이 진공묘유한 나의 한 마음을 넘어서지 못합니다. 그 한 마음이 전체를 총섭하여 어디에서나 여여합니다. 의두요목 중 '세존이 왕궁가에 내리셨으나 도솔천을 떠나지 않고 모태 중에서 중생제도하기를 다 마쳤다.'는 조목의 해답을 여기에서 유추해볼 수도 있습니다. 왕궁가든 도솔천이든, 여여한 마음만 있다면 이쪽으로 가도 저쪽으로 가도 늘 같은 마음입니다. 선을 참으로 잘 하는 사람은 여일(如一)합니다. 그래서 동정삼매, 즉 동할 때나 정할 때나 극락을 수용합니다.

무시선의 총체적인 강령은 '육근이 무사하면 잡념을 제거하고 일심을 양성하며, 육근이 유사하면 불의를 제거하고 정의를 양성하라.'입니다. 육근이 무사하다는 말은 육근을 사용할만한 특별한 일이 없는 때를 말합니다. 일이 없을 때는 잡념을 제거하고 일심을 양성함으로써 진공으로 체를 삼는 힘을 길러야 합니다. 반대로 육근이 유사하면, 즉 육근을 사용할 때는 불의를 제거하고 정의를 양성함으로써 욕심경계에 끌리지 않는 바른 마음으로 일을 해야 합니다. 일심은 진공과 관련이 있고, 정의는 묘유와 연결됩니다.

"일심과 정의는 서로 어떠한 관계입니까?"라는 제자의 질문에 정산 종사께서는 "잡념이 동하면 불의가 되고 일심이 동하면 정의가 된다."고 했습니다. 진공으로 체를 삼을 때 묘유가 나오고, 묘유는 진공의 바탕없이 이룰 수 없습니다. 이것이 우리가 무시선을 하는 핵심입니다. 무시선의 강령에 밝혀진 것처럼, 일이 없을 때는 어떻게든 잡념 제거와 일심 양성을 위해 노력하고, 일이 있을 때는 불의 제거와 정의 양성을 위해 노력해야 합니다.

'어떻게 해야 일심 양성이 되고 정의 실행이 되는가?'의 해답은 결국 '끌리고 안 끌리는 대중을 잡아가는 것'입니다. 그 한 마음을 계속 챙길 때 일심 양성과 정의 실행을 이룰 수 있습니다. 이러한 법만 자세히 알면, 누구든지 언제 어디에서나 선을 할 수 있습니다. 소태산 대종사께서는 무시선법을 통해 참다운 선을 밝혔습니다.

한 가지 더, 무시선법 내용 가운데 우리가 꼭 마음에 담아야 할 것이 있습니다. 그건 바로 '앉아서만 하고 서서 하지 못하는 선은 병든 선'이라는 표현입니다. 과거에는 선을 어렵게 생각하여 처자(배우자와 자녀)가 있어도 못하고, 직업을 가져도 못하고, 산중에 들어가 조용히 앉아야만 할 수 있다고 생각했습니다. 그러나 소태산 대종사께서는 "이것은 모든 법이 둘 아닌 큰 법을 모르는 연고"라고 했습니다.

이러한 가르침을 받은 우리는 무시선이 죽은 선 또는 병든 선에 머물지 않도록 해야 합니다. 삼학병진을 통해 대도(大道)를 이루고, 큰 수행을 할 수 있는 법을 확실히 알았으므로 활선(活禪)을 닦아야 합니다.

---

1) 제호일미: 깨달은 이의 숭고한 경지를 아주 맛있는 음식에 비유하여 이르는 말. 비교할 수 없이 좋은 맛. 가장 숭고한 부처의 경지를 의미하는 말.

참회문
묵은 생활 청산하고 새 생활 개척

개괄

소태산 대종사께서는 〈정전〉 수행편에 왜 참회를 밝혔을까요?

참회는 소태산 대종사께서만 말한 것이 아닙니다. 참회문 첫 단락에 '제불 조사가 이구동음으로 참회문을 열어놓았다.'는 구절이 있습니다. 기독교에는 '회개'라 하여 원죄에 대해 종용하고, 불교에서는 여러 생을 오가며 쌓인 업을 털어내는 방법으로 '참회'를 가르칩니다.

어떤 사람이라도 죄 없이 사는 사람은 없습니다. 갓 태어난 아기도 현실적으로는 아주 천진무구하지만 진리적으로는 과거의 업을 가지고 있습니다. 성자들이 종교의 문을 연 이유는 죄업에 빠져 살아가는 중생들을 구제하여 더 좋은 세상, 더 착한 세상을 만들기 위함입니다.

우리가 성자들의 가르침을 통해 죄업 가득한 중생의 삶을 놓고 참 진리의 세계를 향해 나아가고자 한다면, 과거의 삶에 대한 반성이나 뉘우침이 반드시 선행되어야 합니다. 자기 자신의 삶을 진지하게 바라보고 성찰하면서 철저한 참회가 이뤄져야 올바른 수도생활이 됩니다. 그러므로 참회는 종교의 문에 들어온 사람이라면 누구나 거쳐야 할 관문입니다. 과거의 생활을 놓고 나를 새롭게 하여 새 생활을 전개해나가는 것이 참회입니다. 참회 없이 수도를 한다는 것은, 말하자면 묵은 먼지를 그대로 둔 채 청소하는 것과 같습니다. 이는 모래위에 집을 짓는 격입니다. 그래서 소태산 대종사께서는 참회문을 따로 밝혔고, 과거 성자들도 모두 참회의 길을 말했습니다.

죄업의 근본은 탐진치

이 우주에는 음양상승하는 원리가 있습니다.

〈대종경〉 인과품에 '우주의 진리는 원래 생멸이 없이 길이 돌고 도는지라….'라는 법문이 있습니다. 우주의 진리는 언제 생긴 것도, 언제 없어진 것도 아닙니다. 이를 '무시무종(無始無終)'이라고 합니다. 시작도 없고 끝도 없다는 뜻입니다.

시작도 없고 끝도 없는 진리는 길이 돌고 돕니다. 그러므로 가는 것이 오는 것이 되고, 오는 것이 가는 것이 됩니다. 만약 돌고 돌지 않는다면 가는 것은 늘 가버리고 오는 것은 늘 오기만 할 텐데,

그렇지 않습니다. 가는 것은 반드시 오는 것이 되고 오는 것은 반드시 가는 것이 되며, 주는 사람은 반드시 받는 사람이 되고 받는 사람은 반드시 주는 사람이 됩니다. 이것은 절대 변하지 않는 인과의 대원칙입니다.

　인과의 원칙이 곧 '음양상승하는 도'입니다. 음양은 음 기운과 양 기운, 즉 차가운 기운과 따뜻한 기운을 말합니다. 우리는 음양상승의 원리를 쉽게 알 수 있습니다. 계절로 보면 여름이 지나 가을과 겨울이 오고, 겨울이 지나면 반드시 봄과 여름이 옵니다. 하루로 보면 낮과 밤이 늘 교차합니다. 음과 양의 기운은 이렇듯 끊임없이 순환 무궁합니다. 인과도 음양상승의 원리와 같습니다. 우리가 어떠한 인(因, 원인)을 지으면 그것이 씨앗이 되어 음양상승하는 도를 따라 어떤 결과(果)를 가져옵니다. 그리고 그 결과는 거기에서 끝나지 않고 다시 인이 되어 음양상승의 도를 따라 또 다른 결과를 만듭니다. '선행자는 후일에 상생의 과보를 받고 악행자는 후일에 상극의 과보를 받는 것이 호리도 틀림이 없는' 이유입니다.

　우주에는 음양상승하는 도가 있어서, 착한 씨앗(선행)을 뿌리면 반드시 좋은 결과를 가져옵니다. 사라지거나 묻히거나 바뀌지 않고 반드시 그대로 작용합니다. 나쁜 씨앗(악행)을 뿌린 경우도 마찬가지입니다. 나쁜 행동을 했다면 반드시 좋지 않은 과보를 받는 것이 이치입니다. '절대 불변'하는 이 이치를 얻고자 하면, 즉 상생상극의 업력을 벗어나 영원히 참 자유생활을 하고자 하면 참회 개과하는 수밖에 없습니다. 모든 성자들은 참회의 문을 통해 그 길을 열어주었습니다.

참회는 과거의 묵은 생활을 버리고 새 생활을 열어가는 방법입니다. 과거의 묵은 생활이 좋은 것으로만 이루어졌다면 그대로 잘 이어가면 됩니다. 하지만 묵은 생활이라는 말에는 정법을 만나기 이전의 생활이라는 뜻이 담겨있습니다. 바른 부처님, 또는 성자들의 좋은 법을 만나기 이전의 생활은 아무래도 진리의 자각이 없는 때이므로 알게 모르게 많은 죄업을 지으며 살아왔을 것입니다. 그러한 과거의 묵은 생활을 청산하고 새로운 생활을 열어가는 것이 바로 참회입니다.

참회는 묵은 생활을 놓고 새 생활을 개척하는 첫 걸음(초보)입니다. 그리고 악도를 놓고 선도에 들어오는 첫 문(초문)입니다. 참회가 있어야 과거 생활을 청산하고 새로운 생활로 나아갈 수 있습니다. 참회가 없다면 늘 같은 생활에 머물게 됩니다.

새로운 생활이란, 부처님이나 성자들의 법을 받들어서 죄업을 짓지 않고 선업을 쌓는 생활을 말합니다. 종교적으로 표현하면 '불지를 향해 나아가는 수도생활'이라고 할 수 있습니다. "새로운 삶을 살고 싶다."는 생각이나 말은 누구나 할 수 있지만, 진정한 참회 없이는 진정으로 새 생활의 기회를 얻을 수 없습니다.

과거의 생활을 참회하는 방법은 두 가지가 있습니다. 하나는 사참이고, 하나는 이참입니다.

먼저 사참은 일 사(事) 자, 뉘우칠 참(懺) 자를 써서, 몸과 마음을 작용해나갈 때 '내가 그동안 이렇게 잘못된 생활을 해왔구나.' 또는 '잘못된 습관, 잘못된 마음이 있었구나.'를 확실히 알고 뉘우쳐 새로운 악업을 짓지 않고 좋은 업을 지어나가는 것입니다. 일 가운데 하는 참회이므로 사참이라고 합니다. 좋은 업과 나쁜 업을 짓는 것은 내 몸과 마음을 어떻게 작용하는가에 따라 좌우됩니다. 악업을 놓고 선업을 짓는 일을 계속 하다 보면 과거의 묵은 업과 습관이 점점 떨어지고 좋은 습관이 새롭게 길듭니다. 사참을 통해 악도에서 선도로 점차 나아갈 수 있습니다.

두 번째 참회 방법은 이참(理懺)입니다. 우리가 일 가운데 선업을 짓는 것은 결국 한 마음이 있어 가능합니다. 우리는 좋은 마음을 내게 하는 요인도 가지고 있고, 좋지 않은 마음을 내게 하는 요인도 가지고 있습니다. 사참을 통해 좋은 마음을 내고 그것을 그대로 나의 삶에 옮기고자 할 때 어쩌다 한두 번은 그 마음이 나서 가능했더라도 습관이 남아있으면 나쁜 마음으로 다시 끌려갑니다. 따라서 진정한 사참으로 나아가려면 내 마음을 잘 정리하는 것을 전제조건으로 알아야 합니다. 이때 마음을 정리해내는 방법이 바로 이참입니다. 마음을 정리해내는 방법이니 마음 심(心) 자를 써서 심참이라고 해도 될 텐데 소태산 대종사께서는 왜 이치 이(理) 자를 써서 이참이라고 했을까요?

이치(理)는 우리 자성의 원리, 이치의 본래 자리, 내 마음의 원래 자리를 일컫습니다. 좋은 마음도 나오고 나쁜 마음도 나오는 본래 마음에는 '원래 좋은 마음'도 '원래 나쁜 마음'도 존재하지 않습니다. 그 마음의 원리를 알아서 참회생활을 해나가라는 의미로 심참이 아닌 이참(理懺)이라고 한 것이 아닌가 생각해봅니다.

좋은 마음이든 나쁜 마음이든, 결국 어떤 경계를 당하여 생긴 마음일 뿐 본래 있던 마음이 아닙니다. 부처님이 말한 것처럼 우리의 마음은 본래 선도 없고 악도 없습니다. '죄성(罪性)이 공한' 자리입니다. 모든 것이 깨끗하고 청정한 자리입니다. 그러한 내 마음의 본래 모습을 알면 좋은 마음이 나와도 비워낼 수 있고, 낮은 마음이 나와도 비워낼 수 있습니다. 이렇게 탐·진·치와 오욕을 내 마음의 본래 원리에 비추어 마음을 비워나가는 공부가 이참입니다.

안으로는 마음에 남아있는 죄업의 근성(습관)이 녹도록 공부하고[이참], 밖으로는 나쁜 일을 하지 않는 동시에 혹 과거에 잘못 행동했던 것들을 참회하면서 부처님과 성자들의 가르침을 따라 좋은 일만 자꾸 해나가야 합니다[사참]. 원불교식으로 표현하면 이것이 '보은 불공'입니다. 그렇게 하면 죄업의 문은 차츰 멀어지고 새로운 업을 지어 청정한 자성을 회복할 수 있습니다. 청정한 자성자리를 회복하면 죄복을 자유로 할 수 있습니다. 죄에도 복에도 끌리지 않고 모든 것에 자유롭습니다. 자유로울 수 있기 때문에 능선능악입니다. 선악에 자유로운 능력이 생깁니다. 선악에 자유로울 수 있는 능력이 있으므로 악의 경계에서도 능히 선(善)을 쓸 수 있습니다. 모든 것을 선(善)화 하는 힘이 생깁니다. 그런 능력을 참회를 통해 얻을 수 있습니다.

이참과 사참은 '수도하는 길'의 또 다른 표현입니다. 과거의 묵은 생활을 놓고 새 생활을 개척하는 그 힘을 얻을 때 참 수도의 길을 갈 수 있습니다.

무시선을 잘 하면 부처를 이룰 수 있다고 했는데, 거기에 참회를 더 밝힌 이유가 있습니다. 참회하는 마음에 바탕을 두어 무시선을 하면 훨씬 빠른 진전과 진취를 이룰 수 있습니다. 보은 불공도 마찬가지입니다. 그래서 성자들 가운데 참회문을 밝히지 않은 분이 없습니다. 악도에 떨어진 일체 생령을 선도로 끌어올려 제도하고자 했던 큰 염원과 서원이 참회문에 담겨있습니다. '거듭 태어날' 바탕을 마련하는 공부가 참회입니다.

수행편(3)
; 실행

"우리의 몸은 색신여래다.
이 몸이 곧 부처님이다."라고 했습니다.
'몸은 죄업의 덩치가 아닌 진리의 덩치'라는
반전입니다.

심고와 기도 1
일백골절 일천정성

의미

　심고(心告)는 마음으로 고한다는 뜻입니다. 기도는 일반적으로 절대적인 어떤 힘을 향해 복이나 소원을 비는 것을 일컫습니다. 소태산 대종사께서는 심고와 기도를 함께 밝혔습니다. 그 형태를 구분하기 위해서가 아니라, 심고든 기도든 똑같이 진리를 향해 비는 것이지만 마음속으로 비는 것은 심고, 소리 내서 비는 것은 기도라고 했습니다. 참 사실적인 표현입니다.

　사람은 누구나 행복하게 살고 싶어 합니다. 그런데 행복은 구한다고 해서 오는 것이 아닙니다. 행복을 구하는 것이 나의 힘만으로는 안 된다는 것을 알게 되면 나보다 훨씬 힘이 있는 어떤 존재를 찾게 됩니다. '내 힘만으로는 얻을 수 없는 것을 얻을 수 있지 않을까.' 하는 기대감을 갖고 종교를 찾아와서 빕니다. 그것이 기도입니다.

비는 행위는 모든 종교에 있습니다. '그러면 원불교에서는 어떤 원리를 가지고 비는가?'에 대한 답이 '심고와 기도' 장에 들어있습니다. 소태산 대종사께서는 진리에 대한 표현을 사실적으로 했습니다.

먼저 우리가 살아가는 모습의 행복과 불행은 두 가지 힘에 의해 좌우된다고 했습니다. 하나는 나의 힘이고, 다른 하나는 나의 심신이 아닌 밖의 힘입니다. 즉 자력과 타력 두 힘이 나의 행복과 불행을 좌우합니다.

자력과 타력이 함께 행복과 불행을 좌우하는 예를 들겠습니다. 차가 길을 잘 가기 위해서는 먼저 그 차의 운전자인 내가 운전을 잘 해야 합니다. 하지만 나의 운전 실력이 좋다고 사고가 아예 나지 않는 것은 아닙니다. 나는 운전도 잘 하고 법규도 어기지 않지만 다른 차량이 중앙선을 침범한다거나 부주의하게 운전하면 나의 의지와 관계없이 사고를 당합니다. 모든 일에는 이렇듯 자력과 타력이 어울려 있습니다. 그것은 누구도 부정할 수 없는 사실입니다. 따라서 자력도 좋아야 하고, 나를 둘러싸고 있는 타력도 좋아야 합니다. 밥 한 끼 먹는 것에서부터 옷 입고 사람 만나는 것 하나하나가 모두 자타력의 관계에 의해 이루어집니다. 자력과 타력이 잘 어우러질수록 행복합니다.

자력은 스스로 가꾸어 힘을 기르는 것입니다. 그렇다면 타력은 어디에서 올까요? 실질적으로 우리는 무엇을 타력이라고 할까요? 소태산 대종사께서는 우리에게 행복과 불행을 주는 타력을 천지·부모·동포·법률, 즉 '사은'이라고 밝혀주었습니다. 이 네 가지는 우주 안에서 나 외의 모든 것을 말합니다. 거기에서 복도 오고 해(해로움)도 옵니다.

그렇다면 사은은 복과 해를 주는 권리를 어떻게 갖게 된 것일까요? 그것을 소태산 대종사께서는 인과의 원리로 설명합니다. 복과 해를 주는 대상은 타력이지만, 실제로 좋은 것과 낮은 것이 오도록 결정하는 것은 '나'입니다. 즉 나의 자력이 어떤 원인을 심었는가에 따라 복을 받기도 해를 받기도 합니다. 타력에 좋은 원인을 심어 행복한 삶을 누리는 방법은 두 가지입니다. 하나는 우리가 공부하는 '심고와 기도'이고, 다른 하나는 다음 장에서 살펴보게 될 '불공하는 법'입니다.

타력은 천지와 부모와 동포와 법률로써 나에게 복과 해를 주는 힘을 말합니다. 따라서 타력은 곧 이 우주 안에 있는 모든 존재입니다. 그러나 이러한 존재들은 사람, 짐승, 해, 달, 또는 나라별로 모습이 다르고 나와의 거리도 제 각각입니다. 그러다 보니 이런 의문이 생길 수 있습니다. '모든 타력이 나에게 영향을 준다고 하니, 타력에게 좋은 힘을 받으려면 일일이 찾아다녀야 할까? 그럴 수 없다고 할 땐 어떻게 해야 할까?'

타력의 힘을 얻어오는 방법에는 두 가지가 있습니다. 하나는 타력이 되는 대상을 직접 찾아가거나 가까이 하는 방법입니다. 예를 들어 누군가 나에게 잘해주면 내 마음에는 자연히 그 사람에 대한 좋은 마음이 생깁니다. 그래서 그 사람의 일을 돕고 싶고 그 사람이 하는 일이 잘 되었으면 좋겠다고 생각합니다. 그 사람이 나에게 잘했기 때문에 그런 마음이 나는 것입니다. 대상에게 직접 비는 것으로써 그 사람이 가진 타력을 얻는 과정은 보통 이렇습니다.

타력을 얻는 또 다른 방법은 간접적으로 비는 것입니다. 원불교 교역자는 원불교가 잘되는 것을 좋아합니다. 누구나 자기가 속한 조직이 잘되는 것을 좋아합니다. 어떤 사람이 내가 속한 조직을 위해 후원과 도움을 많이 주었다면 내가 직접 받지 않았더라도 그 사람에게 고마운 생각을 갖습니다. 그러다 어떤 계기가 되면 자연스럽게 그 사람을 돕고 싶다는 마음을 냅니다. 나에게 직접적으로 도움을 준 것은 아니지만 내가 속한 집단을 좋게 해주었기 때문에 그 집단의 구성원인 나는 그 사람을 향해 좋은 마음을 갖게 됩니다. 애국자에 대해서도 그렇습니다. 그분들이 국가에 좋은 일을 했기 때문에 국민들이 그분들을 추앙하고 우러러 받듭니다.

타력의 힘을 얻고자 할 땐 천지·부모·동포·법률 하나하나에 공을 들이는 방법과, 그것을 아우르는 전체에 공을 들이는 방법이 있습니다. 그렇다면, 천지·부모·동포·법률 모두를 총섭하는 그것은 과연 무엇일까요? '원불교'라고 할 때 거기에는 재가와 출가가 모두 포함됩니다. '대한민국'이라고 하면 남녀노소와 전국팔도를 모두 아우릅니다. 우주에도 이러한 이치가 있습니다. 그것을 원불교에서는 둥

그런 원(일원상)으로 표현했습니다. 그리고 그 모든 전체를 아우르는 하나의 진리를 '법신불(法身佛)'이라고 합니다. 법신불, 즉 전체를 아우르는 하나의 진리는 형상이 있지도/없지도 않습니다. 형상 있고 없는 것을 떠나서 전체를 하나로 총섭하여 모든 것을 관장합니다. 알고 보면 '하나님'이라는 말도 그 진리의 표현이고, 부처님이 깨달은 진리도 그것이고, 법신불 일원상도 그 자리를 표현한 것입니다.

 그 전체를 향해 공들이는 방법이 바로 심고와 기도입니다. 우주만유 전체를 관장하는 가장 근원적인 진리를 향해 공들이면, 그 진리가 관장하는 '우주 전체'가 나를 좋게 만들어줍니다. 심고와 기도는 형상 없는 진리, 즉 우주 전체를 관장하고 있는 진리를 향해 소원을 빌고 공들이는 것입니다. 이때 진정한 원을 세우고 정성을 들이면 반드시 감응이 있습니다.

 그렇다면 공을 들일 때 얼마만큼의 공을 들여야 할까요? 생각해 보면 내 마음 하나를 움직이는 것도 결코 쉽지 않은데, 하물며 우주 안에 있는 모든 것의 마음을 움직여 나에게 좋은 기운이 향하도록 심고와 기도를 하는 일은 어떻겠습니까. 적당히 하는 것으로는 절대 되지 않습니다. 그래서 소태산 대종사께서는 "심고와 기도를 할 땐 일백골절에 힘이 쓰이고 일천정성이 사무쳐야 한다."고 했습니다.

 좀 더 쉽게 살펴보겠습니다. 우리의 마음은 진리를 떠나서 존재하지 않습니다. 사심과 잡념이 모두 떨어진 깨끗한 마음은 우주 전체를 통하는 진리와 같은 모습입니다. 심고와 기도를 할 때 개인적인 욕심이 없는 깨끗한 마음으로 간절히 하면 진리와 기운이 하나로 통하여 그 위력을 나에게 가져올 수 있습니다. 심고와 기도는 법신불 사은 전체를 대상으로 공을 들여 그 위력을 얻어 오는 길입니다. 그만큼 많은 정성과 공력을 들여야 하는 일이기도 합니다.

내가 어떤 사람과 한 약속은 형상이 있으므로 분명히 드러납니다. 하지만 형상 없는 진리에 나의 마음과 말을 전하는 것은 누가 쉽게 알 수도 없고 티도 잘 나지 않습니다. 그러나 형상 없는 그 약속에 오히려 큰 위력이 숨어있습니다. 그래서 거짓된 심고와 기도를 하면 오히려 죄벌이 따라옵니다.

진리에는 호생지덕(好生之德), 즉 무엇이든 살려내는 기운이 있습니다. 심고와 기도는 그러한 진리의 기운을 따라 내가 위력을 얻는 방법입니다. 심고와 기도의 정신을 잘 알고 꾸준히 실행하면 반드시 원하는 바를 이룹니다. 진실한 원을 세우고 정성을 다하면 원하는 것이 반드시 이뤄집니다. 동시에 그 사람의 마음에 사사로움이 없어짐으로써 진리와 늘 함께하는 힘이 쌓입니다.

심고와 기도는 밖으로 사은의 위력을 얻어오는 방법이고, 안으로 내 마음의 사심잡념을 녹이고 일심을 통해 마음의 평화를 가져오는 일입니다. 심고와 기도는 안과 밖, 두 방면의 효과를 함께 얻게 합니다.

심고와 기도 2
하감과 응감을 얻도록 '간절히'

방법

심고와 기도는 진리를 대상으로 복을 비는 신앙행위입니다.

진리는 형상이 없는 것이지만, 형상 없는 뭔가가 들어 있어서 형상 있는 전체를 움직입니다. 비유하여 말하면 사람에게 눈으로 볼 수 없는 마음이라는 것이 있어 우리의 육근을 관장하고 몸 전체를 움직이게 하는 것과 같습니다. 눈으로 볼 수 없고 손으로 잡을 수 없다 하여 믿지 않는 사람은 이 이치를 알기 어렵습니다. 하지만 진리를 깨달은 안목으로 보면 '반드시 그렇게 되는' 원리가 분명히 있습니다.

비는 행위는 진리를 대상으로 간절히 공을 들이는 것입니다. 그 방법이 바로 심고와 기도입니다. 공(功) 들인다는 것은 일체의 생각을 다 내려놓고 깨끗한 마음에 바탕하여 일심으로 해나가는 것입니다. 그렇게 하면 진리와 내가 하나가 되어 위력을 얻습니다. 그렇다고 아무것이나 빌어서는 안 됩니다. '무엇을 빌 것인가.'에 대해 소태산 대종사께서는 몇 가지 예를 들어 설명했습니다.

첫째, 즐거운 일을 당할 때에는 감사를 올리라고 했습니다. 인과의 이치로 보면 현재 즐거운 일을 당하는 것은 과거에 지은 바에 대한 진리의 선물입니다. 이에 대해, 과거에 내가 지은 것을 받는 것이므로 당연하게 여기고 특별히 감사할 필요가 없다는 생각을 할 수 있습니다. 그런데 소태산 대종사께서는 감사의 기도를 올리라고 했습니다. 그래야 내가 지금 받고 있는 복과 즐거움이 더 커질 수 있습니다.

둘째, 괴로운 일을 당할 때에는 사죄를 올리라고 했습니다. 보통은 괴로운 일을 당하면 원망을 먼저 합니다. 그러나 나에게 괴로운 일이 닥친 근원을 잘 살펴보면 분명히 잘못한 일이 있습니다. 내가 잘못한 것이 있기 때문에 나에게 안 좋은 일이 되돌아온 것입니다. 그것을 모르고 원망하거나, 미운 마음을 내서 상대하면 좋지 않은 관계가 깊어집니다.

나에게 괴로운 일이 닥쳤을 때 극복하는 방법에는 두 가지가 있습니다. 하나는 현실적 불공이고, 다른 하나는 진리적 불공입니다. 현실적 불공은 나에게 괴로움을 준 당사자에게 실제로 공을 들이는 것입니다. 원망심을 일으키는 것에서 그치지 않고, 감사·보은생활로 돌려 앞으로 좋은 인연이 되도록 현실적으로 정성을 들이는 방법입니다.

진리적 불공은 진리를 통해 공을 들이는 방법입니다. 아무리 생각해보아도 현실에서 서로 주고받은 어려움이 없는데 나에게 괴로움을 주는 대상이 있을 때가 있습니다. 그럴 때는 현실에서 잘못한 것이 없으므로 현실적으로 빌 방법이 없습니다. 그러나 진리적으로 보면, 삼세를 통해 맺어진 어떤 인연 속에서 주고받았던 작용이 있습니다. 진리는 과거·현재·미래와 우주 전체가 하나로 연결되어 있으므로, 진리를 통해 간절히 참회 기도를 하면 반드시 묵은 업력이 풀립니다. 괴로운 일을 당할 때 사죄를 올리라는 구절은 중요한 대목입니다.

　셋째, 결정하기 어려운 일을 당할 땐 결정될 심고와 혹은 설명기도를 올리라고 했습니다. 살다 보면 어떤 결정이 좋을지 고민과 생각을 거듭해도 판단하기 어려운 경우가 생깁니다. 그럴 때 진리의 힘이 필요합니다. 그러나 본인은 아무런 노력을 하지 않으면서 무턱대고 진리에게만 해결해달라고 하면 안 됩니다. 현실의 모든 가능성 안에서 시도해보고 고민해본 후에도 도저히 결정하기 어려울 때, 그럴 때 진리의 힘을 빌려야 위력을 얻을 수 있습니다. 이때 중요한 것은 마음에 사심이 없는 것입니다.

　넷째, 난경(헤쳐 나가기 어려운 경계)을 당할 때는 순경(순하고 좋은 경계)될 심고와 혹은 설명기도를 올리라고 했습니다. 심고와 기도를 통해 어렵고 힘든 경계를 잘 넘어갈 수 있는 방법입니다.

　다섯째, 순경을 당할 때는 간사하고 망녕된 곳으로 흐르지 않도록 심고와 혹은 설명기도를 하라고 했습니다. 순경은 순하고 좋은 경계를 말합니다. 좋은 경계는 누구나 좋아합니다. 일반적으로 즐거운 일을 당할 때 감사의 기도를 한다거나, 어려운 일을 당했을 때 '이 경계가 빨리 풀어져서 좋은 경계가 되게 해주세요.'와 같은 기도, 또는 결정하기 어려운 경우를 만났을 때 좋은 방향으로 결정할 수 있게 해달라는 기도를 하는 것은 쉽게 떠올립니다. 그런데 괴롭고 어려운 일을 당했을 때 사죄를 올리는 것이나, 순경을 당했을 때 간사하고 망녕된 곳으로 흐르지 않도록 심고와 기도를 올리는 것은 인과의 원리에 대한 확실한 표준이 서 있지 않으면 쉽게 마음을 낼 수 없습니다.

다시 부연하면, 괴로운 일을 당했을 때 괴로운 일이 빨리 지나가게 해달라고는 빌어도 사죄는 잘 나오지 않습니다. 원인이 되는 행(行)은 알지 못하면서 타력의 힘만 빌리려고 하기 때문입니다. 순경을 당했을 때도 마찬가지입니다. '감사합니다.'라는 기도는 쉽게 나오지만 '간사하고 망녕된 곳으로 가지 않게 해 달라.'고 비는 것은 쉽지 않습니다. 이런 것이 가능하려면 음양상승의 도를 따라 돌고 도는 인과의 이치, 즉 낮과 밤이 바뀌고 길흉화복이 바뀌는 진리에 대해 어느 정도 이해를 했다거나 신심이 있어서 믿어야 가능합니다.

소태산 대종사께서 밝힌 다섯 가지 상황 속에서 심고와 기도 생활을 하면 진리의 원리와 내가 하나가 됩니다. 진리와 내가 하나 된다는 것은 심고와 기도를 통해 위력을 얻어가는 생활을 반드시 하게 된다는 것입니다.

구체적으로 심고와 기도는 어떻게 해야 할까요? 그것을 심고와 기도 장에서는 묵상심고, 설명기도, 실지기도 세 가지로 설명합니다. 묵상심고는 마음속으로 기도를 하는 것입니다. 어떤 사안을 당해서 또는 앞의 다섯 가지 경우 속에서 법신불 사은을 마음에 모시고 염원하며 올리는 심고가 묵상심고입니다. 설명기도는 잘 정리된 기도문을 가지고 대중과 한마음으로 같은 염원을 들이는 기도 형태입니다.

실지기도는 형태로 보면 묵상심고나 설명기도와 다르지 않습니다. 심고와 기도는 소리 없이 하는 것(묵상)과 말로 하는 것, 두 방법으로 이루어지기 때문입니다. 일반적으로 심고와 기도는 진리를 대상으로 하는 것이기에, 법당처럼 법신불 일원상을 모신 자리나 기운이 좋은 자리를 찾아가서 해야 한다고 생각합니다. 그러나 소태산 대종사께서는 어느 때 어느 곳에서나 기도를 할 수 있다고 했습니다. 이것이 '실지기도'의 참 의미입니다. 무시 무처, 즉 때와 장소에 구애받지 않고 상대를 따라 직접 당처에 기도를 할 수 있게 했습니다. 혹 어떤 환자를 위한 심고와 기도가 필요할 때, 그의 쾌유를 비는 기도를 법당에서 할 수도 있고 기운이 좋은 어떤 장소를 찾아가서도 할 수 있지만, 그 환자가 머물고 있는 방이나 병실을 찾아가서 할 수도 있습니다. 이것이 실지기도의 예입니다.

심고와 기도를 올릴 때에는 '천지 하감지위, 부모 하감지위, 동포 응감지위, 법률 응감지위, 피은자 아무는 법신불 사은전에 고백

하옵나이다.' 하고 원하는 내용에 따라 심고와 기도를 올립니다. 대산 종사께서는 "심고와 기도를 할 때 그 내용도 중요하지만 사은의 하감과 응감을 염원하는 기도의 첫 시작 순간이 더 중요하다."고 했습니다. '천지 하감지위'를 할 때 그 순간 천지가 나에게 하감을 해주는지, '부모 하감지위'를 할 때 현생뿐만이 아닌 과거와 미래의 모든 부모님이 나에게 하감을 해주는지, '동포·법률 응감지위'를 할 때 모든 동포와 모든 법률이 나에게 응감을 해주는지를 살펴서 '그 순간'에 위력을 얻어야 한다는 것입니다.

생활에서는 부모에게 불효하고 천지에게 배은하며 살면서 심고와 기도를 올릴 때만 '나를 굽어 살펴 달라.'고 하는 마음은 사은과 하나인 마음이 아닙니다. 현실적으로 사은에 보은하는 마음으로 노력하며 살아가는 가운데 염원해야 진정한 하감과 응감의 위력이 나에게 주어집니다.

심고와 기도는 결국 사은의 하감과 응감을 외치는 '그 순간'에 모두 이루어집니다. 그 기운이 나와 하나가 되도록 만들어야 하고, 나의 소원을 진리에 맞게 빌어야 합니다. 우리 공부는 모든 것이 자타력 병진입니다. 진리적 원리에 맞는 간절한 원을 올림과 동시에 내 스스로도 자력적 서원을 세워야 합니다. 그리고 그 자력적 서원이 현실에서 행동으로 연결되게 해야 합니다. 심고와 기도를 올릴 때만 '노력하겠습니다.'라고 하고 생활과는 연결되지 않으면 절대 위력을 얻지 못합니다. 앞에서는 약속하고 뒤에서는 지키지 않는 모습으로는 진리로부터 신용을 얻을 수 없습니다.

불공하는 법
세상 모두가 부처님

과거 불교에서는 부처님에게 공양 올리는 것을 불공이라고 했습니다.

우리도 나를 위해 누군가가 정성스럽게 음식을 장만해주거나, 생각지 못한 선물을 받는 등의 공양을 받으면 기분이 좋습니다. 기분이 좋으면 아무래도 공양을 해준 사람에 대해 좋은 마음을 갖게 될 것이고, 그 사람에게 뭔가를 해주고 싶은 생각이 듭니다. 물론 부처님은 위대한 어른이고 큰 성자이기 때문에 많은 사람들이 올리는 공양에는 존경의 뜻이 담겼습니다. 하지만 대체적으로는 부처님에게 있는 너른 지혜와 큰 힘을 통해 나의 원하는 바를 이루기 위해 꽃이나 음식을 바치는 것을 공양이라고 이해해왔습니다.

부처님에게 올리는 공양만을 불공이라고 한다면 소태산 대종사께서 불공하는 방법을 따로 밝힐 필요가 없었을 것입니다. 그런데 소태산 대종사께서는 〈정전〉 '불공하는 법'을 통해 불공을 어떻게 해야 하는지를 가르쳐주었습니다. 우리가 그동안 흔히 생각하는 불공은 형상으로 만들어진 부처님을 찾아가 나의 원하는 바를 비는 행위를 말하는 것이었습니다. 그러나 소태산 대종사께서는 "똑같은 비용과 똑같은 정성과 똑같은 시간과 똑같은 노력을 가지고도 불공하는 방법에 따라 더 큰 효과를 가져 올 수 있다."고 했습니다.

비유하면 이렇습니다. 같은 시간을 들여 지은 농사라도 농사짓는 방법에 따라 거두는 수확량이 다릅니다. 심어야 할 때 제대로 심고 가꿔야 할 때 제대로 가꿔야 큰 결실을 얻을 수 있습니다. 심지 않아야 할 자리에 심거나, 때를 너무 이르게 또는 미뤄 잡으면 농사를 제대로 지을 수 없습니다. 같은 노력과 정성을 들였다 하더라도 법에 맞아야 내가 원하는 결과를 가져올 수 있습니다.

'불공하는 법'도 마찬가지입니다. 과거에 부처님에게 공양을 올리는 불공은 부처님의 큰 능력에 의지하여 내가 원하는 바를 이루고자 함이었습니다. 천지에게 당한 죄복도, 부모에게 당한 죄복도, 동포에게 당한 죄복도, 법률에게 당한 죄복도 모두 불상(부처님의 형상)에게 빌었습니다. 소태산 대종사께서는 이러한 불공법은 과거의 불공법이라고 했습니다. 하지만 현재에도 이런 일은 여전히 이뤄지고 있습니다.

원불교는 법당에 둥그런 법신불 일원상을 모십니다. 이것을 소태산 대종사께서는 '둥근 일원상은 이 우주의 모든 진리를 상징한 것이지, 일원상 자체가 진리는 아니다. 우리는 그 일원상을 통해 우주에 편만해 있는 진리를 대상으로 삼아 신앙하자는 것이다.'라고 분명히 밝혔습니다. 하지만 그러한 가르침을 배웠음에도 여전히 천지·부모·동포·법률에게 당한 죄복을 일원상에게만 비는 경우가 있습니다. 그것은 우리 법에 맞는 불공법이 아닙니다. 불상이든 일원상이든 십자가든, 상징물에 죄복을 비는 것은 모두 과거의 불공법입니다.

쉽게 표현해보겠습니다.

내가 가진 돈을 남에게 주거나 주지 않을 권리는 나에게 있습니다. 돈이 필요하면 나에게 돈을 빌려달라고 해야 내가 지갑을 열어 빌려줍니다. 과거의 불공은 나에게 도움을 줄 수 있는 사람을 찾아가지 않고 엉뚱한 대상을 찾아가 '저 사람이 나에게 돈을 빌려주게 해주세요.'라고 비는 것과 같습니다. 현실적으로 생각해보면 맞지 않는 일입니다. 물론 있지 않은 곳 없이 편만해 있는 진리를 통해 전달될 것이라고 기대하는 마음으로 그렇게 할 수는 있지만, 어찌 됐든 그 대상물이 나에게 직접 죄복을 주지는 않습니다. '부처님이 상징하는 진리가 영험하다.'는 말은 맞지만, '어느 절 부처님이 더 효험 있다.'는 말이 맞지 않는 것은 이러한 이치 때문입니다.

그렇다면, 성공하는 불공법이 되려면 어떻게 해야 할까요?

먼저, 불공할 부처님을 잘 선택해야 합니다. 그때의 부처님은 불상으로 형상화된 부처님을 말하는 것이 아닙니다. 천지·부모·동포·법률의 부처님을 말합니다. 이것이 당처불공입니다. A에게 당한 죄복은 A에게 빌어야지, 그것을 B나 C에게 비는 것은 의미도 효과도 없습니다. 살다 보면 하늘과 땅이 나에게 주는 죄복이 있습니다. 그러한 죄복을 내려주는 권리는 천지에게 있습니다. 그때는 하늘과 땅에 직접 공을 들여야 합니다. 부모, 동포, 법률에게도 모두 마찬가지입니다.

진리는 우주에 편만해 있으므로 우주전체는 곧 진리의 큰 덩치입니다. 천지도 부모도 동포도 법률도 모두 이 진리가 나타난 모습(화신, 化身)입니다. 진리가 천지로 나타나고 부모, 동포, 법률로도 나타난 것입니다. 나에게 있는 한 마음이 나의 손짓과 발짓, 행동으로 나타나는 것처럼 이 우주 전체를 총괄하는 어떤 진리는 천지·부모·동포·법률을 통해 죄와 복을 줍니다. 알고 보면 부처님은 어디 따로 있는 존재가 아닙니다. 천지만물 전체가 진리로서 죄복을 줄 수 있는 권한을 가진 부처님입니다.

소태산 대종사께서는 '처처불상(處處佛像)'이라고 하여 곳곳이 부처라는 가르침을 전했습니다. 이 부처 저 부처가 각각 죄와 복을 주는 능력을 가지고 있기 때문에 당처당처에 불공을 올려야 한다는 것입니다. 이 말은 새 하늘이 열리는 것과 같은, 즉 개벽의 표현입니다.

우리는 이 대목에서 '나는 과연 부처님을 몇 분이나 모시고 살아가고 있는가?'를 반조해야 합니다. 일원상 부처님이나 교무 부처님, 나에게 잘해주는 부처님이나 나와 가까운 부처님은 거룩하게 생각하면서, 나와 관계없는 부처님, 나에게 잘못하는 부처님, 나에게 해를 미치는 부처님까지도 과연 부처님으로 모시고 있습니까? 소태산 대종사께서 가르쳐준 불공하는 법의 큰 뜻에 입각해 한번쯤 생각해볼 일입니다. 소태산 대종사께서는 "우리가 법신불 일원상을 모시자는 것은 처처불(處處佛)을 알아서 모두를 부처님으로 받들며 살자는 것."이라고 했습니다. 우리는 그러한 신앙을 제대로 하고 있는지 늘 점검해야 합니다.

성공하는 불공법이 되려면 대상을 분명히 알아야 합니다. 그 대상에 따라 불공하는 준칙은 결국 '보은'입니다. 그 부처님이 나에게 준 은혜, 즉 천지·부모·동포·법률이 나에게 준 은혜를 갚는 것으로 불공법을 삼으면 됩니다. 내가 은혜 입은 내역을 알고 보은하면 더 큰 은혜가 오지만, 그 은혜의 내역을 모르거나 설사 아는데도 보은을 하지 않고 배은을 하면 더 큰 죄벌을 받습니다. 천지·부모·동포·법률에게 보은하는 방법은 앞서 〈정전〉 '사은' 장에서 다룬 바 있습니다.

둘째, 성공하는 불공법이 되기 위해서는 적절한 기간이 필요합니다. 일은 그 일의 종류와 내용 그리고 성질에 따라 수월 수일에 될 일이 있고, 수년 수십 년에 걸쳐 될 일이 있고, 한 생 두 생 수천수만 생에 걸쳐 될 일이 있습니다. 짧은 시간 안에 이룰 수 있는 일도 있지만 긴 세월 공을 들여야 될 일도 있는 것입니다. 20~30년만 공들인다고 해도 '그만큼이나?'라는 반응이 나오기 마련입니다. 그런데 더 나아가 수천수만 생을 해야 될 일도 있다고 했습니다. 여기에는 무한한 세월을 통해 염원하고 공들여가는 묵직함이 느껴집니다.

우리가 이 세상에 와서 잘 살고 못사는 원인은 여러 생을 오가는 가운데[다생겁래, 多生劫來] 불공을 잘하고 못하는 것에 있습니다. 그러나 이 말을 숙명론적으로 받아들이면 안 됩니다. 인과는 무한한 창조이자 개척의 영역입니다. 과거에 지어놓은 것은 과거로 돌아갈 수 없으므로 어쩔 수 없이 받아야 하지만, 내가 지금 짓는 것으로 얼마든지 미래를 바꿔갈 수 있다는 희망이 담겨 있습니다. 그러한 인과의 원리를 알아야 합니다.

소태산 대종사 같은 성인도 하루 일과를 마친 후에는 오늘 하루 복을 짓고 살았는지, 남에게 유익을 주었는지, 빚을 지고 살았는지를 늘 대조했다고 합니다. 깨달음을 얻어 오매불망 세상과 교단을 위해 일한 선진들이 매일 남에게 은혜 입힌 것과 은혜 받은 것을 대조했다는 이야기는 대법문이 되어 우리에게 깨달음을 줍니다.

불공하는 법의 핵심을 요약하면 '대상을 확실하게, 방법은 보은으로, 기간은 성질에 맞게 적절히'입니다. 불공은 내가 직접 몸과 마음으로 공들이는 것입니다.

계문
죄업을 미리 차단하다

　계문은 공부인이 하지 말아야 하는 것들을 조목으로 정리한 것입니다.
　과거 불가에는 250계 또는 500계가 있었습니다. 원불교에는 30계문이 있습니다. 그것이 보통급, 특신급, 법마상전급입니다. 처음에는 보통급으로 시작하고, 거기에서 단계가 조금 올라가면 특신급이 되며, 단계가 더 올라가면 법마상전급이 됩니다. 그 공부 단계에 맞고 해당 단계에서 지켜야하는 계문을 열 가지씩 총 세 번에 나눠서 받습니다. 공부 단계별로 계문을 받는다는 점이 원불교 계문의 큰 특징입니다.
　생활상에서 별다른 구속 없이 살다가 종교 문하에 들어와 공부를 시작하면서 하지 말아야 하는 것들로 구성된 계문을 받으면 처음에는 구속처럼 여겨집니다. 계문에 해당하는 내용을 평소의 삶에서 범하지 않고 살아왔다면 어려움이 없지만, 마음대로 사는 것이 습관화된 사람에게는 그것을 하지 말라는 그 자체가 굉장히 어렵게 느껴집니다. 종교를 믿는 것은 생활에서 괴로웠거나 어려워진 심신(心身)을 종교의 깊은 진리에 의지하여 평안히 만들기 위한 것인데, 처음에는 오히려 종교에 들어와 계문을 받음으로써 부담이 생깁니다. 또 계문에 담긴 내용을 모를 때는 습관적으로 해오던 일을 계문을 받은 후로는 지키려니 괴롭고, 혹은 지키지 않고 원래대로 사는 것도 마음에 석연치 않아 불편합니다. 그래서 어떤 분은 '차라리 종교를 안 믿는 게 더 마음 편하겠다.'는 생각을 했다고 합니다.

소태산 대종사께도 어떤 사람이 이런 질문을 했습니다. "종교를 믿는 것은 마음을 편안하게 갖자고 하는 것인데 계문이 오히려 구속을 주는 것 아닙니까?" 이에 대해 소태산 대종사께서는 "세상의 진리는 알고 했든 모르고 했든 내가 행동한 바에 따라 그 결과를 내가 감당해야 한다. 우리가 해야 할 일과 가야 할 길을 가면 해가 없지만, 모르고 갔더라도 가서는 안 될 길을 가거나 해야 할 일을 하지 않았다면 반드시 해를 입게 되므로 계문으로 그것을 미연에 방지하기 위함이다."라고 했습니다.

세상에는 우리 눈에 보이지 않지만 아주 소소영령하게 나타나는 밝은 진리가 있습니다. 성인(聖人)은 실행 여부에 따라 죄와 복의 결과를 받게 되는 원리를 알기 때문에, 사람으로서 가지 말아야 할 길을 일러주지 않을 수 없습니다. 어린 자녀가 뜨거운 물을 만지려고 하거나 떨어져 다칠만한 공간으로 향하는 것을 가만히 지켜보는 부모는 없습니다. 어린 자녀가 철이 없을 때는 부모가 그 행동에 제재를 가하는 것이 이치입니다.

마찬가지입니다. 진리를 깨달은 성현의 안목으로는 중생들이 하는 아닌 행동들이 마치 지푸라기를 안고 불 속으로 뛰어드는 것만큼 위험하다는 것을 압니다. 그런 위험천만한 일을 그대로 둘 수 없습니다. 스스로 마음에 자각이 생겨서 무엇을 하지 않아야 하고 무엇을 해야 하는지를 확실히 알기 위해서는 많은 시간이 필요합니다. 그렇다고 마냥 기다릴 수만은 없습니다. 중생들이 스스로 깨닫기 전이라도 죄업을 짓는 길에 들어서지 않도록 한 것이 바로 계문입니다.

소태산 대종사께서는 계문을 딱 삼십 가지로만 밝혔습니다. 과거에는 인지가 어두웠던 시대였으므로 계문의 종류가 많았지만 앞으로의 세상은 인지가 밝아지므로 소소한 것들은 스스로 알아서 지킬 수 있다고 보고, 그 가운데 가장 중요한 서른 가지만 추렸습니다. 그것도 한꺼번에 30가지를 다 지키라고 하면 무엇이 더 급한 일이고 무엇이 조금 뒤에 해도 될 일인지를 분간하지 못하므로 가장 먼저 꼭 지켜야 할 열 가지를 보통급 십계문으로 먼저 제시합니다. 보통급 십계문은 공부의 가장 첫 단계에서 주어집니다. 일반적으로는 보통급 십계문을 쉽게 생각합니다. 그러나 가장 먼저 주어지는 이유가 있습니다. 죄업을 크게 지을 수 있는 조목들이기 때문입니다.

보통급 십계문은 누가 봐도 그 내용을 쉽게 받아들일 수 있습니다. 그러나 쉬운 내용이기에 더 중요하므로 '반드시' 범하지 않아야 합니다. 사회에서도 큰 죄는 오히려 저지르는 사람이 드뭅니다. 보통의 기준에서 보면 큰 죄는 '당연히' 하지 않아야 한다고 알기 때문입니다. 마찬가지입니다. 보통급 십계문을 쉽다고 여길 수 있지만, 그 계문이 지니는 무게는 굉장히 큽니다. 우리가 하지 말아야 할 것 여러 가지 중 가장 우선적이고 급한 것이 보통급 십계문에 모두 들어있습니다. 어린 자녀가 물에 빠지려고 할 때와 불 속에 들어가려고 할 때, 두 가지를 다 말려야 하지만 우선적으로 불에 들어가는 것을 막는 것과 같습니다.

처음에 우선적으로 중요한 열 가지 내용으로 보통급 십계문을 받아 그것을 어느 정도 잘 지키고 공부가 순숙되면 특신급 십계문을 받습니다. 그리고 특신급 십계문을 받아 잘 지키고 공부의 단계가 오르면 법마상전급 십계문을 받습니다. 열 가지씩 단계별로 계문을 받게 하여 죄업의 길을 막도록 하고, 삼십계문을 다 지키면 중생으로서 죄업을 지을 수 있는 근본 또는 습관력을 거의 다 뗀 것으로 봅니다.

처음에는 계문이 구속처럼 여겨집니다. 하지만 그 구속이 있어서 나의 죄업을 막아줍니다. 진리를 알고 보면, 그 구속 덕분에 앞으로 지을 수 있는 죄업을 미리 차단할 수 있습니다. 운전을 할 때 안전벨트를 매는 것에 비유해 이해하면 좋습니다. 차를 탈 때 안전벨트를 매는 것이 습관이 되기 전에는 안전벨트를 챙겨 매는 것이 번거

롭고 귀찮습니다. 그러나 안전벨트를 매는 구속을 기꺼이 감수함으로써 혹 사고가 났을 때 생명을 보호 받습니다. 계문도 그렇습니다.

원불교 계문의 또 다른 특징은 '연고'라는 말이 붙은 조목이 있다는 것입니다. 연고(緣故)는 사유, 즉 일의 까닭(이유)이라는 말입니다. 우리 계문에서의 '연고 없이'는 '이유 없이' 정도로 풀이할 수 있습니다.

소태산 대종사께서는 삼십계문 중 7개 조목에 '연고'를 붙였습니다. 보통급 십계문 중에는 다섯 개[연고 없이 살생을 말며, 연고 없이 술을 마시지 말며, 연고 없이 쟁투를 말며, 연고 없이 심교간 금전을 여수하지 말며, 연고 없이 담배를 피우지 말라], 특신급 십계문 중에는 한 개[연고 없이 때 아닌 때 잠자지 말며], 법마상전급 십계문 중에는 한 개[연고 없이 사육을 먹지 말며]가 그것입니다. 잘 살펴보면 살생, 술, 쟁투, 금전 여수, 담배, 잠, 사육 등으로 모두 우리 생활과 직결되는 내용입니다. 하지 말아야 할 일이라면 무조건 하지 않게 해야 할 텐데 '연고'라는 말을 따로 붙인 데에 의문이 생깁니다. 여기에 생활 종교로서 원불교의 특징이 잘 나타납니다.

삼십계문은 기본적으로 우리가 하지 말아야 하는 일임이 분명합니다. 그러나 생활을 하다 보면 하지 말아야 하는 그 조건보다 더 중요하고 정당한 사유가 간혹 생기기도 합니다. 그럴 때 계문을 강하게 지키려고 하다가 오히려 더 큰 것을 놓칠 수 있습니다. 그러한 상황을 방지하는 것이 바로 '연고'입니다.

예를 들어 치료 방법상 술로 만든 약을 꼭 먹어야 하는 경우가 있고, 수술 후 회복을 하는 과정에서는 밤에 자는 시간 외에 추가로 수면이 필요합니다. 또 대의나 공중을 위한 일을 하려다 보면 계문을 지키지 못하는 상황이 있기도 합니다. 그런 상황은 고려하지 않고 '무조건 계문을 지켜야 한다.'고만 하면 이것은 생활에서 지킬 수 없는 계문이 되고 맙니다. 물론 계문을 받아놓고도 철없는 사람들 가운데에는 '연고'를 잘못 활용하여 습관적으로 끌려서 하고 싶은 것의 사유로 삼기도 합니다. 그것은 '연고'의 참 뜻을 모르는 것입니다.

소태산 대종사께서 계문에 '연고'를 달아준 것은 부득이한 경우(상황)에 대한 자비입니다. 우리가 계문을 지키자는 것은 우리의 몸을 잘 보호하여 성불제중 제생의세를 이루기 위해서입니다. 그런데 근본이 되는 몸을 상하면서까지 계문을 지킨다면 이는 본말이 뒤바뀐 것입니다. 생활상 유연한 대처가 필요한 조목에 '연고'를 붙여준 자비를 생각해봅니다. 동시에 '연고'가 없는 조목은 절대로 하지 말아야 한다는 것임을 더 확실히 새겨봅니다.

계문은 우리를 구속하기 위한 것이 아닙니다. 여기에는 성자의 큰 자비가 담겨 있습니다. 이 계문을 잘 지키고 보면 자연스럽게 죄업을 짓던 악한 습관력을 떨쳐낼 수 있습니다. 그렇게 점점 맑아지면 과거의 나와는 다른, 청정하고 새로운 내가 만들어집니다. 과거에 알고도 혹은 모르고도 짓던 죄업의 문을 닫고 좋은 습관과 선업을 쌓아가는 기초가 됩니다. 미래의 좋은 방향을 열어가는 문이 계문을 지키는 것에 있습니다.

　수행자로서, 작업취사에 있어서, 가장 먼저 그리고 가장 시급하게 생각해야 하는 것은 바로 지계(持戒), 즉 계문을 지키는 것입니다. 우리 수행의 단계에서는 모두 계문을 공부의 표준으로 삼습니다. 계문의 의미를 잘 알고 꼭 지킴으로써 인격 향상에 도움이 되게 해야 합니다.

솔성요론 1
희로애락의 마음을 부리고 살다

개괄

과거에는 주로 계문을 잘 지키는 것으로만 수행을 삼았습니다.

그러나 소태산 대종사께서는 금지하는 조목을 30가지로 내리고, 실천해야 하는 조목 16가지를 솔성요론으로 밝혔습니다. 계문은 금지하는 조목이고 솔성요론은 권장하는 조목입니다. 마음을 써나갈 때 '이러이러한 것은 하지 말라.'고 제시한 것이 계문이고, '이러이러한 마음을 표준삼아라.'라고 부추기는 것은 솔성요론입니다.

솔성이라는 말에서 솔(率)은 '따른다' 또는 '거느린다'는 뜻입니다. 성은 성품 성(性) 자를 쓰는데, 성품이란 곧 우리 마음의 본래 자리를 일컫습니다. 솔성은 우리의 성품을 잘 따르고 잘 거느린다는 뜻으로, 이는 진리를 잘 따른다는 말이기도 합니다. 마음을 쓸 때 우주의 진리적 원리를 잘 따라서 쓴다는 것입니다. 그것을 닦아나가는 방법이 솔성 공부입니다. 솔성요론은 작업취사 과목입니다.

　소태산 대종사께서는 솔성의 '솔'을 해석할 때, "성품 자리를 잘 따르기만 하는 것은 보살의 경지이고 잘 거느려서 희로애락의 경계에 노복처럼 부려 쓰는 것이 부처의 경지다."라고 했습니다. 능한 기수(騎手)는 좋은 말이든 사나운 말이든 힘들어 하지 않고, 자기가 마음대로 부립니다. 마찬가지로 솔성에 능하면 희로애락의 모든 마음을 부려 쓸 수 있습니다.

　수도인이 수행을 하는 것은 성품자리를 보아 성품을 내 것으로 단련하기 위해서입니다. 성품자리를 보아 성품을 내 것으로 만드는 것은 용이 여의주를 얻은 것과 같은 힘이 됩니다. 그러나 성품자리를 보았으면서도 단련할 줄 모르면 이는 마치 납도끼와 같다고 했습니다. 납도끼는 생김새는 도끼지만 도끼로써의 역할을 하지 못합니다. 쓸모가 없다는 것이지요. 우리가 성품자리를 단련하는 것은 실제로 경계를 당해 나의 성품을 잘 거느리고 잘 사용하여 유익을 나타내기 위함입니다.

　계문과 솔성요론은 성품을 잘 발현해 쓸 수 있도록 울타리를 쳐서 기질변화를 하게 하는 것입니다. 솔성요론이 없어도 성품의 원리를 깨달아 아는 사람은 마음을 솔성요론에 밝혀진 방향으로 사용합니다. 길을 알기 때문에 그렇게 하라고 하지 않아도 자연히 그렇게 됩니다. 그러나 모든 사람들이 성품의 원리를 바로 깨닫기는 쉽지 않습니다. 그래서 솔성요론 16조가 필요합니다.

진리를 아직 자신 있게 터득하지 못했더라도, 솔성요론을 참고하여 그 원리에 맞는 마음을 쓰면 진리를 깨달은 것과 같은 효과를 얻을 수 있습니다.

솔성요론 2
작은 욕심이 영생을 빼앗는다

성품은 불생불멸과 인과보응의 원리가 기반입니다. 진리의 모습이 곧 성품이고, 우리가 마음을 써나갈 때 사용하는 성품이 곧 진리입니다. 솔성요론 16가지 조목은 성품을 단련해나가는 데 도움 되는 내용을 정리한 것입니다. 진리에 맞는 실행이 이루어질 때 나에게도, 상대에게도, 세상에도, 유익한 결과를 가져올 수 있습니다.

진리를 깨달은 사람은 마음을 진리의 원리에 맞춰서 잘 쓰겠지만, 진리를 깨닫지 못한 처지에서는 마음을 잘 쓰는 것이 어렵습니다. 솔성요론 열여섯 가지 조목은 진리를 깨닫지 못한 사람이라 할지라도 마음을 진리의 원리에 맞춰 써나갈 수 있게 합니다.

우리가 신앙과 수행을 하는 이유는 지금보다 진급하고 은혜로운 생활을 꾸리기 위해서입니다. 지금보다 진급이 되고 더 은혜로워진다는 것은 무엇일까요? 결국 자기의 마음을 어떻게 쓰느냐에 따라 진급이 되기도 하고 강급이 되기도 하며, 은혜를 입기도 하고 해독을 입기도 합니다. 마음 쓰는 것에 따라 결과가 달라집니다. 바른 신앙을 갖고 진리를 깨닫는 것은 마음을 잘 쓸 확률을 높이는 일입니다.

소태산 대종사께서는 마음 잘 쓰는 법의 요체이자 근원이 되는 내용을 열여섯 가지로 정리하여 밝혔습니다. 이것을 마음에 잘 새겨서 시시때때로 대조하면 진급과 은혜를 가져옵니다.

솔성요론의 조목을 대략적으로 살펴보겠습니다.

솔성요론 1조는 '사람만 믿지 말고 그 법을 믿을 것이요.'입니다.

우리가 교당을 다니면서 마음공부를 시작할 때 처음에는 나를 가르쳐주는 교무님이 좋고, 지도해주는 스승님이 좋고, 함께 공부하는 동지 도반들이 좋아서 재미를 붙입니다. 하지만 사람의 인연에는 생멸거래가 있습니다. 영원할 수 없는 존재입니다. 내가 좋아하는 교무님도 임기가 있어서 평생 우리 교당에 머물지 못하고, 내가 존경하는 스승 또는 좋아하는 동지 도반도 어느 때가 되면 헤어지게 됩니다. 그러니 사람만 믿고 사람에게만 의지하면 허망할 수밖에 없습니다. 또, 사람을 믿어야만 제도를 받을 수 있다고 한다면 그 사람을 직접 만나지 못한 사람은 제도의 인연조차 맺지 못합니다.

하지만 법(法)은 영원히 변하지 않습니다. 사람이 바뀌고 내가 머무는 장소가 변해도 법은 생생하게 살아있습니다. 나에게 가르침을 주는 스승 또는 교무님과의 거리가 한국과 미국으로 멀어졌어도 내가 법만 잘 가지고 있으면 언제든지 교무님을 만날 수 있습니다. 다시 말하면 언제든 제도를 받을 수 있는 기회를 가지고 있다는 말입니다.

법을 수행하는 이가 천만 사람이라면 그 천만 사람이 모두 법이 됩니다. 억만 사람이 법을 수행하고 있다면 억만 사람이 모두 성자가 됩니다. 사람이 아닌 법에 기준을 세우고 마음을 써야 제도를 받을 수 있습니다. 여러 생을 오가면서 사람만 믿고 살면 좁은 울타리에서 벗어나지 못합니다. 사람만 믿는 것은 한정된 마음입니다.

솔성요론 2조는 '열 사람의 법을 응하여 제일 좋은 법으로 믿을 것이요.'입니다.

이 조목은 소태산 대종사의 자신만만한 뜻처럼 보이지만, 원리 그대로를 밝힌 말입니다. 사요 가운데 지자본위가 이에 해당합니다. 큰 성자의 법이 아니더라도 말하는 법, 식물 기르는 법, 동물 기르는 법 등 모든 일에는 그에 상응하는 법이 있습니다. 작은 법이든 큰 법이든 천하 일체에는 모두 각각의 법이 있으므로 그 일 그 일에 열 사람의 법을 응하면 당연히 훨씬 좋은 결과물을 가져옵니다. 농사 하나를 짓더라도 어떤 농사법이 가장 좋은지, 장사를 하더라도 어떤 경영법이 현재와 미래에 나와 남을 참으로 좋게 할 법인지를 살펴봐야 합니다. 나의 영생을 책임질 법은 더욱 그렇습니다. '어떤 법이 가장 원만하고 나의 영생을 참으로 실답고 행복하게 할 수 있을 것인가.'에 대해 많은 법을 참고할수록 도움이 됩니다.

솔성요론 2조에 담긴 뜻은 '내가 만든 법이 가장 완전하니, 이 법보다 더 좋은 것이 없다.'라는 우월적 입장의 말이 아닙니다. 영생을 통해 진급의 길을 걷기 위해서는 지자본위, 즉 나보다 나은 이를 스승으로 삼아야 한다는 뜻입니다. 열 사람의 법을 응하여 그 중 가장 좋은 법을 취해 믿어나가야 개인도, 사회도, 국가도, 세계도 발전할 수 있습니다. 솔성요론 2조는 혹 나의 관념이나 편견 또는 주변 인연에 묶여서 낮은 법을 취하면 안 된다는 주의이기도 합니다.

솔성요론 3조 '사생(四生)[1] 중 사람이 된 이상에는 배우기를 좋아할 것이요.'와 4조 '지식 있는 사람이 지식이 있다 함으로써 그 배움을 놓지 말 것이요.' 그리고 5조 '주색낭유(酒色浪游)[2]하지 말고 그 시간에 진리를 연구할 것이요.'는 배움에 대한 내용입니다.

시간을 허비하지 않고 배우기를 좋아하는 것은 진급하는 길이 됩니다. 〈주역〉에 '만월(滿月, 가득 찬 달)은 이지러진다.'는 말이 있습니다. 배움이 쉬는 순간에 후퇴가 시작된다는 뜻입니다. 진리는 무한하므로, 배움 역시 무한합니다.

주색낭유하면 그 순간에는 재미있지만 이내 고(苦, 괴로움)가 장만 될 것이고, 진리를 연구하는 것은 그 순간에는 고되지만 영원한 장래에 큰 지혜와 복록을 마련하는 길이 됩니다. '이 정도면 되었다.'고 자만하여 더 하지 않는 것은 퇴보하는 길이 됩니다.

솔성요론 6조는 '한 편에 착(着)하지 아니할 것이요.'입니다.

착이라는 말은 한편에 붙잡힌다는 뜻입니다. 마음이 한쪽으로 기울면 공평하게 쓰이지 못하고, 공평함을 잃어버리면 불만과 미운 마음이 생깁니다. 그래서 사이가 벌어집니다. 깜깜한 밤에 가려진 것 없는 높은 곳에서 가로등을 켜면 전체가 두루 밝아집니다. 하지만 자동차 헤드라이트는 밝긴 해도 한정된 부분만 비추기 때문에 전체를 밝히지 못합니다. 한편에 착하는 것은 이와 같습니다. 마음이 한쪽에 착하고 보면 그 부분만 밝게 보이고 그 외의 부분은 철벽을 쳐놓은 것처럼 깜깜해집니다.

한편에 착하지 않는 것은 성자의 심법입니다. 보통의 사람들은 많은 부분에서 '착'하며 살아갑니다. 사랑/미움, 먼 사람/가까운 사람, 남자/여자, 민족, 지역 등 여러 부분에서 그렇습니다. 착심이 녹을수록 성자의 인격에 가까워지고 진리의 세계에도 가까워집니다. 한편에 착하지 않는 것은 자신의 앞날을 은혜롭게 만들고 스스로를 진급하게 하는 아주 중요한 심법입니다.

솔성요론 7조는 '모든 사물을 접응할 때에 공경심을 놓지 말고, 탐한 욕심이 나거든 사자와 같이 무서워할 것이요.'입니다.

소태산 대종사께서는 '처처불상 사사불공'을 이야기하며 "복이 저 멀리 특정한 어디에서 오는 것이 아니다. 진리는 우주 전체에 다 북차 있어서 모든 존재가 나에게 죄와 복을 줄 수 있는 권능이 있다."고 했습니다. 우리는 모든 사물 하나하나를 대할 때 부처님을 대하고 모시는 마음으로 살아가야 합니다.

보은불공을 하지 못하는 마음의 이면에는 욕심이 있기 때문입니다. 상대방을 무시하거나 함부로 하려는 마음이 있어도 보은불공의 마음이 나지 않습니다. 솔성요론 7조는 이 두 가지를 경계하는 가르침입니다.

사자는 나의 생명을 위협하는 무서운 존재입니다. 사자는 나의 생명을 빼앗지만, 작은 욕심은 나의 영생을 빼앗습니다. 마음을 써나갈 때 공경심의 자세를 갖는다면 애초 마음에서 죄업을 짓는 요소가 발생하지 않습니다.

솔성요론 8조는 '일일 시시(日日時時)로 자기가 자기를 가르칠 것이요.'입니다.

어느 때든지 늘 자신이 자신을 가르치는 정신을 가져야 합니다. 세상의 모든 것은 변화의 진리 속에 존재합니다. 내가 원하든 원하지 않든 늘 변화하기 때문에 현재 있는 것이 그대로 머물지 않습니다. 지금 잘된 일이 계속 잘 될 수도 있지만 잘못 될 수도 있고, 잘못된 일이 계속 잘못 될 수 있지만 잘 될 수도 있습니다. 무한한 가능성이 늘 열려있기 때문입니다.

일일시시로 자기가 자기를 가르치는 마음을 갖지 않으면 현재 아무리 많은 것을 이루었다 해도 어느 때가 되면 내리막길을 걷게 됩니다. 스스로를 가르치는 정신을 가지고 늘 쉬지 않아야 끊임없는 향상과 진급의 길로 나아갈 수 있습니다.

솔성요론 9조는 '무슨 일이든지 잘못된 일이 있고 보면 남을 원망하지 말고 자기를 살필 것이요.'입니다.

남을 원망하는 것은 순간의 분풀이는 되지만 문제해결을 이루지는 못합니다. 무엇이 잘못되었을 때 잘못된 근본원인을 살피거나 점검하지 않으면 원인을 제대로 해소하지 못합니다. 원망을 통해 서로 상극의 인연이 되는 것은 나중의 문제이고, 당장 그 일의 해결도 볼 수 없습니다. 어떤 일이든지 남을 먼저 원망하면 결과적으로 상극이 되기 쉽습니다.

솔성요론 10조는 '다른 사람의 그릇된 일을 견문하여 자기의 그름은 깨칠지언정 그 그름을 드러내지 말 것이요.'입니다.

보통의 사람은 자기 우월감이 있어서 다른 사람은 깎아내리고 나는 은근히 높이려고 합니다. 이게 일반적인 심리입니다. 그러나 다른 사람의 그릇된 일을 자꾸 이야기하는 것은 그 사람에게도 손해를 미치고 동시에 세상을 자꾸 어둡게 만드는 일이 됩니다. 그리고 나에게도 결코 도움이 되지 않습니다.

다른 사람의 그릇된 일을 보았다면 '나에게는 이런 모습이 없을까? 혹 있다면 다른 사람에게 이렇게 보이겠구나.' 하며 나의 공부에 반추해야 합니다. 그래야 나에게도 세상에도 실다운 유익이 됩니다. '통만법명일심(通萬法明一心)'이라고, 만법을 통하여 자기의 마음을 밝히는 일이 중요합니다. 이것이 수도인이 해야 할 일이고, 이 마음을 가져야 대원정각을 이룰 수 있습니다.

솔성요론 11조는 '다른 사람의 잘된 일을 견문하여 세상에다 포양하며 그 잘된 일을 잊어버리지 말 것이요.'입니다.

포양은 널리 알린다는 뜻입니다. 잊어버리지 말라는 것은, 잘된 일을 내 마음에 새겨서 남과 같이 나도 잘 되게 노력하라는 것입니다. 보통 남의 그른 것을 보았을 때는 그릇된 마음을 함께 내기가 쉽고, 남의 잘된 일을 보고는 함께 축하하기보다 시기심을 내기가 쉽습니다. 그러나 이는 올바른 심법이 아닙니다.

다른 사람의 잘못을 보면 나의 잘못을 고치고, 다른 사람의 잘된 일을 보면 그것을 세상에 널리 알림으로써 더 많은 사람들이 함께 잘되도록 해야 합니다. 동시에 나도 그렇게 될 수 있도록 해야 합니다. 이것이 진급하는 마음을 쓰는 법입니다.

솔성요론은 그 내용을 실천함으로써 진급의 길을 걷게 합니다. 솔성요론은 부처의 인격을 이룰 수 있는 지름길이라 할 수 있습니다.

---

1) 사생: 생명체를 출생방식에 따라 네 가지로 분류한 것. ①태생(胎生): 사람이나 축생과 같이 모태(母胎)에서 태어나는 것. ②난생(卵生): 새나 물고기 같이 알로 태어나는 것. ③습생(濕生): 지렁이나 벌레나 곤충과 같이 습한 곳에서 태어나는 것. ④화생(化生): 벌레가 변하여 나비가 되는 것 같이 형태를 변화하여 태어나는 것.

2) 주색낭유: 음주·여색 또는 여러 가지 잡된 노름으로 터무니없이 방탕하게 시간을 보내는 것. 주색잡기와 같은 말.

최초법어
소태산의 경륜을 엿보다

개괄

　최초법어는 소태산 대종사께서 대각(大覺) 후 사회 전반을 살펴보고 새로운 세상을 펼쳐갈 기본 경륜을 '처음으로' 발표한 법설입니다.

　최초법어의 내용은 원불교의 교리체계에 들어가지는 않습니다. 그러나 소태산 대종사의 경륜을 엿볼 수 있다는 면에서 교단사적으로 대단히 중요한 법문입니다.

　최초법어는 말 그대로 '가장 처음 설한 법문'이라는 의미입니다. 〈원불교 교사〉를 통해 보면 소태산 대종사께서는 대각을 이루고 과거 성현들의 모든 교법을 두루 살핍니다. 그리고 그 교법들을 참고하면서 '내가 스스로 진리를 알았지만 나만 안 것이 아니고, 과거 모든 성자들이 다 같은 진리를 알았다.'는 것을 알게 됩니다. 동시에 성자들이 대중을 구제할 법을 짤 때는 시대와 지역, 그리고 대중의 인심을 따라 거기에 적합한 법과 제도를 마련한 것도 확인합니다.

　법에는 깊은 법과 얕은 법이 있습니다. 그러나 그것은 깨달음의 깊이에 차이가 있어서가 아니고, 과거 성자가 당시의 환경과 상황 그리고 대상에 따라 제도의 방편을 쓰면서 달라진 것입니다. 소태산 대종사께서는 그 중 부처님의 진리가 가장 크고 원만하고 깊게 밝혔음을 확인하고, 불법을 주로 참고하여 세상을 관망했습니다. 그리고 '과거의 법으로 미래세상의 대중 인심을 지도해 나갈 수 있을까?'를 고민했습니다. 앞으로 오는 시대는 어떠한 시대이며, 그 시대를 살아가는 사람들의 생활과 지혜가 어떤 수준일 것인가를 고민하면서 세상을 조망한 것입니다.

　시대가 바뀌고 사람들의 인심이 바뀌면 그에 맞는 법이 필요합니다. 초등학생을 가르치던 방식으로 대학생을 가르칠 수는 없기 때문입니다. 학생의 수준이 높아졌으면 그에 맞는 새로운 교수법과 새로운 방식으로 학생들을 가르치는 것이 당연한 이치입니다. 이에 소태산 대종사께서는 가장 먼저 시대의 인심을 살폈습니다.

　원불교 개교표어인 '물질이 개벽되니 정신을 개벽하자'는 세상의 인심을 지도해나갈 소태산 대종사의 방향 설정입니다. 과학문명도 정신문명도 한량없이 열려가는 시대를 예측한 것입니다. 그런 시대에는 특정 지역, 민족, 시대에 국한된 편협하고 어두운 법이 통하지 않습니다. '밝은 법'이란 진리를 합리적으로 밝힌 것을 말합니다. 개교표어로 지도강령을 밝힌 후, 그러한 세상을 앞으로 어떻게 이뤄갈 것인가에 대한 구체적 경륜을 처음으로 전한 것이 바로 최초법어입니다.

최초법어에는 수신의 요법, 제가의 요법, 강자·약자 진화상 요법, 지도인으로서 준비할 요법 등이 담겨있습니다. 과거 유가에서도 '수신·제가·치국·평천하'라고 하여 세상을 다스리기 위해서는 먼저 개인들이 자신을 다스려야 하고, 가정을 잘 이끌어야 하고, 국가를 잘 다스림으로써 세상을 잘 골라나가야 한다고 했습니다. 소태산 대종사께서 최초법어에 밝힌 것도 크게 보면 수신·제가·치국·평천하입니다. 그러나 과거 유가법과 다른 점이 있습니다. 수신과 제가는 겉으로 드러나 있지만 치국과 평천하의 의미는 숨어있다는 것입니다. 그러나 국가는 결국 하나의 큰 가정이고 나라도 작은 가정들이 모여서 이루는 것이기에, 제가의 요법에 치국의 의미가 함께 담겨있다고 보면 좋습니다.

또 세계를 대상으로는 '강약 진화'를 통해 세상을 고르게 만들어 나가도록 했습니다. 강자와 약자를 살펴보면, 강과 약이 서로 협력하는 가운데 주체적인 노력을 할 사람은 강자입니다. 지도인으로서 준비할 요법에서는 시대를 이끌어갈 지도자의 자세를 밝혔습니다. 준비가 없는 상태로는 세상 건설의 주체가 될 수 없기 때문입니다. '지도인'이라는 의미에는 '강자 또는 지자(지혜 있는 분)'라는 뜻이 담겨있습니다. 새 세상 건설에는 강자 또는 지자들의 주체적 노력이 매우 중요합니다. 지도인으로서의 역할을 어떻게 잘 해나갈 것인가를 강조한 것이 바로 지도인으로서 준비할 요법입니다.

〈원불교 교사〉에서는 '수신의 요법은 소태산 대종사께서 새 세상의 새로운 사람을 만드는 법이다.'라고 했습니다. 새롭게 다가오는 세상의 사람들은 그 세상에 맞게 거듭나야 합니다. 그 강령의 길을 수신의 요법을 통해 밝히고 있습니다. 제가의 요법 역시 마찬가지입니다. 새로운 세상에서는 가정과 국가도 모두 새로워져야 합니다. 새 가정, 새 국가를 이루는 길이 제가의 요법에 담겨있습니다.

강자·약자 진화상 요법은 앞으로 다가올 원만 무결한 세상을 만들어갈 수 있는 방법입니다. 또 제생의세의 경륜을 실행해가는데 있어 가장 중요한 지도자의 자세가 지도인으로서 준비할 요법에 담겨있습니다. 세상의 많은 지도자 가운데 도덕을 가르치고 진리와 마음의 길을 알려주는 종교 지도자의 역할은 특히 중요합니다. 지도인으로서 준비할 요법은 세상의 모든 지도자들이 새겨야 할 조목임과 동시에 주체적으로는 종교 지도자들이 새겨야 할 법이고, 더 가깝게는 새로운 세상에 새 법을 펼쳐나갈 원불교 지도자들이 반드시 받들어야 할 조목입니다.

최초법어는 원불교의 기본 교리가 나오기 전에 발표된 법문임에도 불구하고, 이미 원불교의 기본 사상과 방향이 모두 녹아있습니다. 각 개인이 새로운 사람이 되고, 가정과 나라 그리고 세상도 새롭게 변화되는 것이 곧 개교의 동기에 밝혀져 있는 '광대무량한 낙원세계'를 이루는 길입니다.

최초법어는 우리 교리를 실제 생활 속에서 실행해가는 교법실현의 중요한 길잡이입니다. 특히 강자·약자 진화상 요법은 원불교 교리 어디에도 나오지 않고 오직 최초법어에만 등장합니다. 강자와 약자는 서로 대립해야 하는 관계가 아니라 상생으로서 진화해나가야 한다는 아주 중요한 메시지입니다. '강약 진화'라는 말은 사은·사요를 포함합니다. 한 회사나 국가나 세계에 있어서도 '강자·약자 진화'는 중요한 인류사회 지도개념입니다.

수신의 요법
어떻게 살아야 하는가

　과거 유가(儒家)에서는 수신·제가·치국·평천하를 중요한 도리로 삼았습니다. 소태산 대종사께서도 최초법어에서 역시 '수신(修身, 마음과 행실을 닦아 수양하는 것)'을 가장 첫 조목에 두었습니다. 그 이유가 있습니다. 세상은 결국 사람이 움직입니다. 사람 한 명 한 명이 어떻게 바로 서느냐에 따라 세상의 모습이 좋아지기도 나빠지기도 합니다. 그러므로 세상을 구성하는 가장 기본 단위인 한 사람 한 사람의 수신이 중요하다는 것은 두말할 필요가 없습니다.
　수신의 요법의 가장 큰 특징은 1조 '시대를 따라 학업에 종사하여 모든 학문을 준비할 것이요.'에 있습니다. 개개인들이 수신을 해나갈 때 학문 준비를 하게 한 것은 다른 종교에서는 찾아보기 힘든 가르침입니다. '학문 준비'가 수신의 요법 첫 조목이라는 것에는 각자가 수행해나가는 데 있어 학문 준비가 기본이 되어야 한다는 뜻이 담겼습니다. 또 앞으로 오는 시대에는 도학과 과학을 병진하게 하고, 이사(理事, 이치와 일)를 병행하게 하고, 영육(靈肉, 마음과 몸)을 쌍전하게 하겠다는 소태산 대종사의 경륜이 명확히 드러나는 대목입니다.

수신의 요법 1조에서의 학문 준비는 과학을 준비하는 것에, 육신의 의·식·주 생활 3건을 해결하는 것도 포함합니다. 여기에서 우리는, 종교라 하여 영적인 것만을 중요하게 여기지 않고 영육이 쌍전되는 세상을 지향한 소태산 대종사의 정신을 알게 됩니다. 그러니 누구라도 시대를 따라 학문을 준비해야 합니다.

시대를 따라 학문을 준비하라는 말은 박사학위를 열 개 스무 개 갖추는 것을 의미하지 않습니다. 그 시대를 살아갈 수 있는 기본적인 사고와 지식을 배양해야 한다는 뜻입니다. 가장 기본적으로 생각해보면, 중·고등학교에서 배우는 과목들은 그 시대를 반영합니다. 기본 교육과정에서는 시대에 필요한 지식인을 길러내기 때문입니다. 그러므로 시대가 변화하면 당연히 교육과정과 교육과목에도 변화가 생기고, 시대가 요구하는 학업을 통해 우리는 세상을 살아갈 기반을 잡습니다.

하지만 시대에 맞는 학문만 준비했다고 하여 세상을 잘 살아갈 수 있는 것은 아닙니다. 학문 준비를 기본으로 삼고 인격을 함께 갖추어야 합니다. 인격이 갖추어졌을 때 비로소 준비한 학문이 제대로 활용될 수 있습니다. 학문을 준비하는 이유는 시대에 도움을 주는 사람이 되기 위해서입니다. 소태산 대종사께서는 무엇이든 인류사회에 공익을 주는 활동을 대전제로 했습니다. 그리고 그 활동을 잘 하기 위해 학문을 준비하게 했습니다.

준비된 학문을 잘 활용하기 위해서는 반드시 수신의 요법 2~4조가 함께 갖추어져야 합니다. 이것은 모든 사람에게 필요합니다. 요즘 세상에서 학문에 종사하는 일은 누구나 합니다. 그러나 정작 2~4조에 해당하는 인격은 부족합니다. 그래서 여러 가지 문제가 생깁니다. 사회가 좋아지기 위해서는 세상의 교육제도가 지식과 인격을 함께 겸하는 방향으로 나아가야 합니다.

수신의 요법 2~4조는 삼학(三學), 즉 정신수양, 사리연구, 작업취사입니다.

우리가 교리적으로 삼학을 배울 때는 '수양, 연구, 취사를 통해 삼대력을 얻으면 부처가 될 수 있다.'고 합니다. 그런데 수신의 요법 2~4조를 보면 우리가 일반적으로 '부처'라고 할 때 떠올리는 모습과 거리가 먼 것처럼 느껴집니다. 일반적이고 도덕적인 인간상을 말한 것 정도로 여겨지기 때문입니다.

여기서 소태산 대종사께서 삼학을 가르친 본의를 제대로 알아야 합니다. 소태산 대종사께서는 우리가 삼학공부를 통해 크고 엄청난 성자가 되는 것을 바라지 않습니다. 모든 사람들이 세상에 처하여 '사람답게' 살아갈 수 있게 하는 것이 목표입니다.

그러므로 "수양을 통해 신통이나 영통을 해야 한다."고 가르치지 않습니다. 수신의 요법 2조 '정신을 수양하여 분수 지키는 데 안정을 얻을 것이며, 희·로·애·락의 경우를 당하여도 정의를 잃지 아니할 것이요.'에 그 답이 있습니다. 먼저 정신수양을 함으로써 분수 지키는 데 안정을 얻어야 합니다.

사람이 살다 보면 허욕(헛된 욕심)이 생깁니다. 나의 처지는 그렇지 못한데 동(動)하는 욕심을 따라 살면서 일을 그르치기도 합니다. 수양을 하는 목적은 분수에 안정하기 위해서입니다. '지금 이것이 나에게 적절하다.'는 생각이 들면 마음이 거기에 안정됩니다. 그러면 저절로 편안해집니다. 분수에 안정되면 불편할 것이 없습니다.

또 살다 보면 기쁜 일도 있고 슬픈 일도 있습니다. '희로애락'은 우리의 모든 감정을 뜻합니다. 그런데 '희로애락의 경우를 당하여도 정의를 잃지 않는다.'에서 '정의'에 대한 해석을 잘 해야 합니다. 여기에서의 정의는 작업취사에서 '정의/불의'로 쓰이는 정의와는 약간 다른 뜻을 가지고 있습니다. 중심(中心), 중도(中道), 중화(中和)라는 의미로 생각하면 좋습니다.

희로애락의 경우를 당하면 보통은 거기에 끌려서 나의 본처(본심)를 떠나게 됩니다. 그렇게 볼 때 수신의 요법 2조에서 말하는 '정의'는 '본심'과 같은 의미로 이해해야 합니다. 그럼 애초에 정의가 아니라 본심이라고 하면 될 일인데, 왜 본심이라고 하지 않았을까요? '본심'이라고 하면 '아무것도 없는 본래 마음'이라고 이해하기 쉽기 때문입니다.

마음이 희로애락의 경우를 당하여 끌리지 않고 정의를 잃지 않는 다는 말은, 본심을 여의지 않는 중심을 가져야 한다는 뜻입니다. 그래야 모든 처사가 어디에 치우치거나 기울어지지 않고 올바르게 이뤄집니다. 여기에서 밝힌 '정의'는 무시선의 강령[1])과도 통합니다. 무시선의 강령에 나온 '정의'를 작업취사의 정의로만 해석하면 약간 오차가 생길 수 있습니다. 작업취사에서의 '정의'는 취사할 때의 정의이지만, 무시선에서의 '정의'는 삼대력이 뭉쳐있는 정의이기 때문입니다. 수신의 요법 2조의 '정의'는 무시선법에서의 '정의'와 그 결이 비슷합니다. '마음이 어느 한쪽에 치우치거나 끌리지 않고 중심을 잡고 있는 것'이 바로 수신의 요법에서의 '정의'입니다.

수양을 했다면서 분수를 지킬 줄 모르고 희로애락에 잘 끌린다면, 그건 수양을 제대로 한 것이 아닙니다. 그래서 수신의 요법 2조가 더욱 사실적으로 와닿습니다. 생활에서 우리가 왜 수양을 해야 하는지를 명확히 알려주기 때문입니다.

다음으로 수신의 요법 3조 '일과 이치를 연구하여 허위와 사실을 분석하며 시비와 이해를 바르게 판단할 것이요.'는 사리연구를 통해 우리가 이루어야 할 목표입니다. 수신의 요법에서는 사리연구를 통해 진리를 깨닫거나 대각하는 것을 최종 목표로 삼지 않습니다. 우리의 일상생활을 전제하고, 생활 속에서 삼학공부를 통해 어떤 실효를 나타낼 것인가를 이야기합니다.

먼저 허위와 사실을 분석할 줄 알아야 합니다. '허위'는 헛되고 거짓된 것이므로 진리에 맞지 않는 것입니다. '사실'은 실제로 그렇다는 것이므로 진리에 맞는 것을 말합니다. 우리가 '진리'라고 하는 것은 불생불멸과 인과보응입니다. 이 이치에 맞으면 사실이고 이 이치에 맞지 않으면 허위입니다.

"백 원만 내면 일억 원을 벌 수 있다."는 광고가 있다고 하면, 눈이 번쩍 뜨입니다. 하지만 그것이 사실이기는 어렵습니다. 그에 대한 판단력이 있어야 함에도 보통의 사람들은 조금 투자하고 많이 벌기를 원합니다. 그 욕심 때문에 누가 살짝 흔들면 그쪽으로 쏙 따라가 버립니다. 그렇게 허위와 사실을 분석하지 못한 채 끌려다니다가 패가망신을 당하기도 합니다. 따라서 사리연구를 하여 허위와 사실을 제대로 분석하는 것은 중요합니다.

또, 우리는 사리연구를 통해 시비이해(是非利害, 옳고 그르고 이롭고 해롭고)를 바르게 판단할 수 있어야 합니다. 여기에서의 시비이해는 일반 사회에서 이야기하는 시비이해, 즉 허위와 사실도 포함합니다. 하지만 사리연구 공부를 하면 할수록 진리적인 시비이해를 먼저 아는 것이 중요함을 알아가게 됩니다.

대소유무의 이치에 바탕해 허위와 사실을 구분할 줄 알고 대소유무의 이치에 바탕해 시비이해를 할 줄 알면 잘못 나아갈 일이 없습니다. 이런 사람은 생활이 갈수록 조금씩이라도 나아지지, 절대 실패하거나 뒤로 물러나지 않습니다. 실패는 대개 허위에 빠지거나 시비이해를 바르게 판단하지 못하는 데에서 옵니다.

수신의 요법 4조는 '응용할 때 취사하는 주의심을 놓지 아니하고 지행(知行)을 같이 할 것이니라.'입니다. 응용할 때 취사하는 주의심을 놓지 말라는 것은, 무슨 일이든지 그 일을 할 땐 마음을 챙기라는 뜻입니다. 수신의 요법 4조의 핵심은 '지행을 같이 할 것'에 있습니다.

보통은 '취사를 할 때 불의를 놓고 정의를 취하라.'고 가르칩니다. 그런데 여기서는 '지행을 같이 하라.'고 했습니다. 아는 것과 행동을 일치시키라는 말은 상당히 중요합니다.

정의와 불의에 대한 판단은 앞서 3조에서 말한 '허위 사실 분석, 시비이해 판단'과 그 범주가 겹칩니다. 그런데 여기에 '지행을 같이 하라.'는 구절이 있음으로써 '취사는 곧 실천'이라는 의미가 확실해집니다. 지행 대조라는 표현은 〈정전〉을 통틀어 작업취사를 설명할 때 수신의 요법에서 유일하게 쓰입니다.

지(知, 아는 것)와 행(行, 행동)을 같이 하라는 내용은 굉장히 중요합니다. 사람 사람이 각자 아는 것의 10분의 1만 실천해도 세상이 달라집니다. 아는 것은 이미 많은 사람들이 여래의 수준에 도달해 있습니다. 하지만 안다고 해서 모두 행동으로 이어지지는 않습니다. 그래서 아는 것과 행동을 일치시켜나가라는 말이 정말 중요합니다.

과거에는 인지가 어두웠기 때문에 뭔가를 아는 단계까지 가는 것 자체가 힘들었습니다. 지금은 시대가 밝아져서 아는 것은 누구나 쉽게 할 수 있고, 누구라도 자신이 아는 것을 안다고 말할 수 있게 되었습니다. 그래서 이제는 더욱 뭔가를 아는 것보다도, 안 것을 직접 실천으로 옮겼는지를 중요하게 여깁니다.

일반적인 작업취사 개념을 생각하면 수신의 요법 4조는 '응용할 때 취사하는 주의심을 놓지 아니하고 불의는 버리고 정의를 행할 것이니라.'가 되어야 합니다. 그런데 그러지 않고 '지행을 같이 할 것'이라고 했습니다. 소태산 대종사께서는 '지행 대조'를 밝힘으로써, 삶을 살아갈 때 '아는 것을 그대로 실행'하는 것의 중요성을 다시 한번 강조한 것입니다.

수신의 요법은 생활 속에서 어떻게 살아야 개개인들이 제대로 된 인격과 실력을 갖추어 사회에 도움이 될 수 있을 것인가를 다루고 있습니다. 그 방법을 크게는 도학과 과학으로 삼게 했고, 도학에 있어서는 수양·연구·취사를 통해 해나가게 했습니다. 수양을 해야 분수에 안정을 얻고 희로애락의 경우를 당해서도 정의를 잃지 않을 수 있습니다. 그리고 연구를 해야 허위와 사실을 분석하고, 시비이해를 알게 됩니다. 또, 취사를 통해 지행을 대조함으로써 아는 것을 실천하게 됩니다.

이러한 과정을 소태산 대종사께서는 평범하게 표현했습니다. 하지만, 그 평범한 표현에 미래 인류가 나아갈 방향이 담겼습니다. 수신의 요법에는 '사람으로서 어떻게 살아야 하는지' 그 길이 너무나 선명하게 담겨있습니다. 그래서 읽을수록 좋습니다. 수신의 요법이 '대덕화(大德化)를 얻어야 할 것이요.'와 같은 어려운 목표를 설정하고 있다면 아무나 할 수 없는 공부가 됩니다. 그러나 〈정전〉에서 밝힌 수신의 요법은 평범함 속에 전체를 총섭하고 있습니다. 이 공부는 세상 사람 누구든지 해야 하는 공부입니다.

---

1) 무시선의 강령: 육근이 무사하면 잡념을 제거하고 일심을 양성하며, 육근이 유사하면 불의를 제거하고 정의를 양성하라.

제가의 요법
가정과 나라가 진급하는 길

 최초법어는 소태산 대종사께서 교리를 완정(完整)[1]하기 전에 시대의 변화 흐름을 보고 구세제중을 위한 경륜을 네 가지로 밝힌 법문입니다. 그중 첫 번째는 먼저 살펴본 수신의 요법이고, 두 번째는 제가(齊家)의 요법입니다. 제가의 요법은 삶의 근본 구성원인 가정을 잘 지키는 길 또는 가정을 건강하게 만드는 도(道)라고 할 수 있습니다. 여기에는 새 세상의 가정이 나아가야 할 방향이 정리되어 있습니다.
 제가의 요법 1조는 '실업과 의·식·주를 완전히 하고 매일 수입 지출을 대조하여 근검 저축하기를 주장할 것이요.'입니다.
 이는 생활방면의 가르침입니다. 가족 구성원들이 먹고 입고 자는 것은 인간 생활의 기초입니다. 가정을 이루면 가정생활에 대한 책임을 서로 함께 져야 합니다.

1조를 좀 더 세분하면 두 가지로 살펴볼 수 있습니다. 하나는 실업과 의식주를 완전히 해야 한다는 내용입니다. 여기에서 '완전히'를 어느 정도까지로 볼 것인가 하는 의문이 생깁니다. 가정의 책임을 맡은 사람은 그 가족을 편안하게 해야 할 의무가 있습니다. '완전히'라는 말은 호의호식을 한다는 의미가 아닙니다. 먹고 입고 자는데 결함이 없는 정도를 말합니다.

　결함이 없으려면 경제생활을 하는 직업에도 결함이 없어야 합니다. 소태산 대종사께서는 그 방향을 원업과 부업으로 말해주었습니다. 직업을 선택할 땐 죄짓는 직업과 복 짓는 직업을 구분해야 합니다. 즉 정당한 직업을 가져야 합니다. 실업과 의식주를 완전히 하라는 말의 이면에는 '놀고먹지 말라.'는 뜻이 있습니다. 내 가족을 나의 힘으로 책임져나가는 자력생활을 하라는 것입니다. 사요의 자력양성에 해당하는 뜻이 이 구절에 담겼습니다.

　두 번째는 근검저축을 주장하라는 내용입니다. 정당하고 복 짓는 직업을 가졌더라도 일한 것보다 소비가 많으면 의식주를 완전히 하는 목표를 이룰 수 없습니다. 구체적인 방법으로 제시한 것이 매일 수입과 지출을 대조하는 것입니다. 수지대조를 통해 지출보다는 수입이 많은 생활이 되도록 해야 하고, 근검저축 생활을 해야 합니다. 제가의 요법 1조는 생활의 안정을 가져오는 핵심 내용입니다.

　제가의 요법 2조는 '호주는 견문과 학업을 잊어버리지 아니하며,

자녀의 교육을 잊어버리지 아니하며, 상봉하솔의 책임을 잊어버리지 아니할 것이요.'입니다.

세상을 이루는 가장 기초 단위는 가정입니다. 그 가정을 이루는 데 있어서 호주(戶主, 가장)는 스스로 배우는 생활을 놓지 않아야 합니다. 그래야 자녀들도 부모의 모습을 통해 배우는 생활을 할 수 있습니다. 호주에게는 무자력한 자녀들이 인류사회의 올바른 지도자로 양성되도록 잘 가르쳐야 하는 책임이 있습니다. 동시에 위를 잘 받들고 아래를 잘 돌보는 상봉하솔의 책임이 있습니다. 제가의 요법 2조는 호주의 책임 가운데 핵심적인 책임을 '교육'에 둔 내용입니다. 인류사회는 교육을 통해 발전합니다. 가정 역시 교육이 없으면 앞날을 장담할 수 없습니다. 호주는 자녀를 잘 가르침과 동시에 본인도 함께 배워야 합니다.

제가의 요법 3조는 '가권(家眷)이 서로 화목하며, 의견 교환하기를 주장할 것이요.'입니다.

가족 구성원들이 화목해야 한다는 말은, 서로를 이해하고 따뜻하게 우애하고 친목할 것을 당부하는 메시지입니다. 가정이 화목하려면 마음공부가 바탕되어야 합니다. 화목은 말로 되는 것이 아니고, 서로에 대한 은혜를 느끼고 이해할 때 가능합니다.

의견 교환하기를 주장하라는 말은, 어느 한 사람의 의견만으로 좌지우지되지 않도록 모든 구성원들이 평등한 입장에서 의견을 나눔으로써 더 나은 가정을 만들라는 뜻입니다. 여기에도 사요 정신이 녹아있습니다. 지자본위하라는 것입니다. 모든 구성원들의 의견을 모아 가장 좋은 안을 도출해나갈 때 가정의 발전을 이룰 수 있습니다.

제가의 요법 4조는 '내면으로 심리 밝혀 주는 도덕의 사우(師友)가 있으며, 외면으로 규칙 밝혀 주는 정치에 복종하여야 할 것이요.'입니다.

도덕의 사우라는 말은, 안으로 신앙을 가지고 나의 인생을 바르게 인도해나갈 도덕을 만나야 한다는 뜻입니다. 규칙 밝혀 주는 정치에 복종해야 한다는 것은, 밖으로 국가를 이끌고 국민의 안녕질서를 유지하며 편안하고 부강하게 살 수 있도록 하는 법에 잘 따라야 한다는 말입니다. '복종'이라는 단어가 강한 느낌으로 와닿을 수 있지만, 국민으로서 한 나라를 이끌어나가는 방향에 절대 합력해나가야 한다는 의미로 이해하면 됩니다.

제가의 요법은 한 나라 또는 한 국가의 발전과도 깊은 관계가 있습니다. 가정을 펼쳐놓으면 국가가 됩니다. 또 정교동심(政敎同心)이라고, 어떤 나라가 잘 되기 위해서는 그 나라를 이끌어가는 정치와 종교가 한마음으로 국민을 잘 보살펴야 합니다. 그 의미가 가정에도 함께 반영됩니다.

제가의 요법 5조는 '과거와 현재의 모든 가정이 어떠한 희망과 어떠한 방법으로 안락한 가정이 되었으며, 실패한 가정이 되었는가 참조하기를 주의할 것이니라.'입니다.

개개인이 공부를 해나갈 때, 내가 마음을 어떻게 쓰느냐에 따라 일이 잘되기도, 잘못되기도 합니다. 그래서 개인에게는 일기로 마음과 생활을 대조하게 하여 그 삶이 나날이 향상되게 했습니다. 제가의 요법 5조에도 이러한 반성·대조의 의미가 담겼습니다. 우리집 생활에 대한 반성·대조와 함께 다른 가정들의 실패와 성공사례를 참고하면 더 나은 가정과 국가를 만들 수 있습니다.

유교에서 말하는 수신·제가·치국·평천하의 개념으로 본다면 제가의 요법에 이어 치국의 요법이 나와야 합니다. 그런데 소태산 대종사께서는 제가의 요법에 이어서 강자·약자 진화상 요법을 밝혔습니다. 우리는 이것을 치국(국가)이 빠진 것으로 이해하면 안 됩니다. "한 가정은 한 나라의 축소판이고, 한 나라는 큰 가정이다."라는 소태산 대종사의 법문처럼, 제가의 요법에 담긴 제가의 개념을 확대하여 제국(齊國), 즉 한 나라를 이끄는 요법으로 놓고 볼 수 있어야 합니다.

한 가정의 호주는 나라에서의 지도자이고, 한 가정의 구성원은 곧 한 나라의 국민입니다. 그렇게 이해하면 제가의 요법은 곧 제국의 요법, 나라를 이끄는 법과 상통합니다. 제가의 요법을 제대로 이해하여 실천하면 가정과 나라가 함께 향상, 진화, 진급할 수 있습니다.

1) 완정: 완전히 갖춤.

강자·약자 진화상 요법
평등 세상에서 함께 잘 살기

    최초법어의 세 번째 조목인 '강자·약자 진화상 요법'은 세계, 즉 수신·제가·치국·평천하에서 평천하를 이루어가는 강령입니다. 사실 강자/약자라는 말은 종교가에서 많이 쓰는 표현이 아닙니다. 이는 당시 시대적 상황에 영향을 받았을 것으로 보입니다. 소태산 대종사께서 회상을 펼칠 당시의 시대상황은 일제 강점기입니다. 우리나라뿐만 아니라 세계적으로도 강국의 점령으로 인해 열국이 고통을 받는 시대였습니다. 소태산 대종사께서는 그러한 시대를 통찰하고 강자/약자라는 표현을 사용한 것이라는 생각을 해봅니다.

    또 한편으로는, 앞으로 다가올 시대를 예견하고 근원적인 문제를 표현한 대목이라는 생각도 듭니다. 앞에서 살펴보았던 '심고와 기도' 장에서 '이 세상에 태어나면 자력과 타력이 함께 필요하다.'고 한 것처럼, 우리 인생은 나의 힘과 남의 힘이 교류하며 이뤄집니다. 자력과 타력이 끊임없이 관계되고 넘나드는 중에 맞부딪치다 보면 자연히 힘의 우열도 나타납니다. 소태산 대종사의 강자/약자라는 표현에는 자력과 타력의 관점이 들어있습니다.

강은 힘이 센 것, 약은 힘이 약한 것을 말합니다. 소태산 대종사께서는 강자·약자 진화상 요법에서 아주 단순하고 명료하게 강/약에 대한 정의를 내렸습니다. '무슨 일을 물론하고 이기는 것은 강이요, 지는 것은 약이라… 서로 의지하고 서로 바탕하여….' 그 다음 대목이 중요합니다. '친불친이 있나니라.'

친은 상생으로 화한다는 뜻이고, 불친은 상극으로 대립관계에 있다는 뜻입니다. '강자/약자가 서로 의지하고 바탕해 있다.'라는 문구에는 근원적으로 서로 떨어져서는 살 수 없는 관계성이 있다는 뜻이 들어있습니다. 그러한 관계성이 있기 때문에 강자와 약자가 서로 잘 조화되면 상생의 관계로 발전하고, 그렇지 않으면 대립과 상극의 관계로 떨어집니다. 이것을 강자·약자 진화상 요법의 첫 조목에서 대지(大旨, 대략적인 뜻)를 들어 설명하고 있습니다.

강/약의 의미를 신앙적 입장에서 생각해보겠습니다. 사은의 위력을 좀 더 얻는 것은 강이고 사은의 위력을 조금 덜 얻는 것은 약입니다. 소태산 대종사께서 밝힌 강자·약자 진화상 요법에는 '우리 모든 인류가 사은의 힘을 얻어서 약자가 되지 말고 강자가 되어 남을 도울 수 있는 사람이 되도록 함께 진화해가자.'는 뜻이 담겨있습니다.

강자의 입장에서는 약자를 밟고 올라서는 것이 아니라 약자를 함께 끌어올리는 강자가 되어야 합니다. 약자의 입장에서는 강자를 물리치거나 대항함으로써 강자가 되는 것이 아니라 강자를 잘 모시고 배움으로써 강자로 진화해야 합니다. 그래야 강은 강대로 약은 약대로 서로 조화를 이루며 끊임없는 발전을 이룰 수 있습니다. 이것이 강자·약자 진화상 요법의 가장 큰 뜻(大義)입니다.

이에 대해 어떤 사람은 '당연히 그렇게 해야 하는 것이고, 그건 쉬운 일'이라고 생각할 수 있습니다. 하지만 실지에 당하여 그런 마음을 쓰는 것은 결코 쉽지 않습니다. 세상과 부딪치는 여러 현상 속에서 이러한 마음을 쓰려면, 진리에 대한 믿음과 깨달음이 있어야 합니다. 그래야 '강약 진화'의 심법이 나옵니다. 이 경지에 닿으려면 나를 에워싸고 있는 천지·부모·동포·법률이 나와 둘이 아님을 알고, 남을 해치는 것이 곧 나를 해치는 것임을 자각해야 합니다. 또 남을 돕는 것이 영원한 세상에 참으로 나를 돕는 길이라는 것에 대한 신념체계가 마음에 확실히 서야 합니다. 그렇지 않으면 약자를 돕는 마음을 한때 잠깐은 냈더라도 그 마음을 지속하기가 어렵습니다.

강자·약자 진화상 요법은 우리 모두 영원한 세상에 최고의 강자들이 되라는 당부입니다. 아울러 사은 전체의 위력을 얻어 쓸 수 있는 강자가 되길 바라는 염원입니다. 소태산 대종사께서 지향하는 평등세계는 평균 정도에 머무는 것이 아닌, 최고·최상승의 평등세계입니다. 강자는 더 강자가 되고, 약자도 강자로 나아감으로써 끊임없는 향상 발전을 통해 서로 최상봉에서 함께 만나기를 바라는 마음입니다. 그것이 개교의 동기에서 밝힌 '광대무량한 낙원'의 모습입니다.

강자·약자 진화상 요법 2조는 강자도 영원한 강자가 되기 위해 노력하고, 약자도 영원한 강자가 되기 위해 노력해가는 방법에 대한 것입니다. 어려울 것 같지만 알고 보면 간단합니다. 강자가 영원한 강자가 되기로 하면 자신이 가지고 있는 강을 남용하지 않아야 합니다. 강을 함부로 쓰거나 나만을 위해서 사용하면 강은 반드시 약으로 전락합니다. 또 강자는 약자를 잘 돕고 가르침으로써 영원한 강자가 되어야 합니다. 나보다 못한 이를 무시하거나 업신여기지 않고 잘 가르쳐서 강자가 되도록 도와야 합니다. 자력 없는 이들을 도와주면 세상의 공도자가 되어 숭배를 받습니다.

인과의 이치로 볼 때 강자는 강자가 될만한 행위를 한 결과로 그 위치에 올랐습니다. 현재 내가 약자의 위치에 있는 것은 그만큼 노력을 덜 했다는 반증입니다. 그러므로 약자의 입장에서는 강자를 대적하기보다 '저 사람은 어떻게 저 위치에 가게 되었는가?'를 참고하면서 강자를 선도자로 삼아 노력해야 합니다. 그러면 약자도 영원한 강자가 될 수 있습니다.

약자가 강자를 상대로 반발심을 갖거나 노력하지 않으면, 반대로 강자가 약자를 무시하고 도와주지 않으면, 결국 강자도 약자가 되고 약자는 더 약자가 됩니다. 이것이 소태산 대종사께서 밝힌 '강약진화'의 대지(大旨)입니다.

'세상의 모든 사람들을 대상으로 하여 어떻게 해야 강자는 영원히 강을 유지하고, 약자는 강자로 만들 것인가?'에 대한 구체적인 방법이 우리 교리인 사요에 있습니다. 약자가 강자를 선도자로 삼아 강을 준비해가는 것은 자력양성과 지자본위에 해당합니다. 강자로 나아가기 위해서는 나보다 나은 이를 모두 스승으로 삼는 자세가 중요합니다. 근본적으로 스승과 제자는 따로 있지 않습니다. 내가 배우는 그 자리에서 나보다 더 나은 사람이 있다면 그가 곧 스승입니다. 약의 처지에서는 강자를 선도자로 삼아 배워나감으로써 힘을 길러야 합니다. 배움을 통해 자력을 키워나가는 것이 약자가 강자되는 길입니다.

　강자·약자 진화상 요법이라고 했지만 구체적인 내용으로 들어가면 평등세상을 이루는 법, 즉 사요에 맞닿습니다. 사요의 바탕은 '전체가 하나'라는 정신입니다. 세상의 강/약은 낮과 밤이 뒤바뀌는 것처럼 언제든 변화될 수 있습니다. 나에게 복이 있을 때 미래의 복을 충전하지 않으면 어느 순간 복이 다하여 소멸하고 맙니다. 지금 내가 가진 강을 소유만 하면서 미래의 강을 준비하지 않으면 반드시 약으로 떨어집니다.

　진리는 무한히 변화하므로 강도 약도 영원하지 않습니다. 따라서 어떻게 해야 강을 영원히 소유할 수 있고, 어떻게 하면 그 강을 소유하지 못해 약자로 살게 되는지를 잘 알아야 합니다. 강자가 되기로 하면 마음을 크게, 그리고 공도를 위해 써야 합니다.

　모든 인류가 함께 강자가 되어서 상극 없는 평등한 세상에서 잘 살기를 염원하는 법문이 바로 최초법어 강자·약자 진화상 요법입니다.

지도인으로서 준비할 요법
실천하는 종교인이 인류의 길잡이

　강자는 약자를 지도하고 인도해야 할 위치에 있습니다. 그리고 약자는 강자의 지도를 이정표 삼아야 강자의 길을 걸을 수 있습니다. 강자와 약자가 서로를 밀고 당기면서 협력할 때 세상이 골라지고, 모두 강자 되는 평등세상이 만들어집니다.
　그렇지만 현실적으로 세상을 골라나가고 인류를 잘 살게 하기 위해서는 강자의 책임과 권한이 더 중요합니다. 강자가 강의 권한을 잘 사용하지 못하면 본인도 손해를 입지만 사회에도 큰 해독을 미치기 때문입니다. 그래서 소태산 대종사께서는 '지도인으로서 준비할 요법'을 따로 밝혔습니다. 인류를 구원해나가고 지도해갈 때, 즉 강을 쓸 때 어떤 마음으로 일해야 할 것인지 표준을 세워준 것입니다. 이는 강자로서 책임 있는 자리에 처하게 되었을 때 그 책임과 사명을 다할 수 있는 마음가짐에 대한 가르침이기도 합니다. 지도인으로서 준비할 요법 네 조목만 잘 실천해도 엄청난 역량을 가진 지도자가 될 수 있습니다.

지도인으로서 준비할 요법 1조는 '지도 받는 사람 이상의 지식을 가질 것이요.'입니다.

여기에서 '지식'은 모든 것을 종합하는 지식이라기보다, 지도하는 사람과 지도받는 사람 사이에 주고받는 내용에 대한 지식을 말합니다. 지도인이 자신의 위치와 분야에서 지도받는 사람들보다 지자의 위치가 되어야 하는 것은 사요의 지자본위 정신과도 그 맥이 통합니다.

지자본위는 어느 것이든지 나보다 나은 이를 스승삼아 배우라는 것입니다. 누군가를 지도하려 하면 지도받는 사람보다 그 분야에 있어 실력이 더 나아야 함이 당연합니다. 남보다 더 나은 실력을 갖추기 위해서는 그 분야에서 끊임없는 노력이 필요합니다.

우리는 마음 사용하는 법[용심법, 用心法]을 가르치는 사람입니다. 그것이 우리에게 주어진 직무입니다. 그렇다면 마음 쓰는 법에 대해서는 교화 대상자보다 조금이라도 더 나은 실력을 갖춰야 합니다. 지도받는 사람 이상의 지식이 없으면서 누군가를 지도하는 것은 불합리한 일입니다. 그래서 소태산 대종사께서는 지도인으로서 준비할 요법 가장 첫 조목에 지도받는 사람 이상의 지식을 가지라는 내용을 먼저 밝혔습니다.

지도인으로서 준비할 요법 2조는 '지도 받는 사람에게 신용을 잃지 말 것이요.'입니다.

지도받는 사람이 지도하는 사람을 믿지 못하면 애초에 지도와 피지도의 관계가 성립할 수 없습니다. 신용의 핵심은 진실입니다. 말이 허황되고 거짓되면 사람들이 처음 한두 번은 속아도 나중에는 믿지 않습니다. 지도자는 항상 진실한 마음에 바탕해 일을 이루어야 합니다. 그래야 사람들에게 신용을 잃지 않고 나아갈 수 있습니다. 마음에 진실을 잃어버리면 지도자로 설 수 없습니다.

지도인으로서 준비할 요법 3조는 '지도 받는 사람에게 사리(私利)를 취하지 말 것이요.'입니다.

지도하는 사람과 지도받는 사람이 앞의 1조와 2조를 잘 실행하면서 관계를 맺다 보면 자연스럽게 서로 친밀해집니다. 그래서 자칫 개인적 친분에 떨어지기가 쉽습니다. 개인적 친분이 두터워지면 거기에서 사적인 관계가 생깁니다. 사리(私利)란 사적인 이익을 말합니다. 개인적으로 친해지다 보면 지도하는 사람이 사적인 욕심을 내서 개인적 이익을 취하려 할 수 있고, 혹 지도자에게는 그런 마음이 없지만 지도받는 사람으로서 감사와 존경의 의미를 표현하는 행위가 어느 순간 사적 이익으로 떨어지는 경우도 생깁니다.

지도하는 사람과 지도받는 사람이 사적 관계가 되면 대중 전체에 좋은 영향이 미칠 수 없는 것은 물론이고, 그 관계가 영원히 가기도 어렵습니다. 그러므로 지도하는 사람과 지도받는 사람이 사적 관계로 얽히는 것은 지도자로서 매우 주의해야 합니다. 지도자는 기본적으로 공정한 성품을 가져야 합니다. 모든 사람을 향해 마음이 평등하게 열려야 합니다. 한 가지 측면만 마음에 품으면 사리를 취하게 되고, 그러면서 자연히 공정이 깨집니다. 사리를 취하면 절대 공정할 수 없습니다. 지도인으로서 사리를 취하지 말라는 말의 이면에는 '공정한 마음을 늘 유지하고 공정한 마음에 바탕해 일을 해나가야 한다.'는 메시지가 있습니다.

지도인으로서 준비할 요법 4조는 '일을 당할 때마다 지행을 대조할 것이니라.'입니다.

지도인이라면 아는 것과 행동을 늘 대조하여 지행이 일치해야 합니다. 지도자로서 가져야 할 기본 덕목은 솔선수범의 실행입니다. 대산 종사께서 〈정전대의〉를 편찬할 때 가장 먼저 "실천의 종교가 세계의 광명이다."라고 했습니다. 여러 성자들이 좋은 법을 많이 내놓았어도 그 법이 법으로만 머문 채 실천되지 않으면 세상에 아무런 유익을 주지 못하고 의미도 없는 것이 된다는 뜻입니다. 그래서 "성자의 법을 실천하는 종교이어야 세계의 광명(빛)이 된다."고 하며 "실천하는 참된 종교인이어야 온 인류의 바른 길잡이가 된다."고 강조했습니다.

내가 아는 것을 얼마나 실천하고 있는가를 대조함으로써 아는 것과 생활이 일치하도록 해야 합니다. 물론 완전 일치는 쉽지 않습니다. 다만 중요한 것은 끊임없이 일치를 향해 나아가려는 노력입니다. 지도인이 그런 모습을 보여준다면 자연히 주위에 감화를 주고, 지도인으로서도 큰 인물이 됩니다.

　지도인으로서 준비할 요법은 그 표현이 쉽고 단순한 반면, 잘 지켜서 끝까지 유지하기가 어렵습니다. 이 네 가지 조목만 잘 실천해도 새 세상의 새 지도자로서 충분한 자격을 갖추게 됩니다. 이러한 참 실력을 갖춘 진실된 지도자들이 많이 나올수록 세상은 반드시 좋아집니다.

고락에 대한 법문
고통의 용광로를 벗어나자

개괄

'고(苦)'와 '낙(樂)'은 사람이 살면서 가장 많이 느끼고 체험하는 것입니다. 〈정전〉 총서편 개교의 동기에 '파란고해의 일체 생령을 광대무량한 낙원으로 인도하려 함'이라는 구절이 있습니다. 여기서 파란고해(波瀾苦海)가 괴로운 세상을 말하는 것이고, 광대무량한 낙원이 즐거운 세상을 말하는 것입니다. 고락에 대한 법문은 모든 생령들을 즐거운 세계로 인도하기 위한 방법을 교리로 밝힌 것입니다.

소태산 대종사께서는 당신의 경륜을 교리로 제정하기 이전에 수신·제가·치국·평천하의 의미를 담은 '최초법어'로 파란고해의 일체 생령을 광대무량한 낙원으로 인도하겠다는 포부를 세상에 천명했습니다. 고락에 대한 법문은 괴로움을 놓고 즐거움을 얻으라는 가르침이므로, 최초법어와 고락에 대한 법문의 상관성은 아주 밀접합니다.

성자들이 시대시대마다 제도의 문을 열어 활동해온 이유는 모두 인생의 본질, 즉 삶에 있어서 고통을 당하지 않고 즐거움을 느끼는 생활이 되도록 하기 위함입니다. 사람들이 추구하고자 하는 인생의 목적은 결국 '고락', 이 두 글자에 모두 들어있습니다. 육신의 고락이든 마음의 고락이든, 고락은 결국 인생의 근본적인 문제이자 목적입니다. 그래서 소태산 대종사께서 〈정전〉에 고락에 대한 법문을 따로 밝힌 것이 아닌가 생각합니다.

고락의 설명

사람들이 세상에 나면 싫어하는 것과 좋아하는 것이 있습니다. 괴로운 고는 누구나 싫어하고 즐거운 낙은 누구나 좋아합니다. 비록 말을 할 줄 모르는 갓난아기라도 누군가 뾰족한 것으로 자신을 찌르면 싫어하고 피하려고 합니다. 반대로 자신을 따뜻하게 대해주거나 밥을 먹여주면 좋아합니다. 철없는 아이부터 나이 먹은 어른에 이르기까지 괴로운 것은 모두 싫어하고 즐거운 것은 모두 좋아하는 것이 당연한 이치입니다. 괴로울 고(苦), 즐거울 락(樂), 이 두 가지는 인생의 본질적이고 근본적인 모습입니다.

사람사람이 모두 괴로움은 싫어하고 즐거움은 좋아한다면 세상에는 즐거움만 있고 괴로움이 없어야 할 텐데, 실제 세상에는 좋아하는 낙만 있지 않습니다. 반드시 싫어하는 고가 함께 존재합니다. 또 고와 낙에 있어서도, 괴로움에는 정당한 괴로움과 부정당한 괴로움이 있고, 즐거움에도 정당한 낙과 부정당한 낙이 있습니다. 정당한 고/락과 부정당한 고/락에는 다시 우연히 받는 고락과 지어서 받는 고락이 있습니다.

우연히 받는 고락은, 현실적으로 볼 때 원인을 알지 못하고 받는 고락을 말합니다. 천재지변 같은 것이 대표적인 예입니다. 한편, 지어서 받는 고락에는 여러 가지가 있습니다. 내가 열심히 노력한 것에 대한 결과를 성취했다든지 또는 내가 잘못한 것에 대한 결과로 벌을 받는 것 등이 해당합니다.

그러나 우연히 받는 고락과 지어서 받는 고락이라고 나누는 것은 현실로 나타나는 원인만을 보고 파악하는 것에 불과합니다. 진리를 깨달은 안목으로 바라보면 삼세를 통해 모두 자기가 지어놓은 인과의 원리를 따라 받는 고와 낙이기 때문입니다.

하지만 사람들은 고는 싫어하고 낙은 좋아하면서도, 자기가 당하는 고와 낙이 왜 그리고 어디에서 오는 것이며 원인은 무엇인지 생각하지 않고 살아갑니다. 그래서 괴로움 속에서 빠져나오지 못한 채 살아갑니다. 소태산 대종사께서는 이런 모습을 안타깝게 여기고, 그렇게 살면 안 된다고 당부합니다.

우리는 고와 낙이 어디에서 오는 것인지를 분명히 알아서 정당한 고락으로 영원한 세상을 즐기고, 부정당한 고락은 영원히 오지 않도록 몸과 마음을 다해 온전한 생각으로 취사하기를 주의해야 합니다. 소태산 대종사께서 우리 회상의 문을 새롭게 연 이유가 고와 락을 설명하는 것에 함께 들어있습니다.

낙을 버리고 고로 들어가는 원인

그렇다면 사람들은 왜 좋아하는 낙을 버리고 싫어하는 고로 들어갈까요? 그 원인을 알면 고로 들어가는 것을 피할 수 있습니다. 소태산 대종사께서는 세상 사람들이 낙을 버리고 고로 들어가는 원인을 다섯 가지로 설명했습니다.

첫째, 고락의 근원을 알지 못하기 때문입니다. 사람들은 괴로움과 즐거움이 어디에서 왔는지를 생각하지 않고 살아갑니다. 고락을 부처님이 주거나 하늘에서 내린 것으로 알지, 고와 낙이 어디로부터 오는지를 깊이 생각하지 않습니다. 고와 낙은 자신의 심신동작, 즉 몸과 마음을 사용하는 것에 따라서 옵니다. 그 이치를 알지 못하기 때문에 고와 낙을 자꾸만 다른 데서 구하려고 합니다. 즐거움을 구하려면 내가 즐거움을 당할 일을 해야 하고, 괴로움을 벗어나려면 내가 괴로움을 벗어날 일을 해야 하는 것이 이치입니다.

둘째, 가령 안다 할지라도 실행이 없기 때문입니다. '내가 이렇게 잘못했기 때문에 이런 괴로움을 받는구나. 고와 낙은 이렇게 오는 것이구나.'를 알았다면 실행을 통해 괴로운 고는 막고 즐거운 낙만 오래오래 머물도록 노력해야 합니다. 그런데 사람들은 아는 것에만 그칠 뿐 실행을 하지 않습니다. 자기 잘못을 고치려는 노력이 부족합니다.

셋째, 보는 대로 듣는 대로 생각나는 대로 자행자지로 육신과 정신을 아무 예산 없이 양성하여 철석 같이 굳었기 때문입니다. 세 번째 원인은 두 번째 원인인 '실행이 없는 것'과 연결되는 문제입니다. 실행이 없다는 것은 결국 육신과 정신을 보는 대로 듣는 대로 생각나는 대로 막 사용한다는 것입니다. 살아가면서 '어떻게 하면 좋은 일이 닥치고, 어떻게 하면 나쁜 일이 닥치는가.'를 생각하지 않고 그냥 마음 나는 대로 살아온 결과가 곧 실행 없음입니다. 그렇게 살면 나의 심신이 편한 방향으로만 길들여지면서 나쁜 습성이 철석같이 굳어집니다. 철석같이 굳은 습성은 고(苦)라는 용광로로 나를 이끕니다.

넷째, 육신과 정신을 법으로 질박아서 나쁜 습관을 제거하고 정당한 법으로 단련하여 기질 변화가 분명히 되기까지 공부를 완전히 하지 않았기 때문입니다. 철석같이 굳은 습성을 그대로 두는 것은 불구덩이 속으로 달려가는 것과 같습니다. 그 습성을 고쳐야 고와 낙의 근원을 알아 실행으로 옮길 수 있습니다. 몸과 마음을 고쳐나가려면 육신과 정신을 성자들의 바른 법에 맞게 잘 길들여서 나쁜 습관은 제거하고 정당한 법으로 단련해야 합니다. 그러나 단련은 한두 번으로 완성되지 않습니다. 나쁜 습관이 좋은 습관으로 완전히 바뀌도록까지 공부를 반복해야 합니다. 그것이 '기질변화가 분명히 되기까지'입니다.

물리치료실에 가면 몸이 굳은 사람들이 있습니다. 굳은 몸을 풀기 위해서는 고통이 따르기 마련입니다. 몸을 고치려면 아픔을 견디고 운동과 치료를 병행해야 합니다. 고통이 싫어서 편한 대로 있다 보면 나중에는 몸이 완전히 굳어서 제대로 쓸 수 없게 됩니다. 철석같이 굳은 습관도 마찬가지입니다. 굳은 습관을 고쳐서 법으로 길들여가려면 많은 인내와 고통이 따릅니다. 그것을 감내하지 못하여 중도에 포기하면, 고를 버리고 낙으로 가는 길을 포기하는 것이 됩니다.

다섯째, 응용하는 가운데 수고 없이 속히 이루려 하기 때문입니다. '변화'는 그동안 해왔던 것에 비해 몇 배 이상의 노력을 요구합니다. 대부분의 사람들은 1년이나 2년만 해보고 안 된다고 바로 포기합니다. 내가 들인 정성보다 훨씬 많은 결과를 바라는 마음을 욕속심(欲速心)이라고 합니다. 욕속심이 있고 보면 끝까지 가기가 어렵고, 중간에 그만두기가 쉽습니다. 몇 번 해보고는 '나는 아무리 공부해도 못할 사람인가보다.' 하고 포기하면 낙으로 가는 길을 버리는 선택이 됩니다.

낙을 버리고 고로 들어가는 이유 다섯 가지를 크게 두 갈래로 압축할 수 있습니다. 하나는 알지 못해서이고, 또 하나는 실행이 없어서입니다. 실행이 없는 이유는 첫째 철석같이 굳은 습관 때문이고, 둘째 그 습관을 고치기 위한 공부를 끝까지 하지 않아서이며, 셋째 욕속심으로 조금 해보다가 포기하기 때문입니다. 작은 습관 하나를 제대로 고치지 못해 죄짓는 생활 속에서 복을 조금 짓다가 다시 죄

짓는 생활로 돌아가기를 반복하므로 한량없는 세월을 죄고에서 벗어나지 못합니다.

　소태산 대종사께서 전하고자 한 모든 법문은 이고득락(離苦得樂), 즉 고를 버리고 낙을 얻게 하는 방법에 대한 것입니다. 자비가 가득 담긴 가르침을 잘 챙기고 실행하면 누구나 한량없는 낙 생활을 할 수 있습니다.

병든 사회와 그 치료법
사회는 함께 사는 연못

사람사람이 모두 즐거운 생활을 하는 사회는 '낙원'입니다.

그런데 결국 개인은 사회의 한 구성원이므로 개인이 고를 놓고 낙 생활을 하려 해도 사회가 병들었다면 혼자 낙 생활을 즐기기란 어렵습니다. 비유하면 건강한 물고기라 하더라도 오염된 물속에서 살다 보면 언젠가 병들어 죽게 되는 것과 같습니다. 사회는 우리 개인개인이 몸담고 살아가는 연못입니다. 사회는 구성원들의 자력과 타력이 함께 교류하는 가운데 이루어지므로 사회가 병들었다면 개인 역시 잘 살 수 없습니다.

소태산 대종사께서 '고락에 대한 법문'에 이어 '병든 사회와 그 치료법'을 〈정전〉에 밝힌 것은 그 맥락이 이어지기 때문입니다. 사회가 건전하고 건실해야 그 안에서 살아가는 모든 사람들이 낙 있는 생활을 할 수 있습니다. 사회는 결국 '큰 나'입니다. 나와 사회를 떼놓고 생각할 수 없기에 우리 각자에게는 사회를 맑혀갈 책임이 있습니다. 맑은 사회를 만들어야 '나를 포함한 우리'가 행복할 수 있습니다.

병든 사회와 그 치료법을 살펴보겠습니다.

먼저 '사람도 병이 들어 낫지 못하면 불구자가 되든지 혹은 폐인이 되든지 혹은 죽기까지도 하는 것과 같이, 한 사회도 병이 들었으나 그 지도자가 병든 줄을 알지 못한다든지 설사 안다 할지라도 치료의 성의가 없다든지 하여 그 시일이 오래되고 보면 그 사회는 불완전한 사회가 될 것이며, 혹은 부패한 사회가 될 수도 있으며, 혹은 파멸의 사회가 될 수도 있다.'고 했습니다. 병든 사회를 제대로 치료하지 않거나 그 치료에 성의를 들이지 않으면 사회는 결국 부패하고 병듭니다. 사회가 병들면 구성원들이 개인적으로 고를 놓고 낙을 취하려 해도 낙을 구할 수 없습니다. 사회의 한 구성원인 우리 모두는 병들지 않고 건강한 사회를 위해 노력해야 합니다. 특히 지도자들은 그 책임이 더욱 큽니다. 소태산 대종사께서는 이 점을 먼저 전제했습니다.

그러면 한 사회가 병들어가는 것을 어떻게 알 수 있을까요? 의사가 사람의 몸에 든 병을 진맥으로 알아내듯, 성자들은 사회의 병들어가는 모습을 진맥합니다. 사회가 병든 줄 아는 사람은 상당한 지혜가 열린 사람입니다. 그렇지 못한 사람은 병든 줄을 모르고 살다가 함께 병에 걸립니다. 소태산 대종사께서는 대각을 이룬 후 '최초법어'를 통해 수신·제가·치국·평천하의 길을 밝혔습니다. 그 길을 밝히며 세상의 병맥을 진맥한 후 '사람의 몸에 걸린 병을 그대로 두면 생명을 잃게 되는 것처럼 세상의 병을 그대로 두면 장차 구하지 못할 위경에 빠지게 될 것.'이라고 했습니다. 그리고 한 사회를 구원해야 할 책임이 있는 우리로서 병든 세상의 모습을 나 몰라라 하며 바라만 볼 수 없으므로 제자들과 세상을 위한 기도를 했습니다.

소태산 대종사께서는 세상이 병들어가는 증거를 다음과 같이 말했습니다.

하나는, 각자가 서로 자기 잘못은 알지 못하고 다른 사람의 잘못하는 것만 많이 드러내는 것입니다. 늘 다른 사람에게 잘못이 있다고 생각하며 원망하는 모습은 사회가 병들어가는 증거의 일면입니다. 모든 사람들이 남을 원망하고 탓하며 책임을 전가시키면, 그 잘못을 고칠 수 있는 사람은 세상에 단 한 명도 없습니다. 모두가 '내 잘못은 없어.'라고 생각하면 사회가 어떻게 되겠습니까. 세상의 잘못을 내 잘못으로 알아 나를 되돌아보고 내가 고치려고 노력할 때 변화와 개혁의 바람이 불어옵니다. 다른 사람의 잘못이라고만 하면 변화는 절대 찾아오지 않습니다.

또 하나는, 부정당한 의뢰생활을 하는 것입니다. 내가 병이 들거나 노약자가 되어 약자의 처지로서 내 힘으로 살 수 없는 형편이라면 다른 사람에게 도움을 받고 의존하는 것이 부정당한 의뢰는 아닙니다. 그것은 당연히 의뢰를 해야 하고, 누군가는 의뢰를 받아줘야 하는 일입니다. 하지만 스스로 할 수 있음에도 불구하고 사회에서 자신을 살려주고 도와주기를 바라는 것은 부정당한 의뢰입니다. 그러한 의뢰의 병이 번지면 사회가 원만하게 돌아갈 수 없습니다.

또 하나는, 지도받을 자리에서 정당한 지도를 잘 받지 않는 것입니다. 지혜가 수승한 사람이 그보다 못한 이를 가르치는 것은 정당한 것이고, 그 사람보다 못하면 지자본위의 정신으로 배움을 받아야 정당합니다. 그런데 아만심, 남녀라는 상(相), 학벌 등에 가려서 지도받을 자리에서 정당하게 지도를 받지 않으면 제대로 된 사회 체계를 이룰 수 없습니다.

또 하나는, 지도할 자리에서 정당한 지도로 교화할 줄 모르는 것입니다. 이건 지도인의 책임에 대한 부분입니다. 남보다 조금이라도 지혜와 배움을 더 가졌다면 정당한 자리에서 정당한 지도로 잘 교화하고 인도하는 것이 지도인의 역할입니다. 그런데 싫은 소리를 듣기 싫어서, 또는 대중이 잘 알아주지 않는다는 이유로 지도해야 할 책임을 다하지 않는 경우를 우리는 종종 목격합니다. 이는 사회가 무지몽매한 방향으로 가도록 내버려두는 것과 같습니다. 지도할 처지에 있는 사람들이 정당한 지도를 하지 않는 것은 배우지 않는 병만큼 큰 사회의 병입니다.

마지막으로 착한 사람에 대해서는 마음을 합해서 더 좋은 일을 할 수 있도록 해주거나, 그러지 못한 사람을 볼 때는 불쌍히 여기거나, 이로운 것을 남에게 주고 해로운 것을 내가 가지는 등의 공익심이 없는 경우입니다. 내 이익만 챙기려고 하고 자비심(공익심)이 없으면 삭막한 사회가 되고 맙니다.

다른 사람의 잘못만 보는 것, 부정당한 의뢰생활을 하는 것, 정당한 지도를 잘 받지 않는 것, 정당한 지도를 잘 하지 않는 것, 이기적인 것 등은 사회를 병들게 하는 무서운 원인이 됩니다. 이 다섯 가지 내용을 우리 사회, 단체, 조직에 대입해보면 그 조직과 사회가 현재 얼마나 병들어 있는지 알 수 있습니다. 이 병을 고치는 방법은 간단합니다. 사회를 병들게 하는 원인의 반대로만 하면 됩니다. 내 잘못을 먼저 찾아보고, 자력생활을 하고, 정당한 지도를 잘 받고, 지도 할 처지에 있을 땐 잘 가르치고, 전체를 위한 공익심을 가지고 이타주의로 나아가는 생활을 한다면, 병든 사회일지라도 반드시 치료할 수 있습니다. 그 병이 완쾌될 때 건강하고 평화한 세계가 이뤄집니다.

사회가 건강해지면 나도 건강해집니다. 맑은 공기가 있는 곳에서는 나도 따라 건강해지지만, 건강했던 사람도 좋지 않은 환경 속에 살다 보면 병을 얻습니다. 건강하고 건전하고 평화한 세계가 되면 우리 개인까지도 건전하고 평화로워집니다. 그러면 자연히 이고득락(離苦得樂), 즉 괴로움을 놓고 즐거움을 얻는 사회와 생활이 됩니다.

'병든 사회와 그 치료법'은 바로 앞에 나오는 '고락에 대한 법문'과 연결해 공부하면 더욱 도움이 됩니다. 또 우리 사회와 단체의 병맥을 진단하는 척도로 삼으면 좋습니다. 병든 사회와 치료법을 내가 속한 조직은 물론이고 나의 마음에 적용해보면, 현재 나와 우리가 얼마나 병들었는지 알 수 있습니다.

영육쌍전법
이 몸이 곧 부처님이다

영육쌍전(靈肉雙全)은 정신과 육신 두 가지를 함께 온전하게 굴린다는 뜻입니다.

소태산 대종사께서는 영육쌍전이라는 말로 우리 삶의 방향을 제시했습니다. 이는 종교개벽이라 할 수 있을 정도로 아주 혁신적이고 새 시대에 맞는 표현입니다. 인생에 있어 참다운 행복은 정신과 육신을 함께 온전하게 굴리는 데에서 옵니다.

과거에는 수도하는 이에게 육신(몸)이란 죄업의 덩치 또는 욕심으로 뭉쳐진 것으로 인식됐습니다. 그러다 보니 육신은 극복하고, 제거하고, 무시하고, 씻어내야 할 것이라고 여겼습니다. 종교가에서는 특히 육신의 낙을 얻는 것을 금기시했습니다.

그런데 소태산 대종사께서는 '이 몸은 만사만리의 근본'이라고 했습니다. 세상의 모든 일과 이치가 우리의 육신, 즉 몸을 통해 가능하다는 것을 가르친 것입니다. 또 대산 종사께서는 "우리의 몸은 색신여래다. 이 몸이 곧 부처님이다."라고 했습니다. '몸은 죄업의 덩치가 아닌 진리의 덩치'라는 반전입니다. 원불교 교리에서는 '우리의 몸은 사은의 공물'이라고 합니다. 천지·부모·동포·법률이라는 진리의 힘이 모여 만들어 낸 것이 우리의 몸이라는 의미입니다. 우리의 몸은 사실 매우 중요합니다. 몸이 있어야 성불할 수 있고, 봉공할 수 있고, 수도할 수 있기 때문입니다. 영육을 쌍전해야 완전하고 확실한 생활을 할 수 있습니다.

어떤 선진께서 "우리가 정신적인 면, 또는 도덕적인 면만 추구하고 육신적인 면을 등한시하면 빈곤에 떨어진다."고 했습니다. 정신적인 면이 제 아무리 풍부해도 일상생활을 하는 사람으로서 의식주를 해결하지 못하면 차츰 빈곤한 생활을 할 수밖에 없습니다. 반대로 육신적인 것만 추구하고 정신적·도덕적인 것을 배제하면 부패하거나 타락하기 쉽습니다. 이 두 가지는 모두 행복한 생활과는 거리가 먼 모습입니다. 그러므로 참다운 행복을 얻기로 한다면 영과 육을 함께 온전히 굴려야 합니다.

소태산 대종사께서는 〈정전〉 '영육쌍전법'에서 이러한 과거의 생각을 먼저 지적합니다. '과거에는 세간 생활을 하고 보면 수도인이 아니라고 했다.'는 구절이 그렇습니다. 과거 보통의 사고로 보면 성스러움을 찾는 사람은 속세를 떠나야 했습니다. 티끌 같은 속세에서는 성스러움을 찾을 수 없다는 것이 일반적인 생각이었기 때문입니다. 그러다 보니 소위 수도를 한다고 하는 사람들에게 직업 없이 놀고먹는 폐풍이 치성했습니다. 직업을 갖고 일하는 것은 세속에서 뒹구는 것이기 때문에 성스러움을 추구하는 이로서는 할 수 없는 일이라고 여겨졌던 것입니다. 그러다보니 결국 개인, 가정, 사회, 국가에 해독이 많이 미쳤습니다.

성자들이 종교의 문을 열어 제도의 법을 펴는 것은 개인, 가정, 사회, 국가가 다 함께 번성하여 참다운 행복을 누리도록 하기 위함입니다. 그런데 오히려 수도를 한다는 미명하에 인도를 피폐하게 만든다면 이는 바른 길이 아닙니다. 소태산 대종사께서는 "앞으로의 세상은 묵은 세상을 새 세상으로 건설해야 하므로 그러한 세상의 종교는 '수도와 생활이 둘이 아닌 산 종교'여야 한다."고 했습니다. 단순히 '수도와 생활이 둘이 아닌 종교'라 하지 않고 '산 종교'라고 표현한 부분이 중요합니다. 이 표현을 다시 이해하면 '수도와 생활이 둘이 되면 죽은 종교'라는 뜻입니다. 아무리 좋은 교리를 갖추고 좋은 수도방법을 가졌다 할지라도 수도와 생활이 분리된 종교는 죽은 종교가 되어 인류사회에 해독을 미칠 뿐, 절대 유익을 주지 못합니다. 오는 세상의 종교는 수도와 생활을 함께 병행하여 인류사회에 유익을 주는 산 종교여야 합니다.

이는 비단 원불교에 해당하는 가르침이 아닙니다. 어느 종교든지 생활과 동떨어진 종교는 죽은 종교가 됩니다. 인류사회에 파고들어 영향을 미치고 바른 길로 인도하는 역할을 하려면, 모든 종교가 영육쌍전의 정신으로 나아가야 합니다.

그렇다면 어떻게 해야 영(靈)과 육(肉)을 쌍전할 수 있을까요? 소태산 대종사께서는 두 가지 방법을 제시합니다.

첫째, 법신불 일원상의 진리와 수양·연구·취사의 삼학으로써 의식주를 얻는 것입니다. 먹고 입고 자는 것은 우리의 몸, 즉 육신과 관련이 있습니다. 사람이 세상을 살아가려면 반드시 의식주가 해결되어야 합니다. 그렇다면 '이 육의 문제를 해결하는 가운데 어떻게 영육을 쌍전할 수 있는가?' 하는 의문이 생깁니다. 그에 대한 답이 바로 '일원상의 진리와 삼학으로 얻는 것'입니다.

'일원상의 진리'는 법, 원리, 도에 맞는 이치를 말합니다. 많은 사람들은 욕심이나 이기심을 가지고 의식주를 구하려고 합니다. 하지만 그렇게 구한 의식주는 설사 잘 구해졌다 하더라도 영육쌍전의 길과는 거리가 멉니다. '일원상의 진리'는 이 세상을 이루고 있는 근본적 원리를 말합니다. 그것은 결국 인과와 영생의 이치입니다. 의식주를 구할 때도 그 진리에 바탕해야 합니다.

그러나 사람의 마음은 늘 욕심이 반복적으로 생기고, 욕심에 동하다 보면 진리에서 자꾸 벗어납니다. 진리에서 벗어나려고 하는 그 마음을 잘 추슬러서 진리에 맞는 생활이 되도록 노력해야 합니다. 예를 하나 들겠습니다. 장사하는 사람에게 손님이 물건을 사려고 합니다. 그런데 손님이 뭔가 어눌하고 가격도 잘 모르는 것 같으면 주인은 '물건 값을 좀 올려 받을까?' 하는 욕심이 동합니다. 이때 인과를 아는 사람은 '지금은 내가 가격을 올려 받아서 이익을 취한다 할지라도 결국은 빚이지.'라고 생각하며 욕심을 돌려 바른 판단을 합니다. 온전·생각·취사, 즉 삼학에 바탕해 판단한다는 것은 이렇습니다.

일원상의 진리와 삼학으로써 의식주를 얻으라고 하는 것은, 그렇게 구하는 의식주라야 제대로 된 의식주를 구하는 길이 되기 때문입니다. 이는 동시에 마음공부를 함께 하는 것이 됩니다.

영과 육의 쌍전을 얻는 두 번째 방법은 의식주와 삼학으로써 그 진리를 얻는 것입니다. 먼저 살펴본 방법은 우리 생활에 꼭 필요한 육신의 의식주를 얻을 때의 방법이었다면, 이번에는 정신의 의식주를 얻을 때, 즉 수도생활을 할 때 어떻게 하는 것이 영육을 쌍전해가는 것인가에 대한 내용입니다.

의식주와 삼학으로써 진리를 얻으라고 한 내용에서의 의식주는 정당하게 먹고 입고 쓰는 것을 말합니다. 과거에는 수도인이라고 하면 험의험식, 즉 험한 옷을 입고 험한 장소에서 수도생활을 하며 몸을 학대했습니다. 하지만 소태산 대종사께서는 수도인도 분수에 맞게 의식주를 적절히 수용하라고 했습니다. '육을 온전하게 하라.'는 말은 이런 의미입니다. 의식주는 우리의 모든 일상생활을 대변합니다. '의식주와 삼학으로써 진리를 얻으라.'는 구절에는 일상생활을 무시하거나 함부로 하지 말고, 적절히 수용해가라는 뜻이 있습니다.

이렇게 일상생활을 해나가는 가운데 수양·연구·취사의 삼학 공부심이 들어가야 참된 영육쌍전을 이룰 수 있습니다. 일상생활을 하는 가운데 일심과 알음알이와 실행력을 얻는 공부를 하면 그것은 자연히 진리를 얻는 생활이 됩니다. 영과 육이 함께 굴러가는 생활은 이러한 과정으로 이루어집니다. 영과 육이 쌍전을 이루면 개인, 가정, 사회, 국가에 도움이 되기 마련입니다.

성자들과 부처님의 법이 활용됨으로써 개인, 가정, 사회, 국가에 발전과 향상을 가져와야 제대로 된 영육쌍전입니다. 특히 원불교인이라면, 이 법을 믿음으로써 인격과 생활에서 반드시 향상을 가져와야 합니다. 하지만 혹 각자의 업에 따라 인격은 나아졌음에도 생활 향상은 더딜 수 있습니다. 그럴 땐 원망하거나 포기하는 것이 아니라 이 법을 믿지 않았을 때 당할 일을 생각해보면 도움이 됩니다. 믿는 것과 안 믿는 것의 차이가 명확히 나타나기 때문입니다.

소태산 대종사께서 밝힌 영육쌍전법은 현실생활을 무시하지 않으면서 정신의 수도생활을 함께 살피는 법입니다. 또, 정신의 수도생활을 한다는 이유로 현실을 무시하여 가족에 대한 의무와 사회에 대한 의무를 저버리는 것을 예방하는 법입니다. 원불교 표어인 '처처불상 사사불공(處處佛像 事事佛供)' 또는 '무시선 무처선(無時禪 無處禪)'은 모두 영육쌍전하는 가르침입니다. 우리의 신앙과 생활에 영육쌍전의 정신이 빠졌다면 그것은 원불교 정신의 핵심이 모두 빠진 것이라고 할 수 있습니다. 광대무량한 낙원을 이뤄가는 비법이 영육쌍전에 있습니다.

　수양, 연구, 취사라는 표현을 과거와 똑같이 사용하지만, 과거의 삼학과 소태산 대종사께서 밝힌 삼학은 분명히 다릅니다. 똑같이 앉아 좌선을 하더라도 우리의 좌선은 영육쌍전하는 좌선이 되어야 하고, 우리의 경전 공부는 영육쌍전하는 경전 공부가 되어야 하며, 계문을 지키는 것에 있어서도 우리의 계문 공부는 영육쌍전하는 계문 공부가 되어야 합니다. 그래야 살아있는 법, 산 종교가 됩니다.

법위등급 1
3급 3위를 타고 오르는 성불의 사다리

개괄

　법위(法位)는 마음공부를 하는 공부인의 신앙과 수행 정도에 따른 인격 단계를 말합니다.

　소태산 대종사께서는 신앙·수행 공부 정도에 따른 등급을 여섯 단계로 밝혔습니다. 우리가 공부를 하면서 마음이 점점 성숙하고 수행의 힘이 증장되는 것을 이 여섯 단계에 비춰보면 확인할 수 있습니다.

　〈정전〉에 밝혀진 모든 교의와 교법은 파란고해의 일체생령을 광대무량한 낙원으로 인도하기 위한 방법입니다. 파란고해의 일체생령을 광대무량한 낙원으로 인도하려면 반드시 경로가 필요합니다. 파란고해의 삶을 살다가 한번에 툭 튀어서 광대무량한 낙원으로 갈 수는 없기 때문입니다. 그 경로가 〈정전〉 총서편 교법의 총설에서부터 교의편, 수행편에 걸쳐 밝혀져 있습니다.

〈정전〉의 가장 마지막에 밝혀져 있는 법위등급 여섯 단계를 스스로에게 비춰보면 자신의 수행 정도를 알 수 있습니다. 우리가 수행을 하는 것은 모두가 함께 광대무량한 낙원으로 가기 위해서입니다. 따라서 수행의 등급은 우리가 함께 낙원으로 가는 과정, 즉 개교의 동기를 성취해가는 과정을 밝힌 것이라고 이해해도 무리가 아닙니다. 법위등급은 개인적으로 나의 수행과 공부 정도를 점검하는 도구이지만, '다음 단계는 저렇게 가면 되는구나.' 하며 수행해나갈 방향을 안내하는 이정표가 되기도 합니다.

대산 종사께서는 "법위등급 법문이 없었다면 어떻게 불보살을 만들 수 있겠는가."라고 했습니다. 수행을 하다 보면 실제 공부 정도는 법마상전급이나 법강항마위 단계인데 스스로 공부를 다 마쳤다고 생각하여 자만할 수 있습니다. 또는 엉뚱한 길을 걸으면서 바르게 가고 있다고 착각할 수도 있습니다. 공부의 길을 정확히 모르면 이런 문제가 생깁니다.

소태산 대종사께서는 법위등급을 밝힘으로써 천불만성[1]의 싹을 틔울 길을 열어주었습니다. 대산 종사께서는 "과거에는 일불 천보살이라고 하여 한 부처님 천 보살만 나올 수 있는 시대였지만, 앞으로는 천여래 만보살(수많은 부처님과 불보살)이 나오는 시대"라고 했습니다.

원불교의 법위등급은 보통급, 특신급, 법마상전급, 법강항마위, 출가위, 대각여래위로 총 여섯 등급입니다. 그런데 여기에서 법위등급 마지막 단계로 대각여래위까지 모두 밝혀진 것을 특히 주목해야 합니다. 만약 소태산 대종사께서 추구하는 목표가 일불(一佛, 부처는 오로지 한 사람) 사상이라면 법위등급에 대각여래위라는 단계를 둘 필요가 없습니다. 소태산 대종사께서 이미 부처의 경지를 이뤘으므로 다른 사람들은 그 경지에 갈 수 없기 때문입니다. 그러면 가장 높은 법위는 출가위이면 되고, 굳이 대각여래위를 대중에게 밝히지 않아도 됩니다.

마음공부를 시작하기 위해 들어오는 문은 누구에게나 똑같습니다. 어떤 사람은 대각여래위의 문으로 들어온다거나 어떤 사람은 출가위의 문으로 들어오지 않습니다. 처음 이 공부길에 들어오는 문은 오직 하나, 보통급의 문입니다. 누구나 보통급의 문으로 들어와서 특신급, 법마상전급의 단계를 거쳐 대각여래위의 단계까지 갈 수 있다는 소태산 대종사의 가르침은 용기를 갖게 합니다. 오직 얼마나 적공하고 공부하느냐의 여하에 달렸을 뿐, 누구나 그 경지에 오를 수 있도록 문호가 활짝 열렸기 때문입니다. 주산 종사께서는 "이 법(법위등급)은 천지개벽 이후 처음 나온 법이다. 성자가 되는 길(여래위로 가는 길)을 이렇듯 확연하게 단계적으로 밝혀 모든 사람이 갈 수 있게 한 법은 없었다. 이 법은 전만고 후만고 한 법이다."라며 극찬했다고 합니다.

실제로 소태산 대종사 재세 시, 잠자기 전에 법위등급을 꼭 대조하게 했다고 합니다. 법위등급은 일생을 놓고 거쳐 가는 공부단계이기도 하지만, 어떻게 보면 하루를 놓고 오르락내리락하는 마음의 모습이기도 합니다. 일반적인 우리는 보통급과 특신급의 마음으로 살아갑니다. 하지만 어느 때는 여래위의 마음을 쓰기도 하고, 또 어느 때는 출가위의 마음을 쓰기도 합니다. 다만 그런 마음은 어쩌다 한 번 살짝 나왔다가 금방 사라집니다. 육신은 대개 차곡차곡 단계를 밟아 성장하지만 마음은 이랬다저랬다 하며 하루에도 수십 번씩 변화합니다. 우리의 마음, 우리의 본래 성품은 부처와 다르지 않으므로 아직 마음공부가 덜 되었더라도 종종 본래 성품이 발현됩니다. 하지만 대부분은 순간적이고, 거품처럼 일어났다가 사라집니다.

  소태산 대종사께서 법위등급을 매일 저녁 대조하게 한 것은 일생뿐 아니라 하루 안에서도 마음이 발현하는 내역을 확인하게 하기 위해서입니다. 내 마음이 주로 어떤 모습에 더 많이 머무는가를 알면 나의 공부단계가 어느 정도인지를 알 수 있습니다. 순간순간 일어나는 나의 마음을 살펴보면서 '내 마음이 상전급 단계이구나, 또는 보통급 단계이구나, 이럴 땐 그래도 항마의 마음을 썼네.' 등을 알면 마음 사용하는 표준을 잡을 수 있습니다.

  그래서 '법위등급'이 중요합니다. 소태산 대종사께서 모든 수행과 신앙의 결론을 〈정전〉의 가장 마지막 장인 법위등급에 뭉쳐서 결의해 준 것은 '마음을 써나갈 때 법위등급에 비춰봐야 한다.'는 뜻입니다. 그래야 스승님들의 심법을 조금이라도 내 것으로 가져올 수 있습니다. 그렇지 않으면 자기 생각이나 자기 테두리 안에 갇혀 공부 단계를 제대로 밟지 못합니다.

　법위등급은 3급 3위로 이루어져 있습니다. 3급은 보통급, 특신급, 법마상전급이고, 3위는 법강항마위, 출가위, 대각여래위입니다. 3급은 아직 공부가 미약한 범부중생의 세계를 세 단계로 분류한 것입니다. 사실 범부중생의 세계는 세 단계보다 더 많은 층으로 분류할 수 있지만, 성불의 사다리를 타고 올라가는 큰 갈래로써 세 단계로 나눈 것입니다. KTX가 익산에서 서울로 향할 때 모든 역에 정차하지 않고 중간 중간 굵직한 역에 서는 것과 마찬가지라고 생각하면 됩니다.

　3위는 성위(聖位), 즉 성자의 위를 세 단계로 나타낸 것입니다. 3위 중 가장 초급 단계인 법강항마위는 초성위(初聖位, 성위의 첫 단계)라고 합니다. 아기 성자의 단계입니다. 법강항마위에서 공부가 더 순숙되면 출가위가 되는데, 출가위는 상당히 원숙한 어른 성자의 단계입니다. 마지막으로 대각여래위는 부처의 경지, 또는 그러한 심력(心力)을 갖춘 분의 위입니다. 원불교에서는 신앙·수행의 단계를 3급 3위, 총 여섯 단계로 분류합니다.

---

1) 천불만성(千佛萬聖): 직역하면 천 명의 부처님, 만 명의 성자라는 뜻. 그만큼 많은 부처와 성자라는 의미이다.

법위등급 2
참으로 행복하고 다행하다

보통급

소태산 대종사께서는 보통급에 대해 '유무식·남녀·노소·선악·귀천을 막론하고 처음으로 불문에 귀의하여 보통급 십계를 받은 사람의 급'이라고 했습니다. 보통급은 유무식에 관계가 없습니다. 박사학위를 열 개 가진 사람도 학력이 낮은 사람도, 이 회상에 들어와 신앙생활을 시작하면 보통급부터 시작합니다. 마음공부는 학력이 높다고 하여 바로 법강항마위에 오르는 것이 아닙니다.

보통급은 대평등의 문입니다. 유식/무식과도 관계없고 남자/여자, 노/소, 귀/천과도 관계가 없습니다. 마음공부를 시작하는 사람은 누구나 보통급의 문으로 들어옵니다. 또 이 공부를 하려고 들어오는 사람들에게는 모두 불종자가 있으므로 평등하게 받아들입니다. 다시 말하면 성불 여부는 유무식, 남녀, 노소, 선악, 귀천 등 어느 것에도 영향을 받지 않습니다. 오직 한 마음에 달려있을 뿐, 바깥으로 보이고 나타나는 모습에 좌우되지 않습니다. 마음공부는 누구나 할 수 있는 공부이듯, 성불할 수 있는 자격도 누구에게나 똑같이 갖춰져 있습니다.

보통급은 불지를 향해 출발하는 때이고 부처님 문하에 처음 들었을 때이므로 가장 중요한 공부 단계입니다. 하지만, 보통급을 가볍게 여기기가 쉽습니다. 초보자의 단계이니 아주 쉬운 급이고 누구든 입교만 하면 받는 급이라고 생각하기 때문입니다. 그러나 대산 종사께서는 "보통급이 가장 중요한 급이다. 참으로 행복한 급이고 다행한 급이다."라고 했습니다. 곰곰이 생각해보면 정말 그렇습니다. 전 세계 70억 명 가운데 정법(正法)을 알아보고 이 공부를 해보겠다는 마음을 내서 보통급에 들어온 인연을 생각해보면 귀하지 않을 수 없습니다. 그렇게 보면 보통급에 들어선 것이 얼마나 행복하고 다행한 일인지 모릅니다.

특신급

특신급은 특별한 신심(信心)이 난 단계라는 뜻입니다.

먼저 특신급은 보통급 십계를 일일이 실행하고, 예비 특신급에 승급하여 특신급 십계를 받아 지키는 단계입니다. 처음 원불교에 입교하여 받은 보통급 십계를 어느 정도 지키고 나면 다음 단계인 특신급 십계를 받습니다.

또 특신급이 되면 우리의 교리와 법규를 대강(大綱) 이해하게 됩니다. 마음공부를 하다 보면 소태산 대종사께서 우리에게 가르치고자 하는 교리의 뜻을 알게 됩니다. 원불교가 어떻게 이루어져 있고, 어떻게 운영되어가며, 어떻게 움직이는지 대강의 취지도 이해하게 됩니다.

그리고 모든 사업이나 생각이나 신앙이나 정성이 다른 세상에 흐르지 않습니다. 특신급에서는 이 부분이 중요합니다. 내가 하는 일과 생각과 신앙과 정성이 광대무량한 낙원세상으로 향한다는 것은, 정신이 명예를 구하거나 금전을 구하는 등의 방향으로 흐르지 않는다는 것입니다. 이것은 가치관이 완전히 바뀌는 문제이기도 합니다. 과거에는 '높은 지위를 가졌으면', '큰 명예를 얻었으면.' 하는 등의 가치관이 인생의 주를 이루었을지 모릅니다. 그러나 특신급이 되면 제대로 된 인격을 이루고 세상을 구원하는 것에 인생의 보람과 가치를 느낍니다.

특신급은 신앙의 성패를 좌우할 수 있는 대단히 중요한 급입니다. 특신급에서 특별한 신심이 제대로 자리 잡는 것은, 마치 옮겨 심은 나무가 그곳에 뿌리를 내리고 하늘과 땅의 기운을 받아 새로운 힘으로 잘 자라는 것과 같습니다. 특별한 신심이 제대로 서면 소태산 대종사께서 가르쳐주는 법의 기운, 진리의 기운, 대중의 기운이 나에게 향합니다. 그리고 불지를 향한 마음이 차츰 커지면서 나를 성장시킵니다.

대산 종사께서는 특신급을 '발심입지(發心立地)'라고 했습니다. 보통급에 들어와 공부를 시작한 이후로 '내 인생과 영생을 걸고 한 번 제대로 공부를 해봐야겠다.'라는 마음이 탁 서고 뜻이 굳어지면 생명과도 바꾸지 않을 신심이 생깁니다. 또 특신급은 '심신귀의(心身歸依)'라고도 합니다. 몸과 마음을 이 법과 회상을 위해 바치는 마음이 생기는 동시에 그대로 바쳐지기 때문입니다.

법마상전급

법마상전급은 보통급 십계와 특신급 십계를 일일이 실행하고 예비 법마상전급에 승급하여 법마상전급 십계를 받아 지키는 단계입니다. 또 법(法)과 마(魔)를 일일이 분석하고 우리의 경전 해석에 과히 착오가 없습니다. 여기에서 '법'은 소태산 대종사께서 가르치는 정신을 말합니다. 마는 탐심, 진심, 치심에 의해 지배되는 우리의 욕심 세계를 이릅니다.

진리 공부를 하기 전에는 대부분 잘못된 세계로 이끄는 것들을 쫓아다닙니다. 그런데 마음공부를 시작하고 이 법에 대한 특별한 신심이 생기면, 공부를 하는 가운데 무엇이 옳고 무엇이 그른 것인지를 알게 됩니다. 무엇이 나에게 옳은 것이고 무엇이 내 앞길을 막는 것인지, 즉 법과 마를 하나하나 분석할 수 있게 됩니다. 정신에 상당한 철이 드는 때이기도 하고, 그러므로 경전 해석에도 크게 착오가 없습니다. 경전의 뜻을 이해하므로 그 해석에 어긋남이 없게 되는 것입니다.

또 천만 경계 중 사심을 제거하는 데 재미를 붙이게 됩니다. 법과 마를 일일이 분석하여 아는 것에 그치지 않고 실질적으로 활용하는 단계입니다. 법과 마를 분석하게 되면 자칫 다른 사람의 잘잘못을 일일이 따지거나 가리면서 시비가 많아지기 쉽습니다. 하지만 그것은 제대로 된 법마상전급이 아닙니다. 사심을 제거하는 데 재미를 붙이게 된다는 것은, 내 안에 있는 마를 제거하는 데 재미를 붙인다는 말입니다. 내 마음 가운데 일어난 아닌 마음을 가만히 두거나 쫓아다니지 않고 제거하는 데 재미를 붙이게 됩니다. 누가 시켜서 억지로 하는 것이 아니라 자연스럽게 그렇게 됩니다.

그리고 법마상전급은 무관사(無關事)에 동하지 않습니다. 무관사란 내가 관여하지 않아도 될 일을 말합니다. 사심을 제거하는 데 재미를 붙인 사람은 틈나는 대로 선, 경전 공부, 보은하는 데 시간을 사용합니다. 그러므로 한가롭게 앉아 나와 관계없는 일에 대해 간섭하거나 시비할 틈이 없습니다. 그 정도로 마음을 챙겨 공부하는 단계가 법마상전급입니다.

또 법마상전의 뜻을 알아 법마상전을 하되 인생의 요도와 공부의 요도에 대기사(大忌事)는 아니하고, 세밀한 일이라도 반수 이상 법의 승(勝)을 얻습니다. 법마상전의 뜻을 알기 때문에 법과 마를 구분하고 법이 마를 이기기 위해 노력합니다. 또한 공부의 의미와 뜻과 결과를 모두 알기 때문에 인생의 요도와 공부의 요도에 꺼

릴만한 일을 하지 않습니다. 그러므로 다른 사람들이 잘못을 찾을 수 없습니다. 밖으로 드러나는 잘못을 행하지 않기 때문입니다. 다만, 스스로는 안으로 마음의 세밀한 부분까지 법이 마를 이기기 위한 노력을 기울입니다.

사실, 법마상전급은 악전고투의 단계이기도 합니다. 앞 단계인 특신급은 탁한 세계에 살다가 법에 눈을 뜨고 공부에 대한 발심이 나면서 하늘을 나는 것 같고 천하가 다 내 것인 것 같은 법열 속에 살아갑니다. 그런데 법마상전급 단계에 들어서면 자꾸 과거의 업력과 습관력을 맞닥뜨리게 됩니다. 그것을 하나하나 이겨내려니 힘이 들고, '나는 안 되려나 보다.' 하며 포기하고 싶은 마음이 납니다. 그래서 악전고투, 피나는 공부가 있어야 하는 시기이기도 합니다.

동시에 법마상전급은 자칫 중근(中根)[1]에 떨어지기 쉬운 때입니다. 공부가 어느 정도 수준에 이르면서 수양력, 연구력, 취사력이 생기므로 대중이 그 사람을 환영하고 좋아진 인격을 칭찬합니다. 스스로 지견이 생겨나면서 스승을 저울질하는 마음이 생기기도 하고, 자신의 공부 정도에 만족하여 자기가 자기를 용서하거나, '이 정도면 공부가 되었지.' 하는 마음을 갖기도 합니다. 정산 종사께서는 중근을 '공부의 체증'이라고 표현했습니다. 밥을 먹다가 체하면 밥을 더 먹지 못하는 것처럼, 공부를 하다가 체증이 생겨 더 이상 진전을 보지 못하는 것을 중근병에 걸렸다고 합니다.

법마상전급은 심신교전(心身交戰), 즉 몸과 마음이 서로 치열하게 싸우는 단계입니다. 눈은 보고 싶은데 마음은 보지 말라고 하니 육근(六根)이 고전을 면치 못합니다. 이때 혈심혈성을 들여야 합니다. 과거에 대산 종사를 모시고 계룡산 산행을 하는데 대산 종사께서 산을 오르는 과정을 법위등급에 비유하여 '여기는 특신급이다. 여기는 상전급이다.'라는 설명을 한 적이 있습니다. 그때 유독 법마상전급 단계로 올라가는 길이 가파르고, 길고, 고되게 느껴졌습니다. 하지만 그 단계를 잘 견디고 법강항마위 지점에 올라가니 산 아래가 훤히 보이면서 시원함을 만끽할 수 있었습니다.

법마상전급 단계에서는 상당한 어려움이 따르기 마련이고, 그만큼 피나는 적공을 들여야 합니다. 그러나 이 과정을 거치면서 중생을 제도할 수 있는 역량이 커집니다. 선병자의(先病者醫)라고, 내 마음병 치료에 정성을 들여 이렇게도 저렇게도 해보는 과정을 거쳐야 나중에 그 병을 앓는 사람에게 쉽고 빠른 도움을 줄 수 있습니다. 법마상전급에서의 어렵고 힘든 과정은 법강항마위라는 성위(聖位)로 나아가기 위해 어쩔 수 없이 필요합니다. 그래서 지원지성(至願至誠), 즉 큰 원력과 큰 정성 그리고 큰 신심을 가지고 나아가야 합니다.

그 과정에서 중근병은 반드시 조심해야 합니다. 호의불신(狐疑不信)이라고, 여우 같은 의심을 품고 스승과 법을 믿지 않으면서 자만하면 천 길 낭떠러지에 떨어지는 격이 됩니다. 호의불신을 가지고는 대도(大道)에 들어갈 수 없습니다.

소태산 대종사께서는 중근에 대해 아주 크게 염려했고 많은 주의를 주었습니다. 법마상전급은 한 단계 올라 성인의 길에 들어설 것인지, 한 걸음 미끄러져서 중생계에 그대로 머물 것인지의 길이 갈리는 아주 무서운 급입니다.

---

1) 중근: 수행과정에서 정법에 대해 확신을 갖지 못하고 법을 가벼이 알며 스승을 저울질하는 상태에 머물러 있는 것. 상근은 근기(根機, 부처님의 가르침을 듣고 그대로 발동할 수 있는 근본 바탕)가 남보다 뛰어난 사람, 하근은 근기가 남보다 열등한 사람을 말함.

법위등급 3
만능을 겸비한 대자대비 부처님

법강항마위

법마상전급 조항을 일일이 실행하면 예비 법강항마위에 승급합니다. 법마상전급의 조목을 모두 이해하고, 보통급·특신급 등 30계문을 모두 잘 지키는 정도가 되면 법강항마위 공부를 할 수 있는 자격이 주어지는 것입니다.

법강항마위에 오르면 육근을 응용하여 법마상전을 하되 법이 백전백승합니다. 우리가 눈·귀·코·입·몸·마음을 응용한다는 것은 '경계를 당하여 쓴다.'는 것입니다. 그렇게 육근을 쓸 때 법마상전을 합니다. 법과 마가 치열하게 대치하고 싸우는 것입니다. 다시 말하면, 법강항마위에 올라도 아닌 마음이 없지는 않습니다.

예를 들면 일을 당해서는 게으른 마음이 나기도 하고, 미운 마음, 탐내는 마음, 성내는 마음이 납니다. 법강항마위에 올랐다 하더라도 그런 마음이 전혀 없지는 않습니다. 그러나 그런 마음이 날 때 아닌 마음임을 알아차려 바로 대치합니다. 백번 대치하면 법이 백번 모두 이기는 단계가 바로 법강항마위입니다.

경계를 당하여 '아차!' 하고 마음을 챙겼음에도 본래 성질을 참지 못해 말이나 행동으로 내지르는 것은 아직 법마상전급을 벗어나지 못한 공부 정도입니다. 하지만 마음을 잡는 순간 그것이 마음먹은 대로 잡히면 법강항마위입니다. 백전백승은 그런 의미입니다.

또 법강항마위는 우리 경전의 뜻을 일일이 해석하고 대소유무의 이치에 걸림이 없습니다. 우리 경전은 일원상의 진리에 바탕하여 만들어졌습니다. 법강항마위는 진리의 원리에 근거하여 경전의 뜻을 해석합니다. 대소유무의 이치에 걸림이 없다는 말은 성리에 막힘이 없다는 것입니다. 대(大)의 이치, 소(小)의 이치, 유무(有無)의 이치가 본인의 마음 가운데 자연히 해석됩니다.

그리고 법강항마위는 생로병사에 해탈을 얻은 사람의 위입니다. 생로병사에 해탈을 얻었다는 말에서의 '해탈'은 생사의 경계를 당하여 마음에 요동이 없고 두려움이 없는 경지를 말합니다. 불생불멸의 이치와 인과보응의 이치를 알기 때문입니다.

법강항마위는 초성위라고 합니다. 가장 처음 오르는 성자의 자리라는 뜻입니다. 그래서 법강항마위가 되면 자신 제도를 마쳤다고 합니다. 다른 사람을 가르쳐 제도할 수 있는 스승으로서의 첫 자격을 얻는 단계이기도 합니다. 대산 종사께서는 "항마위는 심신을 조복 받은 단계"라고 했습니다. 몸과 마음을 쓰는 것이 모두 법에 맞고, 법에 맞으므로 삿된 일을 하지 않습니다. 모든 것이 진리와 교법에 맞춰 나오지 개인의 이익이나 사사로운 욕심에 끌리지 않습니다.

그래서 법강항마위가 되면 편안하고 낙 있는 생활을 하게 됩니다. 법마상전급은 아직 법과 마가 싸워야 하므로 마음이 고되고 '이렇게까지 해야 하나.'라는 생각도 들지만, 법강항마위는 법이 마를 늘 이기기 때문에 편안합니다. 산 정상에 도착하면 산행하느라 애쓴 고생이 싹 사라지는 것처럼, 모든 경계를 당하여 거기에 휩쓸리지 않으니 늘 안정되고 편안한 상태가 유지됩니다. 다만, 그러다 보니 자칫 안일에 빠지기가 쉽습니다.

법강항마위는 안일에 빠져 퇴보할 수도 있는 위입니다. 성자의 자리에 오르긴 했지만 공부를 지속하지 않으면 자칫 중생의 공부단계로 다시 떨어집니다. 그러므로 법강항마위에서는 더 큰 서원을 갖고 더 큰 정성을 들여야 합니다.

또, 항마위에 오르면 능한 부분이 생기기도 하고 그 부분에서 스승을 능가할 수도 있습니다. 그래서 항마위임에도 중근에 빠집니다. 법마상전급의 중근보다 법강항마위의 중근이 더 위험합니다. 이때 스승의 법을 제대로 이어받아야 더 높은 법위 단계에 오를 수 있습니다.

법강항마위에서는 나에게 붙잡힌 생각[아집], 법에 붙잡힌 생각[법집], 작은 판국에 얽매인 생각[소국집], 능한 바에 붙잡힌 생각[능집]을 때려 부숴야 출가위에 오를 수 있습니다.

출가위

법강항마위 조항을 일일이 실행하면 예비 출가위에 승급하여 출가위 공부를 시작하게 됩니다.

출가위는 대소유무의 이치를 따라 인간의 시비이해를 건설합니다. 법강항마위가 대소유무의 이치를 따라 만들어진 법을 그대로 충실히 따르며 사는 단계라면, 출가위는 거기에서 한 단계 더 솟은 역량으로 시대와 환경에 맞게 새로운 법을 낼 수 있는 능력을 갖춘 단계입니다. 시비이해를 건설한다는 표현에서 '건설'은, 고쳐 쓰는 것이 아니라 무언가를 새롭게 세우는 것을 말합니다. 과거 선승들이 내놓은 법의 테두리를 조금씩 손질하여 쓰거나 맞춰서 활용해나가는 것은 항마 단계의 설명입니다.

출가위는 과거에 지어진 그 집이 괜찮으면 그대로 쓰지만, 혹 새롭게 해야 할 필요가 있다는 판단이 서면 아예 새로운 집을 짓습니다. 출가위는 과거의 집보다 효용성, 유용성, 활용도가 훨씬 높은 집을 지을 수 있는 능력을 가지고 있습니다. 소태산 대종사께서는 이를 '제법(制法)의 능력'이라고 했습니다. 출가위는 새롭게 교법을 낼 수 있는 능력을 갖춘 위입니다.

또 출가위는 현재 모든 종교의 교리를 정통(精通)[1]합니다. 원불교 교리는 물론이고 다른 종교의 모든 교리를 바르게 통(通)하여 압니다. 하지만 이때 알게 되는 것은 일일이 공부하여 알게 되는 것과는 다릅니다. 일원의 진리를 깨달았으므로 과거 성자들이 내놓은 법이 하나의 진리 안에서 모두 통한다는 것을 자연히 알게 되는 단계입니다. 다른 종교의 교리나 법을 보면 그것이 어떤 경륜을 가지고 나왔는지, 진리의 여러 가지 속성 가운데 어떤 면을 주체로 하여 낸 것인지를 바로 압니다. 정통은 그런 의미입니다. 모든 것을 진리를 통하여 보기 때문에 가능합니다.

출가위는 원근친소와 자타의 국한을 벗어나서 일체생령을 위하여 천신만고[2]와 함지사지를 당하여도 여한이 없는 사람의 위입니다. 이 구절이 출가위의 심법을 확정짓는 중요한 내용입니다. 시비이해를 건설하는 것과 종교 교리에 대한 정통이 아무리 뛰어나도, 원근친소와 자타의 국한을 벗어나 모두를 위해 내 목숨까지 내놓을 수 있어야 진짜 출가위입니다. 여기에 주저함이 있으면 출가위라고 할 수 없습니다.

예수께서는 십자가에 못 박혀 돌아가실 때 당신을 그렇게 만든 사람을 위한 기도와 용서를 건넸습니다. 간디도 자신에게 총을 쏜 사람을 용서하라고 했습니다. 이런 마음이 말로는 쉽지만 실제 행동에서 나타나기는 참 어렵습니다. 나를 죽이려고 한 사람을 용서하라고 할 때의 그 마음이 출가위의 심법이고, 성자의 마음입니다.

종교가에서 전문 수도를 하지는 않았음에도 공중을 위해 일한 분들이 있습니다. 예를 들면 슈바이처 박사와 같은 사람도 출가위 심법을 가진 분입니다. 원불교로 보면 세상을 위해 모든 것을 다 내놓고 사는 전무출신이나, 몸은 비록 세상 속에 있어도 모든 울을 벗어나 세상을 위해 살아가고자 하는 거진출진은 모두 출가위 정신에 기초합니다. 진리를 완전히 깨달으면 모두가 둘 아닌 이치, 즉 한 형제, 한 집안, 한 권속임을 알게 됩니다. 성자의 마음은 그렇습니다.

자기에게 못되게 구는 사람일수록 챙기고, 그 사람을 위한 염원에 더욱 공을 들입니다. 출가위는 공심덩어리입니다. '나'라는 것은 없고 오로지 공심으로 뭉쳐져서 천하를 위해 일하려는 마음 뿐, 다른 마음을 갖지 않습니다.

대각여래위

출가위 조항을 일일이 실행하고 예비 대각여래위에 승급하면 대각여래위 공부를 하게 됩니다. 대각여래위는 우리가 흔히 말하는 '부처님'의 다른 표현입니다. 그러한 부처님 경지에는 아무나 올라갈 수 없을 것 같은데, 소태산 대종사께서는 누가 되었든지 출가위 승급조항만 일일이 실행하면 예비 대각여래위에 승급한다고 했습니다.

대각여래위는 대자대비로 일체 생령을 제도하되 만능(萬能)이 겸비합니다. 대각여래위는 매우 큰 자비심(대자대비)으로 천하 권속을 다 자기 자녀 삼아 제도를 하되, 모든 일에서 능함을 겸비합니다. 앞서 살펴본 출가위의 '함지사지를 당해도 여한이 없는' 그 마음에서도 대자대비가 우러나기는 하지만, 출가위와 여래위의 심법에는 약간 차이가 있습니다. 출가위는 대각여래위 심법의 바탕이지만 만능이 겸비한다는 말을 붙이기에는 부족한 단계입니다. 대산 종사께서는 '출가위가 늙으면 여래위'라고 재밌게 표현했습니다. 출가위가 성숙하고 발전한 단계가 여래위라는 의미로 이해할 수 있습니다.

또 대각여래위는 천만방편으로 수기응변하여 교화하되 대의에 어긋남이 없고 교화 받는 사람으로서 그 방편을 알지 못하게 합니다. 여래위의 방편은 대의에 어긋남이 없으므로 시비이해에도 어긋남이 없습니다. 그래서 여러 시대를 거치며 법과 원칙이 됩니다. 또 교화받는 사람이 그 방편을 알지 못하게 합니다. 소태산 대종사 당대 때 어른들의 이야기를 들어보면 "소태산 대종사님은 모든 제자 가운데 나를 가장 사랑하셨다."라고 각각 자랑합니다. 얼마나 무량방편을 쓰셨기에 한 사람 한 사람이 모두 자신이 귀한 사랑을 독차지했다고 생각할까요. 방편을 알지 못하게 했기 때문입니다.

대각여래위는 동(動)하여도 분별에 착이 없고 정(靜)하여도 분별이 절도에 맞는 사람의 위입니다. 보통은 몸을 움직여 일을 하면 분별이 생기기 마련입니다. 그러나 대각여래위는 분별을 내는 그것에 묶이지 않습니다. 착이 없다는 것은 마음이 어딘가에 묶이지 않았다는 것입니다. 정(靜)하다는 것은 모든 생각을 놓고 쉬는 상태인데, 대각여래위는 쉴 때도 아무런 생각 없이 무료하게 쉬지 않고, 앞날을 준비하는 정신을 놓지 않습니다.

소태산 대종사께서 4년 동안 변산에 머물며 법을 제정하던 시절의 이야기입니다.

당시 내장사를 관장하던 백학명 스님이 소태산 대종사가 세상에 나가 중생제도를 하지 않고 인적이 드문 부안 봉래정사에 머물러 있는 것을 안타깝게 여기며 편지를 보냈습니다. '투천산절정 귀해수성파 불각회신로 석두의작가(透天山絶頂 歸海水成波 不覺回身路 石頭倚作家: 하늘을 뚫고 높이 솟은 산봉우리여 바다에 돌아가면 큰 물결을 이루리로다. 몸 돌아갈 길을 알지 못하고, 석두암에 의지하여 집을 삼도다.)'

이에 소태산 대종사께서는 다음과 같은 답신을 보냅니다. '절정천진수 대해천진파 부각회신로 고로석두가(絶頂天眞秀 大海天眞波 復覺回身路 高露石頭家: 절정도 천진 그대로 빼어남이요, 대해도 천진 그대로의 파도로다. 다시 몸 돌아갈 길 깨달으니, 높이 석두가에 드러났도다.)'

답신 내용을 풀이하면, 해야 할 일을 알지 못해서 가만히 있는 것이 아니라 천하생령을 다 품어 안을 그물망이 될 법을 짜느라 봉래정사에 머물고 있다는 뜻입니다. 남들이 보기에는 마냥 고요하고 아무 일을 하지 않는 듯 보이지만 성자들은 그 가운데 이미 더 큰 세계를 준비합니다. 대산 종사께서는 이 기간을 '소태산 대종사께서 분별이 절도에 맞는 것을 완전히 실현한 기간'이라고 했습니다.

천불만성 대열 동참

이와 같이 여섯 단계로 이뤄지는 우리 법위는 깊은 적공과 서원, 신성만 있다면 누구라도 한 단계 한 단계 밟아갈 수 있는 길입니다. 소태산 대종사께서는 "나는 법을 공전(公傳)했다. 개인에게 따로 주지 않고 대중에게 모두 줬다."고 했습니다. 그러한 법을 받고 안 받는 것은 우리 각자의 정성 여하에 달려있습니다. 법위등급을 표준하여 모든 사람이 천불만성(千佛萬聖)의 대열에 함께하기를 간절히 염원합니다.

1) 정통: 정확하고 깊이 있는 지식을 갖고 있음을 뜻함. 정확하고 자세하다는 뜻.
2) 천신만고(千辛萬苦): 천 가지 어려움과 만 가지 고통이라는 뜻. 소태산 대종사는 법인성사 당시 백지혈인의 이적을 나툰 제자들에게 "앞으로 모든 일을 진행할 때에 천신만고와 함지사지를 당할지라도 오늘의 이 마음을 변하지 말라."고 했다(《대종경》 서품14).

원불교 표어

개교표어
신앙표어
수행표어
생활표어
결론표어

표어
원불교가 나아갈 이정표

개괄

　원불교 교도에게 표어는, 삶의 실천 강령 또는 실천 구호 같은 것입니다. 매우 간결한 표현들이지만 그 안에 교리 전체 내용이 녹아 있기 때문입니다. 표어를 제대로 이해하고 실천하는 것은 곧 원불교 교법을 제대로 실천하는 것이라 해도 과언이 아닙니다. 표어는 중요한 교리를 강령적으로 뭉쳐서 표현한 것이기 때문에 각자의 생활을 표어에 맞춰 실천해나가면 소소한 부족함은 있을지 몰라도 대의(大義)에서는 딱 들어맞습니다.

　한 때, '소태산 대종사께서 왜 표어를 따로 밝혔을까. 이렇게 따로 밝히지 않아도 교법이 있으니 충분할 것 같은데.' 하는 의문을 가진 적이 있습니다. 그런데 반대로 '우리 〈정전〉에 표어가 없었다면?'이라는 질문을 가지고 〈정전〉을 보았더니, 소태산 대종사께서 표어를 밝혀준 이유가 명확해졌습니다.

　우리가 사은, 심고와 기도, 불공하는 법 등을 배우고 공부하여 그 뜻을 아무리 잘 알았다 하더라도, 또 아무리 교리가 논리정연하고 쉽게 설명되어있다 하더라도, 표어가 없으면 그 많은 교리의 표준을 한 번에 탁 잡아내기가 어려울 것입니다.

또 교법의 여러 가지 내용을 배웠어도 그것을 모두 마음에 담고 살기란 쉽지 않습니다. 배운 내용을 실행하려고 할 때 가급적 간단히 정리된 것이 있을수록 바로 떠올리기가 쉽습니다. 요령을 좀 더 간편하게 잡을 수 있다면 실천까지 이어지는 것도 훨씬 빨라집니다. 우리에게는 표어가 있어서 원불교 신앙, 수행, 생활의 요지를 한눈에 알 수 있습니다.

원불교의 표어는 총 다섯 가지입니다. 먼저 '물질이 개벽되니 정신을 개벽하자'는 개표표어입니다. 다음으로 '처처불상 사사불공'은 신앙표어, '무시선 무처선'은 수행표어, '동정일여 영육쌍전'은 생활표어, 그리고 '불법시생활 생활시불법'은 신앙·수행·생활표어를 아우르는 결론표어에 해당합니다. 소태산 대종사께서 "미래의 종교는 불법과 생활이 둘이 아닌 산 종교여야 한다."고 한 말에 비춰보았을 때 '불법시생활 생활시불법'은 원불교가 지향하는 방향을 모두 드러내고 있습니다. 그래서 결론표어라고 할 수 있습니다.

표어에 담긴 뜻만 제대로 파악해도 교리 공부를 다 한 것과 같습니다. 특히 실천을 하는 데는 표어만 가지고도 전혀 부족함이 없습니다.

개교표어
물질이 개벽되니 정신을 개벽하자

소태산 대종사께서 새로운 회상의 문을 열고 나아가고자 한 내용이 〈정전〉 개교의 동기에 담겨있습니다. 이것을 한마디로 묶은 표현이 '물질이 개벽되니 정신을 개벽하자'라는 개교표어입니다.

개교표어는 원불교가 세상에 존재하는 이유 그 자체입니다. 우리가 무엇을 지향하며 살아야 하는지, 원불교에 참여한 우리는 어떤 일을 하며 살아야 하는지에 대한 답이 한마디로 압축된 것입니다. 우리가 하는 일이 개교표어에 담긴 '물질이 개벽되니 정신을 개벽하자'라는 목적에 일치하지 않는 방향으로 나아가고 있다면, 그것은 원불교적 활동이라 할 수 없습니다.

소태산 대종사께서는 정신개벽을 통해 어떤 세상을 만들고자 했을까요? 바로 불법이 생활이 되고 생활이 불법이 되는 세상을 만들고자 했습니다. 우리가 좌선을 하거나, 정전 공부를 하거나, 체육활동을 하거나, 일상생활에서 하는 모든 활동과 일은 정신개벽을 위한 것이 되어야 합니다. 심지어 돈을 벌거나 밭에서 풀을 매는 일까지도 그렇습니다.

'우리의 일체 모든 활동은 정신개벽하는 일이 되어야 한다.'는 큰 방향이 제대로 잡혀있다면 정신을 바짝 차리고 살게 됩니다. 소태산 대종사께서 원불교 창립기, 그 어렵고 가난한 시절에 언답을 막고 기도를 했던 일도 모두 정신개벽을 위한 일이었습니다. '정신개벽'에 우리 삶의 목표를 세우고 살면 모든 것이 그 안에 하나로 귀결됩니다.

소태산 대종사의 경륜이 담긴 개교표어의 뜻을 제대로 이해하기 위해 대산 종사께서 정리한 〈정전대의〉를 참고하면 좋습니다. 대산 종사께서는 물질개벽을 '지벽(地闢)'이라고 했습니다. 지벽은 땅이 열린다는 말인데, 여기에서 '땅'은 형상이 있는 것을 상징합니다. 물질개벽은 '형상 있는 세계가 열리는 것'이라고 생각하면 쉽습니다. 즉 '물질세계의 지벽'이란 과학문명의 발전을 의미합니다. 세상이 과학을 통해 형상 있는 세계의 모든 것을 잘 활용해나가는 방향으로 세상이 발전되는 것이 지벽의 참 의미입니다.

한편 정신개벽은 '천개(天開)'라고 했습니다. 천개는 하늘이 열린다는 말입니다. 여기에서 하늘은 형상 없는 것을 상징하므로, '형상 없는 세계가 열리는 것'이 정신개벽이라고 생각하면 됩니다. 과거로부터 '천지개벽'이라는 말이 있었습니다. 새로운 시대가 되면 천지가 크게 뒤바뀌어 열린다는 말인데, 이 말은 천지가 뒤집어져서 하늘이 땅이 되고 땅이 하늘이 되는 것을 의미하지 않습니다. 지금 우리가 살아가고 있는 시대가 바로 천지가 개벽된 시대입니다.

이러한 시대관을 갖는 것과 갖지 않는 것은 천양지차[1]입니다. 도학과 과학이 발전되는 시대가 열린다는 것을 알면 미래를 바라볼 때 희망을 갖게 됩니다. 따뜻한 봄이 돌아올 것을 아는 사람은 지금의 추운 시간을 잘 견디면서 오는 계절에 필요한 준비를 합니다. 시대관을 제대로 갖는 것은 새 계절을 잘 준비하는 것과 같습니다.

여기서 우리는 개교표어에 담긴 미묘함을 알아차릴 수 있어야 합니다. '물질이 개벽되니 정신을 개벽하자'고 했지 '물질도 개벽하고 정신도 개벽하자'고 하지 않았다는 사실입니다. 우리는 '물질이 개벽되니'라는 표현에서 물질개벽의 주체가 우리가 아님을 알 수 있습니다. 소태산 대종사께서는 물질개벽은 시대의 흐름에 따라 자연스럽게 이뤄질 수밖에 없음을 전망하고, 우리는 '정신을 개벽하는 일'에 주도적인 역할을 하게 했습니다. 물질개벽이 우리의 소임은 아니기 때문입니다.

세상의 물질은 나날이 개벽되고 있지만, 정작 물질개벽만으로 행복을 얻는 사람은 적습니다. 많은 사람들은 물질을 가지면 행복해질 것으로 생각하고 그것을 얻기 위해 노력합니다. 하지만 물질을 많이 가졌음에도 행복하지 않은 사례를 많이 접할 수 있습니다. 물질은 풍부하지만 그 물질을 사용하는 정신이 황폐해졌기 때문입니다. 정신이 황폐하면 본인도 괴롭지만 주변도 괴롭게 만듭니다.

사실, 물질개벽은 우리의 생활을 매우 편리하게 만들었습니다. 걸어서 다니다가 자전거만 생겨도 좋은데, 작은 자동차가 생기면 훨씬 더 편리해집니다. 하지만 작은 자동차도 몇 년 타다 보면 더 높은 사양의 차량을 원하게 됩니다. 소형차, 중형차, 고급세단… 사람의 욕심은 그렇게 계속 커집니다. 지금의 물질은 사람들의 이러한 욕심을 따라 주로 개발됩니다. 그래야 돈을 벌 수 있기 때문입니다.

TV만 해도 그렇습니다. 처음에 사람들은 흑백으로 영상이 나오는 것만 가지고도 엄청 좋아했습니다. 그런데 지금은 컬러로 보는 것이 당연해졌고, 해상도가 좋아야 하고, 화면도 클수록 환영받습니다. 또 채널을 변경하는 것도 과거에는 손으로 직접 돌리던 것을 이제는 리모컨을 누르거나 음성으로 조정할 수 있게 되었습니다. 언젠가는 마음으로 외치면 TV가 켜지고 꺼지는 기술이 나올지도 모르겠습니다. 편리하고 간편해지고 싶은 사람의 욕심을 따라 물질개벽은 한계를 짓지 않고 상상하지 못할 정도로 발전하고 있습니다.

그러나 이렇게 새롭고 더 좋은 기능을 가진 물질이 등장할수록 가격이 함께 높아집니다. 사람들은 그것을 쫓아가기 위해 돈을 더 많이 벌려고 합니다. 돈을 더 많이 벌기 위해서는 일을 훨씬 더 많이 해야 하고, 그럼에도 돈을 제대로 벌지 못했을 땐 남의 것을 빼앗거나, 무리하게 일을 진행하여 곤란을 겪거나, 혹은 자포자기로 삶을 피폐하게 만듭니다. 과학문명이 발전하면 좋은 점도 늘어나지만 한쪽에서는 폐단이 함께 늘어납니다.

소태산 대종사께서는 물질이 발전할 수밖에 없는 시대를 그대로 두면 후에 걷잡을 수 없는 혼란의 시대가 될 것을 염려했습니다. 그리고 물질을 사용하고 운영하는 사람이 정신의 힘을 갖추어야 한다는 의미로써 '정신개벽'을 밝혔습니다. '우리 원불교는 정신개벽을 책임지고 나온 종교'라 해도 과언이 아닙니다.

원불교의 개교정신을 이해하는 데 있어 가장 중요한 것은 시대를 바라보는 관점입니다. 우리는 소태산 대종사께서 왜 등장할 수밖에 없었는지를 명확히 이해해야 합니다. 겨울이 지나고 봄이 오면 겨울에 입던 옷을 세탁해 정리하고 새 계절에 맞는 옷을 꺼냅니다. 봄이 왔는데도 겨울옷을 입으면 철없다는 말을 듣습니다. 우리의 일상에 춘하추동 계절의 변화가 있는 것처럼, 거대한 우주에도 계절의 춘하추동처럼 돌아가는 우주의 운행 도수가 있습니다. 그것을 성주괴공(成住壞空)이라고 합니다. 다만 우주의 성주괴공은 그 시대가 워낙 광대하므로 우리가 온전히 느끼지 못합니다. 우리가 1년이라는 시간을 직접 겪어보기 때문에 춘하추동 4계절이 있다는 것을 아는 것이지, 봄이 100년 또는 여름이 100년을 간다고 하면 한 생을 사는 동안 한 계절밖에 알지 못합니다. 우주의 성주괴공 역시 오랜 세월에 걸쳐 이뤄지기 때문에 우리는 다 알 수 없지만, 성자들은 우주의 진급과 강급의 도수를 모두 꿰뚫어 압니다.

소태산 대종사께서는 지금의 시대가 후천 성겁(成劫)[2]의 초기, 즉 어두웠던 선천시대가 물러가고 밝은 후천시대가 시작되는 시기라고 보았습니다. 물론 여러 선지자들이 각각 후천시대의 시작 시기를 이야기합니다. 그러나 소태산 대종사께서는 원기 9년(1924)부터 후천 성겁이 시작되었다고 했습니다. 원기 9년은 익산총부가 건설된 때입니다. 그 말에 비춰보면 후천이 시작된 지는 이제 100년 남짓입니다. 우리가 흔히 5만 년 대운을 이야기하는데, 5만 년이라는 시간 중 100년은 태어난 지 겨우 한 달 남짓 된 갓난아기와 같습니다. 원불교에서는 '사오십 년 결실, 사오백 년 결복'을 이야기합니다. 이때의 500년 역시 굉장히 긴 세월 같지만 5만 년 중 겨우 돌을 지낸 정도에 불과합니다. 창립 500년에 돌잔치를 한다고 생각하면, 그때까지는 모두가 교단초창기 창립의 주역으로서 애를 쓸 수밖에 없습니다.

이러한 시대관이 제대로 서야 소태산 대종사께서 어떤 책임을 맡아 이 세상에 나온 부처님이며, 앞으로 오는 시대는 어떤 시대이기에 이러한 법이 짜여진 것인지를 구슬 꿰듯 한번에 꿸 수 있습니다. 그러면 주세불, 주세세상, 주세교법, 주세스승, 주세동지, 개벽의 일꾼이라는 개념이 확실히 섭니다.

시대와 세상이 환하게 열려가는 때에 마음을 어떻게 써야 발달된 물질을 통해 은혜를 얻을 수 있을까요? 답은 결국 정신개벽에 있습니다. 하지만 정신개벽도, 과거 시대에 맞춰 나왔던 법으로는 적용에 한계가 있습니다. 그래서 소태산 대종사께서는 새 시대에 맞는 새 법을 마련했습니다.

비유해보겠습니다. 넓은 잔디밭이 있습니다. 요즘은 잔디를 깎을 때 예초기 혹은 잔디 깎는 전문기계로 작업을 합니다. 그럼 이런 기계가 나오기 전에는 어떻게 풀을 베었을까요? 낫이나 호미 같은 농기구를 사용했을 것입니다. 낫이나 호미 같은 농기구가 나오기 전에는 손으로 일일이 작업을 했을 테지요. 손으로 하다가 낫과 호미 같은 도구가 나왔을 때 얼마나 편해졌겠습니까.

그러니 낫을 쓰는 시대에 등장한 성자는 당연히 손이 아닌 낫으로 풀을 베라고 할 것입니다. 그 시대 사람들은 '성자 말씀하시기를 잔디를 벨 때는 낫을 사용해서 벨지니라.'라고 기록을 해놓겠지요. 이후 그 성자가 열반에 들고 시간이 한참 흘러서 낫보다 더 좋고 편리한 예초기가 등장한 시대가 되었습니다. 하지만 경전에는 여전히 잔디를 벨 때는 낫을 사용하라고 되어있습니다. 그 경전에 담긴 말씀만을 철저히 믿는 사람은 "풀을 벨 때는 낫을 사용해야 한다. 예초기를 쓰면 안 된다."고 합니다. 하지만 시대를 알고 성자의 본의를 아는 사람은 변화된 시대에서는 낫이 아닌 예초기를 잘 사용하는 것이 성자의 뜻을 제대로 실천하는 것임을 압니다. 요즘은 예초기를 넘어 가만히 앉아서 운전만 하면 잔디가 깔끔하게 정돈되는 수준이 되었습니다.

과거 시대에 성자들이 내놓은 법에는 모두 본의가 있습니다. 그러나 세월이 많이 흐르고 시대가 변하면서 맞지 않는 경우가 생기기도 합니다. 소태산 대종사께서는 그것을 염두하여 새로운 시대에 맞는 새 법을 만들었습니다.

우리가 창립정신을 강조하는 이유는 처음을 되돌아봄으로써 본래 정신을 잃지 않기 위해서입니다. 처음에는 누구나 순수한 마음으로 시작합니다. 하지만 10년, 20년 살다 보면 자기도 모르는 사이에 마음의 때가 묻습니다. 초심이 흐려지기 때문입니다. 정말 잘 사는 사람은 그 초심, 첫 마음이 끝까지 가는 사람입니다.

'물질이 개벽되니 정신을 개벽하자'라는 개교표어에 담긴 소태산 대종사의 시대관이 그대로 우리 각자의 시대관이 되어야 합니다. 그래야 개교표어는 물론이고 우리 교리에 대한 이해를 제대로 할 수 있습니다.

---

1) 천양지차(天壤之差): 하늘과 땅 사이와 같이 엄청난 차이.
2) 성겁: 세계가 성립되는 지극히 긴 시간.

신앙표어
처처불상 사사불공

'처처불상 사사불공'은 원불교인의 신앙표어이자, '세상 모든 만물로 존재하는 사은님'을 공경히 대하며 살아가게 하는 지침입니다.

처처불상(處處佛像)은 '곳곳에 있는 모든 대상이 부처'라는 말입니다. '이 우주 안에 부처 없는 곳이 없다.'는 의미이기도 합니다. 처처불상이므로 사사불공(事事佛供), 즉 일마다 부처님께 공을 들이는 마음으로 하지 않을 수 없습니다. 부처님에게는 은혜를 줄 수 있는 힘이 있습니다. 세상에는 큰 부처님, 작은 부처님, 여러 가지 부처님이 있고, 각 부처님마다 가지고 있는 덕(德)이 있습니다. 덕이란 은혜가 나타나는 것을 말합니다.

처처불상 사사불공은 보은합덕(報恩合德)하는 살아있는 불공법이라고도 합니다. 여기에서 '살아있다.'는 말은 어떤 의미일까요? 죽었거나 생명력이 없는 것에는 공들임이 소용없습니다. 이미 죽은 나무에 아무리 거름과 물을 준들 나무는 크지 않는 것과 같습니다. 우리가 뭔가에 공을 들이는 이유는 공들임을 통해 어떤 결실을 얻기 위해서입니다. 산 것과 죽은 것을 잘 알아야 결실을 얻을 수 있습니다.

하지만 많은 사람들은 실제적인 대상에게 공을 들이다가도 나에게 돌아오는 것이 없으면 멈춰버립니다. '잘해봐야 소용이 없구나.' 하고 포기해버리는 것입니다. 끝까지 해보지 않으면 당연히 제대로 된 결실을 맺을 수 없습니다. 10억 원짜리 물건을 사려는 사람이 매일 100원씩만 갖다 주면서 "돈을 1년이나 줬는데 왜 물건을 안 주냐?"라고 따지는 것은 상식적인 이치가 아닙니다. 그 물건은 그만큼의 돈이 전달돼야 나에게 옵니다. 내가 돈을 적게 준 것은 생각하지 않고 상대방이 물건을 주지 않는다고 따지면 이치에 맞지 않습니다.

어떤 일을 성공시키려는 사람이 산에 들어가 기도만 하며 앉아있는 것도 제대로 된 불공과는 거리가 멉니다. 물론 일의 성공을 위해서는 진리적인 기도의 위력이 함께 필요합니다. 하지만 소태산 대종사께서는 실질적으로 그 일 그 일에 맞는 실지불공이 더 중요하다고 했습니다. 그리고 불공을 할 때는 부작용이 없어야 합니다. 불공을 올리려는 대상에 대해 차근차근 공부하고 준비하고 알아가는 과정이 필요하고, 그 대상이 내가 전하고자 하는 내용을 이해하여 마음을 낼 수 있게 해야 합니다. 그것이 합덕(合德)이고, 그렇게 되어야 서로에게 좋습니다.

산(生) 불공법에서의 관건은 정성입니다. 보통 사람들은 정성은 조금 들이면서 일의 결과는 크게 성취되기를 바랍니다. 그 욕심 때문에 조급해하고, 그 조급함은 지속성을 꺾습니다. 조금 해보고는 효과가 나지 않는다 하여 포기해버리기 때문입니다. 따라서 '불공을 했는데 소용이 없다.'고 할 것이 아니라 '소용이 있기까지의 정성과 기간이 아직 덜 되었나 보다.'라고 생각하면서 끊임없이 공들이는 마음을 가져야 합니다. 교화도 결국 불공의 나타남입니다. 지역사회에 유익이 되도록 이웃을 살피고 끊임없이 정성을 쏟는 것은 불공의 일종입니다. 그러한 기운이 지역민들에게 전해지고 그 기운이 우리에게 다시 돌아올 때 교화에 힘을 얻습니다.

내가 하고자 하는 바를 성취하는 것을 우리는 성공이라고 합니다. 불공법에도 성공과 실패가 있습니다. 쌀농사를 예로 들겠습니다. 좋은 종자를 심고, 거기에 갖은 정성을 들여 벼를 잘 길러내는 데에는, '수확한 쌀을 팔아서 나의 경제에도 도움을 얻고, 그 쌀로 밥을 지어 먹는 이들의 건강에 도움이 되었으면' 하는 등의 여러 마음이 담겨있습니다. 정성을 들였다면 그에 맞는 결과가 나와야 마음이 흡족합니다. 정성을 들였음에도 그에 맞는 결과가 나오지 않았다면 무엇이 부족했고 어떤 부분이 잘못되었는지를 연구해야 합니다.

소태산 대종사께서는 그렇게 공을 들일 때 대상에 맞추어 불공해야 한다고 했습니다. 천지는 천지에 맞게, 부모는 부모에 맞게, 동포와 법률도 마찬가지입니다. 시기 역시 1년, 10년…. 각 처지와 상황에 따라 다르게 소요된다고 했습니다. 벼가 자라 수확에 이르기까지는 반드시 일정한 시간이 필요합니다. 오늘 모를 심어놓고 당장 내일 쌀이 수확되지 않는다는 이유로 논을 갈아엎는 것은 어리석은 일입니다. 같은 일에 대해 공을 들여도 그 일이 어느 정도의 시간과 과정을 통해 성취로 나타날 것인가는 다를 수 있습니다. 그것을 잘 볼 수 있어야 합니다. 성공하는 불공은 욕심으로 얻을 수 없습니다.

과거 성인들의 말씀 중에도 '처처불상 사사불공'과 비슷한 내용이 있습니다. 동학 최수운 선사의 '인내천(人乃天)' 사상이 그렇고, 최시형 선사의 '사인여천(事人如天)' 사상이 그렇습니다. '사람이 하늘이다.'라는 뜻의 인내천은 처처불상과 같은 말이고, '사람 모시기를 하늘처럼 하라.'는 뜻의 사인여천은 사사불공과 같은 말입니다. 여기에서 더 나아가 소태산 대종사께서는 사람에게만 한정하던 불공을 만유까지 확장하여 국한을 확 열었습니다.

대산 종사께서는 여래가 하는 불공법을 '삼대불공법(三大佛供法)'으로 밝혔습니다. 다시 말하면 삼대불공법은, '여래는 이렇게 불공한다.'는 내용입니다. 우리도 삼대불공법을 실행하면 여래가 될 수 있습니다. 불공을 해나갈 때 삼대불공법을 표준으로 삼아 나의 불공 정도가 그렇게 되는지 안 되는지를 보면 심법의 크기를 판단할 수 있습니다. 만약 이 삼대불공법이 내 안에서 모두 행해진다면 여래의 심법을 가졌다고 생각해도 틀리지 않습니다.

삼대불공법의 첫 번째는 불석신명불공(不惜身命佛供)입니다. 나의 생명을 아끼지 않는 불공을 말합니다. 예수께서 십자가에 못 박혀 돌아가신 것이나, 이차돈 스님이 불법의 인증을 위해 목숨을 기꺼이 내놓은 것이 모두 불석신명불공입니다. 여래는 신명, 즉 몸과 목숨을 아끼지 않는 불공을 합니다. 우리 구인선진께서 법인기도를 할 때 목숨을 바치려던 것도 불석신명불공 정신에서 비롯된 것입니다. 부처는 이런 불공을 합니다.

두 번째는 금욕난행불공(禁慾難行佛供)입니다. 개인적인 욕심을 참고, 하기 어려운 일을 해내는 불공법입니다. 원불교 구성원으로서 전무출신이나 거진출진으로 살아가는 삶 역시 금욕난행불공을 하는 것입니다. 어찌 보면 목숨을 내놓는 것보다 금욕난행이 더 어렵습니다. 일생을 살아가는 동안 한 마음을 꾸준히 유지하는 것이 쉽지 않기 때문입니다. 부처님은 불공을 할 때 금욕난행으로 합니다. 내가 하고 싶은 것이나 나의 욕심을 먼저 챙기지 않고, 모든 것을 내놓은 상태에서 오로지 상대방을 위해 그 일을 합니다.

마지막으로 희사만행불공(喜捨萬行佛供)입니다. 여래, 즉 부처는 세상과 인류와 일체동포를 구원하는 일에 나를 기쁘게 던지는 행동에 주저함이 없습니다. 교무님 중에도 어려운 환경 속에서 기쁘게 사는 분들이 있습니다. 그런 분들에게 "어려운 곳에서 얼마나 애쓰십니까?" 하고 물으면 "내가 아니면 다른 사람이 이곳에서 고생을 해야 하는데, 내가 하니 다행이다."라고 합니다. 희사만행불공 정신이 깃들어 있어 가능한 말입니다.

우리 교단 구석구석에 삼대불공법 정신이 스며있습니다. 이러한 정신이 있어서 처처불상 사사불공이 되고, 모든 일이 이뤄집니다.

수행표어
무시선 무처선

'무시선 무처선'을 쉽게 표현하면 '어느 때 어느 곳에서나 공부를 하자.'입니다.

이때의 공부는 마음공부를 말합니다. 입을 열어 사용하는 것도 마음이고, 눈을 열어 무언가를 보게 하는 것도 마음입니다. 육근이 가진 각각의 역할은 다르지만 전체를 주관하는 것은 결국 마음입니다. 마음이 있어서 이렇게도 하고 저렇게도 하는 조화가 일어납니다.

무시선 무처선(無時禪 無處禪)을 이해할 때 '선(禪)'이라는 단어에 얽매이면 어렵게 느껴집니다. '무시·무처(때와 장소가 따로 없이)에 마음공부를 하자.'는 간단한 말로 이해하면 훨씬 수월합니다.

우리 마음은 어느 때 어느 곳에나 존재합니다. 밥을 먹을 때도 그 마음을 가지고 먹고, 정신없는 마음도 결국은 내가 가지고 있는 그 마음입니다. 남의 마음을 가져다 쓰는 것이 아니라 내가 내 마음을 꺼

내서 사용합니다.

　마음공부는 마음을 가지고 하는 것이므로 무시선 무처선이 가능합니다. 때와 장소에 관계가 없고, 마음이 있는 곳이라면 어디서든 할 수 있습니다. 공부인이라면 이것을 먼저 이해해야 합니다. '선'이 특별한 무엇으로 따로 존재하는 것이 아니라, '선'이라 이름 붙였을 뿐 결국 마음공부를 이야기하는 것임을 알아야 합니다. 특별한 무엇이 따로 있는 것이라면 특별한 시간과 장소가 별도로 필요합니다. 하지만 마음공부는 마음이 있는 곳이라면 어디서든 할 수 있습니다.

　과거에 '선'을 특정한 장소에서 특정한 시간에 하는 것으로 이해한 것은 '선'을 정신수양 중심으로 해왔기 때문입니다. 수양 중심의 '선'은 대부분 마음의 망념을 없애기 위한 것이었습니다. 그러므로 일이 번다한 상황에서는 생각이 따라 일어나기 때문에 할 수 없다고 여겨졌습니다. 수양 중심의 마음공부만을 '선'이라고 생각하는 사람은 복잡한 환경과 복잡한 현실을 싫어합니다. 그러다 보니 자연히 한가하고 조용한 시간과 장소를 찾아 마음을 가라앉히려고 합니다. 물론 그러한 수양도 마음공부의 한 방법이긴 합니다. 마음공부를 하는데 가장 바탕이 되고 기본이 되는 것이 수양이지만 그러한 수양만이 마음공부의 전부는 아님을 알아야 합니다. 마음공부에서 '수양이 중요하다.'와 '수양만 마음공부다.'는 천지 차이입니다.

　원불교인들은 '선'을 앉아서만 하는 것이라고 생각하지 않습니다. 근본적으로 '선'은 마음을 단련하는 것을 총칭합니다. 소태산 대종사께서는 '마음 원리를 찾아 들어가면 고요한 그것만이 마음의 전부가 아니'라는 것을 우리에게 알려주었습니다. '고요한 가운데 밝은 무엇인가가 있는 것[적적성성 성성적적, 寂寂惺惺 惺惺寂寂]이 마음'이라고 했습니다.

마음공부 방법은 세 가지입니다. 정신수양, 사리연구, 작업취사 삼학(三學)이 그것입니다. 어느 때 어느 곳에서나 마음공부를 한다는 것은, '어느 때 어느 곳에서나 삼학공부를 한다.'와 같은 말입니다.

그러면 '무시삼학 무처삼학'이라고 해도 될 텐데, 소태산 대종사께서는 수행표어에서 삼학이라는 표현을 사용하지 않고 '선'이라고 했습니다. 여기에서 선이라는 표현에 대한 이해를 잘 해야 합니다. 소태산 대종사께서 사용한 '선'과 과거 불가에서 사용해온 '선'은 내포하는 의미에 차이가 있습니다. 소태산 대종사께서 말한 '선'은 곧 삼학을 말합니다. 그렇게 보면 수행표어에서의 '선'에는 정신수양, 사리연구, 작업취사라는 삼학공부가 모두 들어있습니다. 우리는 '선'을 수양으로만 생각하는 과거의 습성을 전환해야 합니다.

일반적으로 '선'이라고 하면 시간을 정해놓고 하는 정시 선을 주로 떠올립니다. 좌선이 대표적입니다. 하지만 〈정전〉 무시선법 장에서도 밝혀져 있는 것처럼 '선'은 본래 '분별 주착이 없는 각자의 성품을 오득하여 마음의 자유를 얻게 하는 공부'입니다. 마음의 자유를 얻는다는 것은 마음을 쓸 때, 즉 마음을 내고 들일 때 내가 원하고 생각하는 대로 마음 방향을 조절하는 것을 말합니다.

쉽게 표현해보면 이렇습니다. 진심(嗔心), 즉 화나는 마음이 나오려고 할 때 '이건 아니다.' 하고 마음을 거둬들일 수 있으면 마음의 자유를 얻은 것입니다. 하지만 보통의 우리는 마음이 일어난 것을 알아도 바로 거둬들이지 못하고 끌려갑니다. 그래서 미워하는 마음을 없애고 싶어도 없애지 못하고, 좋아하는 마음을 거둬들이고 싶어도 거둬들이지 못합니다. 모두 마음의 자유를 잃은 모습입니다.

노예가 된다는 것은 다른 것이 아닙니다. 자유를 잃으면 노예입니다. 물질이 우리를 데려가 노예를 삼기 때문에 우리가 물질의 노예가 되는 것이 아니라, 우리가 물질에 매여 마음의 자유를 잃음으로써 물질의 노예가 됩니다.

수양, 연구, 취사의 삼학을 통해 삼대력을 얻으면 마음의 자유를 얻을 수 있습니다. 무시선 무처선에서의 '선'은 결국 마음의 자유를 얻기 위한 공부를 총칭합니다. 물고기가 낚시 바늘에 한번 걸리면 아무리 발버둥을 쳐도 벗어날 수 없습니다. 그 물고기를 제대로 낚으려는 어부는 낚싯줄을 풀고 당기기를 반복합니다. 물고기가 발버둥을 치면 낚싯줄을 오히려 느슨하게 풀어줍니다. 그러면 물고기는 자유를 얻은 줄 알고 헤엄쳐 도망가려고 합니다. 하지만 이미 낚시 바늘에 꿰인 상태이므로 잠깐 자유를 얻은 것일 뿐, 물고기는 다시 자유 없는 몸이 됩니다. 물고기가 참으로 자유롭고자 한다면 애초 낚시 바늘에 걸리지 않아야 합니다. 한번 걸리고 나면 자유는 없어지기 때문입니다.

사람의 마음도 마찬가지입니다. 마음이 어딘가에 한번 착(着)하면, 스스로는 자유를 얻었다고 생각해도 이미 자유롭지 못합니다. 언젠가는 다시 잡아 채이고 마는 것입니다. 마음에 참된 자유를 얻고자 한다면 애초에 무엇에도 걸리지 않아야 합니다. 그 어떠한 것에도 걸림이 없는, 즉 분별주착이 없는 그것이 우리의 본래 성품자리입니다. 착, 욕심, 상이 없는 마음을 바탕삼아야 자유를 얻는 공부가 됩니다.

처처불상 사사불공은 교리도에서 신앙문의 결론에 해당하고, 무시선 무처선은 수행문의 결론에 해당합니다. 이것을 달리 표현해보면, 처처불상 사사불공에서 만점을 맞으면 신앙문에서 만점을 맞은 것이고, 무시선 무처선에서 만점을 맞으면 수행문에서 만점을 맞는 것이라고 할 수 있습니다. 만점을 맞는다는 말은 '일원의 진리와 위력에 합일되었다.'와 다르지 않습니다. 소태산 대종사께서는 이처럼 간단하고 쉽게 우리가 나아가야 할 길을 드러냈습니다.

모두를 부처로 모시고 불공하라는 말이나[처처불상 사사불공], 어느 때 어느 곳에서나 선(마음공부)을 하며 살아가라[무시선 무처선]는 말은 누구라도 쉽게 이해할 수 있습니다. 다만 그러한 길을 쉽게 알려주는 것이 성자의 몫이라면, 그 길을 따라가는 것은 우리 각자의 몫입니다. 그러므로 정신개벽이 되지 않은 것을 성자의 탓으로 돌리면 안 됩니다. 성자는 이미 길을 다 밝혀주었음에도 우리가 미처 제대로 실천하지 못하고 있는 것임을 알아야 합니다. 정신개벽의 길을 이렇게 잡으면 더 수월하게 나아갈 수 있습니다.

  소태산 대종사께서 원불교라는 새 회상을 연 것은 정신개벽을 통해 도학과 과학이 병진되는 살기 좋은 세상을 만들기 위해서입니다. 정신개벽은 결국 처처불상 사사불공과 무시선 무처선이 실현되는 것입니다. 누군가 이렇게 설명을 해주면 쉽게 와닿지만, 저는 이것을 스스로 알기까지 많은 시간이 걸렸습니다. 처처불상 사사불공 또는 무시선 무처선이라는 표어들과 정신개벽을 항상 분리하여 이해하면서 정신개벽, 처처불상, 무시선, 삼학이 각각 다른 것을 설명한다고 생각했기 때문입니다. 하지만 교리를 오랫동안 연마하고 공부하면서, 표어를 비롯해 모든 교리가 하나로 통해있음을 제대로 알게 되었습니다.

생활표어
동정일여 영육쌍전

'동정일여'에서 동은 움질일 동(動) 자이고, 정은 고요할 정(靜) 자입니다. 일여(一如)는 한결같다는 말입니다. 즉 동정일여란, 움직일 때나 고요할 때나 마음이 한결같다는 뜻입니다.

보통 우리의 일상은 움직일 땐 마음이 소란스러워지기 쉽고, 움직이지 않을 때는 마음이 가라앉기 쉽습니다. 따라서 우리가 무시선 무처선 공부와 수도를 하는 목표는 결국 동정일여입니다. 그 공부를 잘하면 일이 있어 활동할 때나 일이 없어 고요할 때나, 어느 상황에서도 마음이 일어나는 것에 큰 변화가 없습니다. 수도인은 동하여도 분별에 착이 없고, 정하여도 분별이 절도에 맞는 경지인 동정일여 심법을 가져야 합니다.

'동하여도 분별에 착이 없다.'는 말은 경계를 당했어도 한결같은 마음을 표현한 것입니다. 착이 있는 마음은 어떠한 일을 따라 마음이 빠져나가거나 그 경계에 마음이 매몰되고 붙잡히는 것을 말합니다. 닥치는 경계에 마음이 붙잡히다 보니 이런 경우에는 이 마음을, 저런 경우에는 저 마음을 나의 마음으로 알고 삽니다. 경계에 착이 되면 그 경계가 내 마음을 바로 빼앗아갑니다.

예를 들어보겠습니다. 어떤 자리에 여러 종류의 음식이 차려져 있습니다. 그 중에 내가 가장 좋아하는 음식이 있습니다. 다행히 음식의 양이 많아 여러 사람들이 나눠먹을 수 있으면 다행이지만, 양이 많지 않다면 그 음식에 계속 마음이 향할 것입니다. 그러다가 '저걸 내가 먹어야겠다.'고 생각하는 순간 다른 사람이 그 음식을 먹어버렸다고 해봅시다. 그러면 마음이 요란해집니다.

그 순간 마음이 왜 요란해졌을까요? 거기에 내 마음이 딱 붙어있었는데 누군가 가져가니 흔들린 것입니다. 평소 공부를 잘 한 사람이라면 그 순간 나가는 마음을 바로 챙겨서 안정을 얻습니다. 그 음식과 나를 바로 분리시킴으로써 착을 떼면 마음이 편안해집니다. 똑같은 상황을 놓고도 '저걸 내가 꼭 가져야겠다.'는 생각만으로 그것을 바라볼 때와, 그러한 생각을 일단 거둬들이고 마음을 가라앉힌 상태에서 바라볼 때의 마음작용은 전혀 다르게 일어납니다. 동하여도 분별에 착이 없다는 것은 이러한 원리를 말합니다.

세상을 살다 보면 늘 좋은 일만 겪을 수 없습니다. 온갖 일을 만나면서 수렁에 빠질 때도 있습니다. 우리가 이 공부를 하는 것은 경계가 내 마음을 좌지우지 못 하게 하려는 것이고 그러한 경계에서 자유할 수 있는 힘을 갖기 위함입니다. 따라서 동하여도 분별에 착이 없는 모습은 곧 여래의 심법이고 부처님의 심법입니다.

다음으로 '정하여도 분별이 절도에 맞는다.'입니다. 이것은 준비 공부를 말합니다. 정(靜)하다는 것은 일이 없을 때입니다. 분별이 절도에 맞으면 일이 없을 때 오히려 앞으로 있을 일의 기틀을 보아 미리미리 준비하며 수양하는 시간을 보냅니다. 대산 종사께서는 이 조목을 설명하면서 "동하여도 분별에 착이 없는 것이 쉬운 일은 아니지만, 이것은 어지간하면 할 수 있다. 끌리지 않으면 되기 때문이다. 하지만 정하여도 분별이 절도에 맞는 것은 그렇게 간단하지 않다."고 했습니다.

보통 동한다는 것은 분별이 나올 때를 말합니다. 반대로 분별이 없으면 정할 때(고요할 때)라고 합니다. 우리가 움직이면 분별이 나타납니다. 그리고 그 분별을 따라 여러 가지 망상과 잡념이 일어납니다. 또 생각은 한 갈래로만 나오지 않고 여러 갈래로 뻗어나갑니다. 그래서 요란해지기도 하고, 어리석어지기도 하고, 흐려지기도 합니다. 대체로 우리들의 마음은 동할 때와 정할 때, 두 가지 모습에서 오락가락합니다.

소태산 대종사께서는 새 회상을 본격적으로 펼치기 전, 변산에 들어가 5년 간 머물렀습니다. 그 모습을 겉으로만 보면 '정하다(일이 없다)'고 할 수 있습니다. 하지만 그때 소태산 대종사께서는 일체생령을 제도할 교법을 준비했습니다. 대산 종사께서는 소태산 대종사께서 변산에 머물렀던 때를 "정하여도 분별이 절도에 맞으셨다. 그때 여래위의 토를 떼셨다."고 표현했습니다. 정하여도 분별이 절도에 맞는다는 것은 이렇습니다.

대산 종사께서는 동정일여를 '동정간에 일심을 양성하는 것'이라고도 했습니다. 동할 때 일심을 양성하는 방법은 성성적적(惺惺寂寂)입니다. 성성은 초롱초롱하고 또렷하게 아는 것인데, 이를 분별이라고도 합니다. 하지만 이때의 분별은 산란하지 않고 적적합니다. 또렷하지만 고요합니다. 일을 하거나 판단을 할 때 복잡하거나 요란하지 않고, 고요함을 유지합니다. 이것을 다시 표현하면 동중선(動中禪)이라고 합니다. 일 속에서 하는 선이라는 뜻입니다. 또 일행삼매(一行三昧)라고도 합니다. 한 행동 한 행동에 마음이 늘 오롯합니다. 이 일을 할 때는 이 일에, 저 일을 할 때는 저 일에, 마음이 그대로 옮겨와 오롯합니다. 또 일직심(一直心)합니다. 마음이 하나로 곧게 나아갑니다. 원근친소에 끌리거나 애착 탐착하지 않고 마음이 본래 천성 그대로 발현됩니다. 그러면 무불경(無不敬)합니다. 세상에 공경하지 않을 것이 없습니다. 내 마음이 깨끗하므로 자연히 남에게 함부로 하지 않습니다.

그러면 정할 때는 일심을 어떻게 양성해야 할까요? 정할 때는 적적성성(寂寂惺惺)합니다. 고요한 가운데 마음이 싱그럽게 살아있습니다. 고요할 때 하는 선이므로 정중선(靜中禪)이라고도 합니다. 또 일상삼매(一相三昧)라고도 합니다. 일이 없을 때 고요하게 집중

하는 모든 행동이 그대로 삼매(선)가 됩니다. 그리고 일정심(一定心)합니다. 한 가지 일에 그대로 일심이 됩니다. 일이 없을 땐 단전주선을 하거나, 화두를 들거나, 독서를 하거나, 차를 마시는 모든 일에 오롯이 집중할 수 있습니다. 그러면서 사무사(思無邪)합니다. 생각에 사사로움이 없으므로 텅 비워낼 수 있습니다.

일 있을 때는 일행삼매 공부, 즉 그 일 그 일에 온전하게 마음을 사용하는 공부를 하고, 일이 없을 때에는 일상삼매 공부, 즉 일상에 마음을 주하면서 일심을 얻는 공부를 하면 도움이 됩니다. 사실 동정일여 공부는 여래위 단계에 해당하는 수준이라 보통의 사람에게는 어렵게 여겨질 수 있습니다. 그러나 특별히 어려운 일이 아니기도 합니다. '일심하면 된다.'는 목표를 이뤄내는 관건은 결국 적공이기 때문입니다.

일이 있을 때는 부동심(不動心), '끌리지 않는 공부'를 해야 합니다. 그리고 일이 없을 때는 불방심(不放心), 마음을 함부로 하거나 놓아버리지 않고 챙기는 공부를 해야 합니다. 이 두 가지를 함께 잘 챙길 때 진정한 동정일여 공부가 됩니다.

다음은 영육쌍전입니다.

보통 종교가에서는 육체적인 것을 등한시하고 영적인 것만을 성스럽게 여기며 우선적으로 추구합니다. 그러다 보니 원불교의 영육쌍전(靈肉雙全)에 대해 누군가는 "너희는 더러운 것과 깨끗한 것을 똑같다고 하느냐?"라고 묻는 경우가 있습니다. 원불교에서는 정신도 온전해야 하지만 육신도 함께 온전해야 한다고 가르칩니다. 영육쌍전, 즉 정신 생활을 잘함과 동시에 육신 생활도 잘해야 사람다운 생활을 할 수 있기 때문입니다.

과거에는 세간 생활, 즉 세속에 사는 사람은 수도인이라고 하지 않았습니다. 당시에도 재가 가운데 수도인이 없지는 않았지만, 일반적인 경우는 아니었습니다. 여기에서 '과거'는 선천시대를 말합니다.

그렇다면 당시의 성자들이 영육을 쌍전해야 한다는 이치를 몰라서 그랬을까요? 과거 성자들이 그 이치를 몰랐을 리 없습니다. 하지만 정작 법은 그렇게 내지 못했습니다. 당시의 인지가 그것을 받아들이기에 부족했기 때문입니다. 복잡한 세상 속에서 수도 생활을 하려면 공간과 시간을 분리해야 했고, 그러다 보니 육신과 정신 중 근본이 되는 정신적인 부분에 우선 집중하는 방법을 권했을 것입니다.

하지만 소태산 대종사께서는 "후천 세상에는 사람들의 인지가 밝아지고 문물도 더욱 발전하므로, 과거와 같은 방법으로는 사람들을 행복하게 할 수 없다."고 보았습니다. 그리고 앞으로 오는 시대에는 '영육쌍전하는 법이라야 사람들의 정신을 인도하고 세상을 복되게 이끌어갈 수 있다.'는 강령을 밝혔습니다.

사실 과거의 수도인 중에는 직업 없이 놀고먹는 폐풍이 치성했습니다. 폐풍이란 세상을 망치는 풍조라는 말입니다. 세간 생활을 하면 수도인이 아니라고 하니, 직업을 갖지 않고 놀고먹는 이들이 많았던 것입니다. 하지만 우리는 사농공상의 직업을 가지고 생활하는 가운데 마음공부를 합니다. 그 대의를 놓치지 않아야 합니다.

원불교의 모든 이념은 영육쌍전을 기반으로 합니다. 출가도 재가도 영육을 쌍전해야 합니다. 소태산 대종사 당대에도 공부를 하겠다며 절에 들어가려는 사람은 혼이 났다고 합니다. 직업 없이 놀고먹는 폐풍이 치성하고 개인, 가정, 사회, 국가에 해독을 많이 미쳐왔던 과거의 모습을 소태산 대종사께서는 대표적인 선천 시대의 적폐로 지적했습니다. 그리고 묵은 세상을 새 세상으로 건설하려 했습니다. 새 세상의 종교, 즉 인류정신을 깨우쳐서 이끌어나갈 미래세상의 종교는 수도와 생활이 둘이 아닌 산 종교여야 합니다.

〈정전〉 영육쌍전법 장에서 밝힌 '이제부터는 묵은 세상을 새 세상으로 건설하게 되므로 새 세상의 종교는 수도와 생활이 둘이 아닌 산 종교라야 할 것이니라.'는 새 세상에 대한 개벽선언입니다. 소태산 대종사께서는 스스로를 주세불이라고 표현하지 않았습니다. 그러나 새 세상을 주도해나갈 종교를 만들었으므로 거기에 자연히 주세불이라는 뜻이 들어있습니다.

그렇다면 이러한 선언을 제대로 실현하기 위해 우리는 어떻게 살아야 할까요?

제불·조사·정전의 심인(心印), 즉 모든 부처님과 조사께서 바르게 전해주고자 했던 그 마음은 결국 법신불 일원상의 진리와 합일된 마음입니다. 그러므로 우리는 일원상의 진리에 바탕하여 삼학이라는 실질적인 공부 방법을 실현하며 살아야 합니다.

먼저, 일원상의 진리를 믿음을 통해 얻어야 합니다. 일원상의 진리를 제대로 믿으면 바른 관(觀)이 섭니다. 세상을 바라보는 입장, 나를 바라보는 입장, 사물을 바라보는 입장이 진리에 바탕하여 형성됩니다. 쉽게 말하면 신앙을 통해 내가 나아갈 길이 형성되는 것입니다.

하지만 그 길을 만났다고 하여 모두가 그 길을 잘 걷는 것은 아닙니다. 그래서 삼학공부가 필요합니다. 삼학을 통해 삼대력(수양력, 연구력, 취사력)을 얻어야 바른 길을 갈 수 있고, 바른 의식주를 구할 수 있습니다. '진리와 삼학으로 의식주를 구하라.'는 말에는 그렇게 해야 영원히 잘 사는 길이 열린다는 뜻이 들어있습니다. 이것이 참된 영육쌍전을 이루는 방법이고, 그런 사람은 가정, 사회, 국가, 세계 어디에 있든 도움은 줄지언정 절대 해를 입히지 않습니다.

소태산 대종사께서는 사람이 살아가는 데 있어 갖춰야 할 여섯 가지 큰 줄거리를 정신의 삼강령과 육신의 삼강령으로 밝혔습니다. 정신에 있어서는 수양·연구·취사력 세 가지와 육신에 있어서는 의·식·주 세 가지, 총 여섯 가지가 잘 구비되어야 원만하고 행복한 삶을 이룰 수 있습니다.

결론표어
불법시생활 생활시불법

과거 종교가에서는 성(聖)과 속(俗)을 분리해왔습니다.

성은 속에 포함될 수 없었고, 속은 성에 접근할 수 없었습니다. 불법이 성이라면 생활은 속에 해당합니다. 하지만 소태산 대종사께서는 공존할 수 없는 성(불법)과 속(생활)에 대해, "오는 세상은 생활과 불법이 둘이 아닌 세상이 될 것."이라고 했습니다.

둘 아닌 그것에 바탕하여 불법과 생활을 일치시켜나가는 공부를 하자는 가르침이 결론표어 '불법시생활 생활시불법(佛法是生活 生活是佛法)'입니다. 이는 돌아오는 세상의 길을 밝힌 아주 큰 구호이자 이정표입니다. 불법이라고 표현되었지만, 여기에서의 불법은 역대 모든 성자들이 가르쳐주신 법, 즉 진리를 상징합니다.

과거에는 생활과 수도를 분리했기 때문에 수도를 생활 속에서는 못하는 것으로 생각했습니다. 그런데 소태산 대종사께서는 일과 수도를 병행하게 했고, 일을 하고 남은 시간에 수도하는 시간을 가지라고 했으며, 더 나아가 일 속에서 수도 생활을 하도록 했습니다. 이를 우리는 불법의 시대화·생활화·대중화라고 합니다.

〈대종경〉 전망품에 미륵불과 용화회상에 대한 이야기가 있습니다. 서대원 선진이 "미륵불 시대가 완전히 돌아와서 용화회상이 전반적으로 건설된 형상은 어떠하오리까." 하고 묻자 소태산 대종사께서는 "미륵불은 법신불의 진리가 크게 드러나는 것이요, 용화회상은 밝은 회상이 드러나는 것이다."라고 합니다. 용화회상은 이상향으로 생각하는 불법시대의 모습을 말하는데, 과거 불교에서는 미륵 부처님이 나타나 그러한 낙원세상을 이룰 것이라고 생각해왔습니다. 그 생각을 소태산 대종사께서는 전환하게 했습니다. 미륵부처님과 용화회상이 따로 존재하는 것이 아니라, 처처불상 사사불공의 대의가 널리 드러나서 모든 사람사람이 부처가 되고 서로를 부처로 모시는 세상이 곧 미륵불과 용화회상의 참 의미라는 것입니다.

불법시생활에서 '불법'은, 쉽게 생각하면 수도를 통해 부처를 이뤄가는 길을 뜻합니다. '생활'은 사농공상의 직업을 가지고 의식주를 해결해가면서 가정을 이루고 자녀를 키우고 세상일을 하며 사는 모든 모습을 총칭합니다. 즉 불법시생활이란, 불법을 통해 부처를 이룬 이들이 생활 속에서 살아가는 모습의 표현입니다. 부처가 우리의 생활을 떠나 따로 존재하지 않고, 우리의 일상생활 가운데 부처로서 함께 살아간다는 뜻입니다. 그것을 소태산 대종사께서는 "집집마다 부처가 살게 된다."는 말로도 표현했습니다. 불법시생활이 되면 아버지도 부처가 되고, 어머니도 부처가 되고, 자녀도 부처가 되고, 이웃도 부처가 되고, 선생님도 부처가 되는 세상이 됩니다. 그렇게 집집마다 부처가 사는 세상에는 서로 돕고 양보하는 마음이 편만합니다.

소태산 대종사께서 밝힌 새 시대의 가르침은 세상을 완전히 바꾸고 기존의 관점을 모두 뒤집는 어마어마한 개혁의 내용입니다. 그 혁신의 지표가 바로 불법시생활 생활시불법이고, 불법과 생활이 일치된 세상이 곧 정신개벽 된 세상입니다. 우리는 앞서 '물질이 개벽되니 정신을 개벽하자'라는 개교표어를 살펴보았습니다. 처처불상 사사불공, 무시선 무처선이 되어서 불법이 생활이 되고 생활이 불법이 되는 세상을 만드는 것이 곧 정신개벽입니다. 그리고 그 일이 우리가 해야 할 일입니다.

많은 사람들이 '생활 속에서 공부하기가 쉽지 않다.'고 합니다. 이때의 공부는 마음공부를 줄인 표현입니다. 우리가 마음공부를 하는 것은 잘 살기 위해서입니다. 내가 행복하고 내가 더 잘 살 수 있는 길은 결국 마음을 잘 쓰고 못 쓰는 것에 달려있습니다. 마음공부를 통해 마음의 자유를 얻고자 하는 근본 목적을 잃지 않는다면, 조금 해보고 안된다고 하여, 또는 옆 사람과 똑같이 시작했는데 나는 효과가 바로 나타나지 않는다고 하여 포기하지 않습니다. 마음공부는 사람의 기질과 역량에 따라 실효과가 빠르게 나타나기도, 더디게 나타나기도 합니다.

'생활 속에서 공부하기 어렵다.'는 말은 사실 맞지 않습니다. 마음공부는 쉽고 어려운 것이 따로 있지 않기 때문입니다. 내가 노력해가는 과정이 모두 공부입니다. 가령 남에게 말을 툭 던지는 습관을 고치고 싶어 하는 사람이 있습니다. 하지만 그 습관을 고치겠다고 다짐하고 잘 챙겼음에도 오랜 습관에 따라 말이 툭 나옵니다. 마음과 생각을 챙겼음에도 실수가 있는 이 과정이 모두 공부의 단계입니다. 그렇게 한 번, 두 번, 열 번, 스무 번…. 계속 챙겼는데도 잘 안되다가 스물한 번째에 습관이 고쳐지기도 합니다. 이는 앞선 스무 번의 챙기는 공부과정 덕분입니다.

좌산 종사께서는 '경계마다 공부 찬스'라고 했습니다. 부처가 되는 길은 멀리 있지 않습니다. 수십 년 또는 수백 년 후에 이룰 수 있는 일이 아닙니다. 지금 내 앞의 경계를 마주친 그 순간이 바로 부처가 될 수 있는 기회입니다. 그 경계 속에서 한 가지라도 표준을 잡으면 그것이 불법시생활 생활시불법입니다. 사소하고 작은 것 한 가지를 통해 결코 작지 않은 것을 이룰 수 있습니다.

우리가 법신불 일원상을 모시는 이유는 결국 불국토를 이루기 위함입니다. 일원상을 법당에만 모시고 내 마음에는 모시지 못했다면 이는 일원상 부처님을 생활 속에 제대로 들이지 못한 것입니다. 일원상 부처님을 나의 생활 가운데 끌어들여야 불법시생활이 됩니다. 그것을 대산 종사께서는 시불(侍佛)이라고 했습니다.

또, 내 마음에 모시는 것 뿐만 아니라 일원상 부처님의 모습과 현재 나의 마음을 비교하면서 닮아가기 위한 노력을 꾸준히 해야 합니다. 내 마음과 일원상 부처님의 모습이 같아지면 생불(生佛), 즉 마음이 부처님을 그대로 닮아가는 살아있는 부처가 됩니다. 그렇게 내 마음에 상당한 힘이 쌓여서 그대로 부처님의 마음이 되고 보면 활불(活佛)이 됩니다. 세상을 위해 내 마음을 사용하며 활동하는 부처님이 되는 것입니다. 이처럼 시불, 생불, 활불이 되는 것이 그대로 생활시불법입니다. 우리 사는 모습 그대로가 부처가 사는 모습이기 때문입니다.

 원불교 표어에는 소태산 대종사께서 새 세상을 건설하고자 하는 큰 뜻이 압축적이지만 모두 담겨있습니다. 원불교를 가장 쉽고 빠르게 이해할 수 있는 것이 표어입니다. 개교표어부터 신앙·수행·생활표어를 거쳐 결론표어에 이르는 모든 표어가 곧 소태산 대종사의 대경륜입니다. 표어에 담긴 정신이 우리의 사고와 생활이 될 때 원불교의 큰 뜻이 세상에 활짝 펼쳐질 것입니다.

오래오래 하면
부처 못 될 사람은 없다

전산 종법사 정전 해설2

-수행편-

초판1쇄 발행	2021년(원기 106) 3월 20일
초판2쇄 발행	2021년(원기 106) 4월 28일
정전 해설	전산 김주원 종법사
기획	노태형(상국)
책임 편집	장지해(옥진)
홍보	김아영·김지윤·유화연
펴낸곳	도서출판 월간원광사
	07343 서울특별시 영등포구 여의대방로68길 15, 201호
	(여의도동, 영창빌딩)
신고번호	제 25100-1997-0003호(1997년 10월 9일)
대표전화	02)825-6417
홈페이지	www.m-wonkwang.org
e-mail	mwonkwang@hanmail.net
디자인	허창봉디자인
인쇄	문덕인쇄
ISBN	978-89-969191-8-6
	978-89-969191-6-2(세트)

* 이 책은 월간원광사가 저작권자와의 계약에 따라 발행한 것이므로
　본사와의 협의 없이는 어떠한 형태나 수단으로도 책의 내용을 이용하지 못합니다.
* 파본이나 잘못된 책은 서점이나 본사에서 교환해 드립니다.
* 책값은 뒤표지에 있습니다.